Wiebrecht Ries
Die Philosophie der Antike

Wiebrecht Ries

Die Philosophie der Antike

Wissenschaftliche Buchgesellschaft

*Hans-Georg Gadamer
zum Gedächtnis*

Die Deutsche Bibliothek verzeichnet diese Publikation
in der Deutschen Nationalbibliografie;
detaillierte bibliografische Daten sind im Internet über
http://dnb.ddb.de abrufbar.

Das Werk ist in allen seinen Teilen urheberrechtlich geschützt.
Jede Verwertung ist ohne Zustimmung des Verlages unzulässig.
Das gilt insbesondere für Vervielfältigungen,
Übersetzungen, Mikroverfilmungen und die Einspeicherung in
und Verarbeitung durch elektronische Systeme.

© 2005 by Wissenschaftliche Buchgesellschaft, Darmstadt
Die Herausgabe des Werkes wurde durch
die Vereinsmitglieder der WBG ermöglicht.
Einbandgestaltung: schreiberVIS, Seeheim
Einbandbild: akg-images
Gedruckt auf säurefreiem und alterungsbeständigem Papier
Printed in Germany

Besuchen Sie uns im Internet: www.wbg-darmstadt.de

ISBN 3-534-17480-1

Inhaltsverzeichnis

Vorwort 9

Einleitung 11

I. Anfängliches Denken – Die vorsokratische Philosophie 17
  Zur Entstehung des rationalen Denkens bei den Griechen 17
    Quellen: Textgestalt und Textüberlieferung 21
  Milesische Kosmologie – Die Frage nach dem „Ursprung" der Physis 21
    Thales von Milet 22
    Anaximander von Milet 22
    Anaximenes 25
  Das Viele und das Eine – Zur Vorgeschichte der Ontologie 25
    Pythagoras 25
      1. Seelenlehre 26
      2. Zahlenlehre 27
    Xenophanes 28
    Heraklit 29
      1. Die Einheit der Gegensätze 30
      2. Weltgeschehen als Streitgeschehen – Zur polaren Deutung der Welt . . 31
      3. Die verborgene Harmonie 32
      4. Die Ordnung der Physis und das Selbstverständnis der Psyche 33
      5. Der Umschlag von Leben in Tod und Tod in Leben 34
  Denken und Sein 35
    Parmenides 35
    Zenon 39
  Seiendes als „Mischung" 39
    Empedokles 39
      1. Elementenlehre 40
      2. Seelenmythos 41
    Anaxagoras 42
  Die Lehre vom nous 43
  Antike Atomistik 44
    Demokrit 45
  Griechische Aufklärung – Die Sophisten 46
    Protagoras 48
    Gorgias 50
  Die sokratische Philosophie 51
    Sokrates – Leben, Überlieferung, Gestalt 51
      1. Leben 52
      2. Zeugnisse 53

3. Geistige Gestalt 53
4. Die Haltung gegenüber dem Tod 55
Das sokratische Denken und seine Grundfrage nach dem Guten 55
„Wissendes" Nichtwissen 56

II. Die klassische Philosophie Athens 59
   Platon 59
     1. Leben 60
     2. Schriften 62
     3. Eros und Paideia 62
        Durch Leiden Lernen 63
        Der pädagogische Eros als „Zeugung im Schönen" 64
        Ein „Seelenbild" 65
        Der Mensch – ein „Spielzeug Gottes" 66
     4. Die „Ideenlehre" oder die zweite Seefahrt 67
        Die zweite Seefahrt des Sokrates 68
        Methexis und Anamnesis 69
        Die Schau des Schönen in Platons *Symposion* 70
        Der „dreifache" Sinn der Ideenlehre 71
     5. Das Nachdenken über den Tod – Platons *Phaidon* 72
        Psyche bei Homer und Platon 72
        Eidolon bei Homer und Platon 73
        Schicksal der Seele 73
        Unsterblichkeitsglaube und Apollonreligion 74
     6. Sein und Seele – Zur Bedeutung von Platons Mythen 76
        Zur „Funktion" des Mythos im platonischen Denken 76
        Seelenfahrt in Platons *Phaidros* 78
     7. Platonisches Denken als „philosophische Religion" – Der Aufstieg der Seele
        zum wahren Sein 81
        Das Höhlengleichnis 83
        Ein „alter Spruch" – Zum Bezug von „Theo-logie" und Politik 85
     8. Der „sichtbare Gott" und die Seele – zu einigen Aspekten von Platons
        Spätwerk 87
        Zu Platons *Timaios* 87
     9. Ein Blick auf Platons „ungeschriebene Lehre" 90
        Antike Zeugnisse 91
        Zur systematischen Form der platonischen Philosophie 91
        Der Streit der „Schulen" 91
        Würdigung 92
   Aristoteles 93
     1. Leben 95
     2. Schriften 96
     Grundzüge der Philosophie des Aristoteles 97
     Formen und Strukturen des Wirklichen – zu *Physik* und *Metaphysik* 97
        1. Physis als Prozessualität 97
        2. Zum Verhältnis von Form und Stoff 98
        3. Das 12. Buch der *Metaphysik* 99

Kategorienlehre	103
Der Mensch im Vollzug seines Daseins – Aspekte praktischer Philosophie bei Aristoteles	104
1. Ethik	104
2. Seelenlehre	106
3. Handlungslehre	107
4. Drei Lebensformen	109
5. Lob auf die vita contemplativa	111
6. Politische Philosophie	111
Sprache und Kunst	116
1. Rhetorik	116
2. Poetik	117
Würdigung	118
III. Die Philosophie im Zeitalter des Hellenismus und der Spätantike	**120**
Quellen	121
Epikur und sein „Garten"	122
1. Leben	123
2. Schriften	123
3. Naturphilosophie	124
4. Seelenlehre und Todesmeditation	124
5. Götterlehre	126
6. Kanonik	126
7. Ethik	127
Lukrez – Welt aus Atomen	128
1. Leben	128
2. Das Werk	129
3. Ambivalente Naturfrömmigkeit	129
4. Todesmeditation	130
Die Stoa	131
Quellen	132
Alte Stoa	133
1. Logik	134
2. Physik	135
3. Ethik	136
4. Affektenlehre	136
Die „mittlere" Stoa	137
Die Stoa in der römischen Kaiserzeit	138
Lucius Annaeus Seneca	138
1. Leben	139
2. Schriften	140
3. Zu Seneca	141
Marc Aurel	143
1. Leben	143
2. Das Werk	144
3. Gedanken über den Tod	145

Der Neuplatonismus 148
   Plotin 148
      1. Leben 149
      2. Schriften 149
      3. Lehre 150
   Die weitere Entwicklung des Neuplatonismus 152

Abschließende Reflexionen 154

Anmerkungen 159

Anhang

Literaturhinweise 163

Zeittafel 171

Personenregister 173

Vorwort

Der erste Band der Reihe „Basiswissen Philosophie" ist aus meinen langjährigen Vorlesungen und Seminaren zur Antike hervorgegangen. In seiner Konzeption wendet er sich an Studierende des Faches Philosophie, aber auch an die erfreulich wachsende Zahl einer philosophisch interessierten Leserschaft. Er setzt zwei Schwerpunkte: Einmal den Weg des Denkens bei den Griechen von ihm selbst her sichtbar zu machen, zum anderen an der Interpretation zentraler Texte der großen Philosophen des Altertums darzulegen, um welche „Sache des Denkens" es sich bei ihnen handelt. Erst im Durchgang durch das Denken der Philosophie der Antike gelangt man zu der Einsicht, dass es sich hier nicht um ein durch den Fortschritt der Geschichte überholtes Wissen handelt, sondern um wirkungsmächtige Positionen des menschlichen Geistes, auf die wir nur dann verzichten können, wenn wir uns selbst aufgeben. Wer verstehen will, was die geschichtlich gewachsene geistige Identität Europas ausmacht, muss zu den Ursprüngen ihrer Entstehung zurückgehen: zu den Griechen. Sie sind es gewesen, die in der Verbindung prinzipieller theoretischer Fragestellungen und an Vernunft orientiertem praktischen Handeln ein noch heute gültiges Paradigma für unser Selbst- und Weltverhalten geschaffen haben.

Die vorgelegte Darstellung der Philosophie der Antike, die den Stand der neueren wissenschaftlichen Forschung eingearbeitet hat, wendet sich an philosophisch interessierte Leser, nicht aber an die Fachkollegen. Aus diesem Grund habe ich im Bemühen um einen erleichterten Zugang zur „Literatur" vorwiegend aus Textausgaben (mit jeweils unterschiedlichen Übersetzungen) zitiert, die für jedermann zugänglich sind. Der vorliegende Band enthält eine sorgfältig ausgewählte Sammlung von Texten, an denen mir der Sinn der jeweiligen Philosophie besonders gut ablesbar zu sein scheint. Im Interesse des eigenständigen Studiums habe ich die wichtigste Literatur zu den Hauptschriften der behandelten Philosophen in den Lesetext direkt eingearbeitet. Die reich zitierte Sekundärliteratur soll Linien der Interpretation zeichnen, von denen ausgehend ein eigenes Weiterdenken im inneren Gespräch mit den großen Themen der antiken Philosophie möglich ist. Weil sich das philosophische Denken der Antike in einer immer schon sprachlich, historisch und kulturell artikulierten Erfahrungswelt vollzieht, erschienen mir zumindest an den Arbeiten von W. Burkert und Ch. Meier geschulte Ausblicke auf diese „Einbettung" unerlässlich. Auf Grund der vorgegebenen Begrenzung des Textumfanges war hinsichtlich der Gesamtdarstellung eine persönlich zu verantwortende Auswahl unumgänglich. Ihr Hauptakzent liegt auf der klassischen Philosophie Athens (Platon/Aristoteles). Bestimmte philosophische Schulrichtungen, z. B. aus der Zeit des Hellenismus, mussten demgegenüber unberücksichtigt bleiben. Die Bibliographie am Schluss des Bandes, die u. a. knapp kommentierte Hinweise zur Sekundärliteratur enthält, soll dem Studenten wie dem Laien die Möglichkeit geben, sich in die jeweiligen Gebiete der antiken Philosophie vertieft einzuarbeiten.

Es ist eine methodische Zielsetzung der vorgelegten Darstellung, die antike Philosophie von den Grundfragen der menschlichen Existenz her zu verstehen. Diese drehen sich hauptsächlich um Leben und Sterben, d.h. um die Endlichkeit alles irdischen Seins, mit der sich die Griechen ebenso schwer abgefunden haben wie wir Heutigen.

Ein besonderer Dank gilt dem Initiator dieser Reihe, Herrn Dr. Dirk Palm. Mit ihm teile ich die Hoffnung, dass die in ihr erscheinenden Bände „Basiswissen Philosophie" nicht nur jenes Wissen vermitteln, nach dem in Universität und Schule immer wieder gefragt wird, sondern auch zu einem vertieften Verständnis für die Philosophiegeschichte und ihren bleibenden Ertrag führen. Mein Dank gilt ferner Herrn Dr. Bernd Villhauer für die fachliche Zusammenarbeit. Herrn Alexander Pakulat danke ich für die sorgfältige Bearbeitung des Typoskripts. Mit dem vorliegenden ersten Band verbindet sich für den Autor die Hoffnung, über die Vermittlung von Wissen hinaus den Anteil der Philosophie der Antike an den von Vergessen bedrohten Grundlagen unseres geschichtlichen Selbstverständnisses neu herauszuarbeiten.

Hannover, im Mai 2004   Wiebrecht Ries

Einleitung

Die Ursprünge der griechischen Philosophie liegen im Dunkeln. Im Licht der Überlieferung liegt ihr Anfang im 6. Jahrhundert v. Chr. am Rande der orientalischen Welt, in Ionien, und in den neu gegründeten Städten der griechischen Kolonien in Süditalien und Sizilien. Von dort griff sie auf die attische Halbinsel über, um dann im Athen des 5. vorchristlichen Jahrhunderts, zur Geburtsstunde der Demokratie in Sokrates gespiegelt, neu gegründet zu werden. Im Blick auf den Beginn der griechischen Philosophie und ihr einer Entdeckungsreise gleichendes Unternehmen, auf dem Hintergrund verblassender „Göttergeschichten" in einer ganz neuen Weise nach dem Ursprung der Welt zu fragen und nach dem, was allem Seienden zugrunde liegt, stellt sich die Erinnerung an die Figur des Odysseus ein. Er ist „das mythische Urbild" (W. Kraus) jener ionischen Seefahrer, die auf ihren Meerfahrten Handel trieben, aber auch ausfuhren, um fremde Städte und Denkweisen der Menschen zu erkunden, unbefangene Weltkenntnis zu erwerben und ihre Früchte, neues Wissen, in der Form der historia (Kunde) heimzubringen.

Die allmähliche Ablösung einer mythischen Weltdeutung als Götterordnung vollzieht sich im Rahmen spekulativ-erklärender Theoriebildungen über die natürliche Entwicklung der Welt. Auf sie bezogen sind die wesentlichen Fragen nach dem Anfang und Ursprung alles Seienden und einer in allem Werden und Vergehen waltenden substantiellen Ordnung. Die Frage des Mythos gilt dem Ursprung in einem zeitlichen Sinn: Die Entstehung der Welt aus dem Chaos. Die im Mythos erzählte Genealogie beschwört eine Vielzahl miteinander konkurrierender Ursprungsmächte, eine Kette von Revolutionen des jeweils jüngeren gegen das jeweils ältere Göttergeschlecht. Die Frage der vorsokratischen Philosophie nach der arche (Ursprung) richtet sich nicht auf den durch Zeugung und Paarung entstandenen Anfang der Welt, sondern gilt einem „Ursprung", der nicht das einmal Gewesene, sondern das ständig Gegenwärtige und deshalb immer Seiende ist, aus dem das Sein der Welt im Horizont von Werden und Vergehen rational verständlich wird. Im Prozess dieses ganz neuen Fragens entwickelt sich die der klassischen griechischen Philosophie zu Grunde liegende Begrifflichkeit wie der ehrwürdige Begriff des Seins, der Begriff des Werdens, der Zahl, des Logos. Letzterer regiert als ein der Welt zugrunde liegendes Gesetz der Ordnung. Zugleich ist er das geheime Maß der Seele (Psyche als Teil des kosmischen Feuers), die nach Heraklit keine Grenzen hat. Dokumentiert ist dieser Prozess des Fragens nach den archai (Prinzipien) der Welt in der Ablösung einer poetisch-mythischen Erzähltradition durch die Prosa. Begünstigt wird er durch die Eigenart der griechischen Sprache. Sie ist, wie Tr. Georgiades in seinem grundlegenden Werk *Musik und Rhythmus bei den Griechen* (1958) hervorhebt, durch ihren Rhythmus zugleich Ausdruck einer sich in ihm bekundenden objektiven Ordnung. Die frühe griechische Philosophie sieht die Welt bestimmt durch polare Gegensätze: Eidos (Form) und Gestaltloses, klare Begrenztheit und umrisslose Tiefe, Licht und Dunkelheit, Sein und Werden. Sie begreift und ordnet die Welt in Gegensatzpaaren. Zeugen für diese Denkform sind in besonderer Weise das Seinsgedicht des Parmenides und die Logosphilosophie Heraklits, aber auch die Philosophie des Empedokles. Bei Parmenides wird alle benennbare Wahrheit der Sterblichen so radikal „gereinigt", dass nur noch die Gewissheit des estin, Sein ist, übrig bleibt. Die traditionelle ionische Lehre von der Kosmogonie wird von ihm als „Doxa" (Meinung) abgewertet. Hierin liegt ein erster Höhepunkt logischer Abstraktion. Zugleich aber ist das Proömium seines berühmten Lehrgedichtes, die Wagenfahrt zur Göttin, welche jenseits der Bahnen von Nacht und Tag die Wahrheit des Seins hütet, einer Grundform mythischer Erzählung zuzuordnen. Bei Heraklit entbirgt die in den festen Grenzen unserer Welterfahrung verborgene, nur im Licht des Logos aufscheinende „Harmonie der Gegensätze" sich als die Einheit des Kosmos im Ganzen. Sie ist eingespannt in die gegenstrebige Fügung von Bogen und Leier des delphischen Gottes. Bei Empedokles wird der Wechsel der kosmischen Phasen zum Abbild in dem durch Liebe und Streit bewirkten Zusammentreten oder Auseinandergehen der Seinselemente. An ihm lässt sich die Verbindung zwischen anfänglich „wissenschaftlichem" Denken und religiöser Lehre besonders gut beobachten: auf der einen Seite sein Lehrgedicht *Physika* mit seinen physikalischen Vorstellungen, auf der anderen Seite sein Reinigungsgedicht, die *Katharmoi*, bei dem es um das Schicksal der Seele geht. Eine Frage, die schon bei Heraklit größte Bedeutung besitzt, wenn er in ganz rätselhafter Weise den Logos der Seele in ein Verhältnis zu Leben und Tod stellt. Es ist stets diese dialektische Spannung von rationaler und mythischer Denkform, welche den Zauber der Abstraktion im Denken der griechischen Naturphilosophie bewirkt. Der von ihr tendenziell vertretene „Objektivismus", der die Frage nach den Göttern zunehmend entbehrlich macht, findet seinen sinnfälligen Ausdruck in der sich in ihm spiegelnden Einheit von Philosophie als Seinsdenken und einer ganz anfänglichen Begriffstheorie. Diese „Einheit" bildet sich allerdings erst allmählich im Übergang vom Prinzip des Lebens zum Prinzip des Geistes heraus. Das eleatische Seinsdenken und die heraklitische Logos-Lehre zeigen die Kühnheit dieses Übergangs so beeindruckend, dass es gerechtfertigt erscheint, Parmenides und Heraklit in den Mittelpunkt der Betrachtungen zu diesem Epochenabschnitt der griechischen Philosophie zu stellen.

Was dann die frühgriechische Philosophie als Erbe den auf sie folgenden Epochen der Philosophie übergibt, das ist ihr Weltbegriff. Er ist bestimmt durch zeitloses Sein und durch von der Zeit gewirktes Werden. Bei den ionischen Denkern entwickelt sich dieser Weltbegriff an der Physis, die in allem Werden und in der Mannigfaltigkeit ihrer Erscheinungen von ewiger Dauer ist. Jedoch haben die Vorsokratiker des 6. Jahrhunderts v. Chr. noch keinen Begriff von Physis entwickelt. Dies geschieht erst zur Zeit der Sophistik und vor allem bei Aristoteles. „Was diesen Denkern Einheit verleiht und was sie als erste Stufe des griechischen Denkens erscheinen lässt", schreibt H.-G. Gadamer in *Der Anfang der Philosophie* (1996), „ist ihre Bereitschaft, sich vom Mythos zu trennen und den Gedanken einer beobachtbaren Realität auszudrücken, die sich in sich selbst trägt und ordnet."[1] Nach C. Hartshorne[2] hat das naturphilosophische Denken der Vorsokratik den eigentümlichen Vorzug, nicht nur als ein traditional vermitteltes „Bildungswissen" auf die Gegenwart einzuwirken, sondern vielmehr in seinen Modellen für die zeitgenössische Forschung (Schrödinger, Heisenberg, v. Weizsäcker) unmittelbar paradigmatisch zu sein.

Das Aufkommen der auf die menschliche Praxis ausgerichteten sophistischen Bewegung um die Mitte des 5. Jahrhunderts resultiert aus einer Krise tradierter Wahrheits- und Geltungsansprüche theoretischer Weltdeutungen wie normativer Rechtsordnungen. Sie ist Anzeichen einer Verlagerung des philosophischen Interesses an der Welt als dem

Seienden im Ganzen auf den Horizont der menschlichen Praxis. Die skeptische Grundhaltung der Sophistik und die mit ihr verbundene Frage nach der Begründung von Werten führt in ihrer Konsequenz zum Ergebnis eines Werterelativismus und eines Erkenntniszweifels, der einen Pluralismus konkurrierender Deutungsperspektiven hinsichtlich Mensch und Welt freisetzt und damit die Möglichkeit der Gewinnung einer normativ absolut gesetzten und für alle Menschen verbindlichen Wahrheit bestreitet. Der positive Aspekt der Sophistik kann in ihrer Hinwendung zu einer rein menschlichen Erfahrungswelt gesehen werden, deren Ausdrucksformen sie in Sprache, Kunst, Politik, Ökonomie, Moral und Religion zu analysieren sucht. Auf der anderen Seite ist es unbestreitbar, dass die Sophistik Ausdruck einer geistigen Krise ist, wie sie die in ihrem Schatten stehenden Tragödien des Euripides sichtbar machen, wenn sich in ihnen die Disharmonie zwischen Schicksal und menschlichem Wert, zwischen den fernen Göttern und den ethischen Ansprüchen der Vernunft als unauflösbar erweist.[3]

Sokrates ist in der Entwicklungsgeschichte der griechischen Philosophie die entscheidende Zäsur. Mit ihm tritt alles bisherige Philosophieren in ein ganz neues Licht und strebt nach einer anderen Begründung, sodass es ein sachliches Recht gibt, die ihm gegenüber früheren Denker als „Vorsokratiker" zu bezeichnen. Aus historischer Sicht repräsentieren die Vorsokratik und die sokratische Philosophie zwei Grundkonzeptionen des philosophischen Denkens: Sokratische Nachdenklichkeit gründet in der ethisch motivierten Frage nach dem agathon, dem Guten, und der einzig an ihm orientierten richtigen Verfasstheit des menschlichen Lebens; die Vorsokratik besitzt ihren Maßstab an der Physis, ihrem Werden und Vergehen, das als ontologische Grundgegebenheit angeschaut wird.

Die mit Sokrates beginnende epochale Wendung in der griechischen Philosophie zeigt sich vor allem an der besonderen Art seines Fragens. Sie richtet sich auf die eine für das Schicksal der Seele entscheidende, jedoch unbekannte ethische „Wissenschaft" vom Guten, von der es für ihn nur ein Wissen des Nichtwissens gibt. Die ganze Welt der menschlichen Erfahrung wird in der sokratischen Frage nach dem Guten transzendiert. Erst in der Orientierung der Seele an dem Gedanken des Guten, der ihr als unumstößliche Gewissheit vor Augen steht, erreicht sie ihre wahre Vollkommenheit, ohne dass doch dieses Gute aus der Welt menschlicher Erfahrung abgeleitet werden kann.

Sokrates und sein Fragen gewinnt zeitlose Lebendigkeit durch die platonischen Dialoge. Durch sie sehen wir Sokrates, diesen kleinwüchsigen Bürger Athens mit dem hässlichen Gesicht eines Silen und der inneren Schönheit des wendigen attischen Geistes und seiner funkelnden Ironie, in unaufhörlichem Gespräch mit den sich um ihn versammelnden Menschen. Wir hören seine unablässig-eindringliche Frage, die nach Nietzsche die schöne Vieldeutigkeit des Mythos zerstört: ti estin, „was ist" das, wovon wir sprechen, wenn wir reden? „Was ist" das in einer Art von ungeklärtem Vorwissen immer schon vorhandene „Wissen", das allem Handeln und Streben der Menschen zugrunde liegt? Es war diese Leidenschaft des unaufhörlichen Fragens hinsichtlich der entscheidenden Grundprobleme des menschlichen Daseins in der Polis und die Unbeirrbarkeit des sie leitenden Bekümmertseins um das Gutwerden der Seele, welche die Edelsten der athenischen Jugend geradezu verzauberte. Er erschien ihnen gleichsam wie der wiedergeborene attische Nationalheros Theseus. Hatte dieser im Mythos die Kinder Athens vor dem Minotaurus gerettet, so rettet für Platon Sokrates durch den wahren Logos die Jugend Athens vor unrechter Lebensführung.

Sokrates wurde von der herrschenden Demokratie wegen Unfrömmigkeit und Verführung der Jugend durch revolutionäre Ideen angeklagt und zum Tode verurteilt. Als „Diener seines Gottes" (Apollon) verteidigte er vor seinen Richtern seine innere Berufung und sein philosophisches Tun und leerte, obwohl er die Möglichkeit zu fliehen hatte, in wunderbarer Gelassenheit den Giftbecher. Sein Tod wurde für alle Zeit zum Symbol für den Weisen, der in der Gewissheit, „dass es für einen guten Menschen kein Übel gibt, weder im Leben noch im Tod" (Apologie, 41 c), sein Sterben meistert.

Die Hinrichtung des Sokrates im Jahre 399 v. Chr. war der entscheidende Anstoß, der Platon auf den Weg der Philosophie gebracht hat. Das Dialogwerk Platons kann auch als eine „Apologie" des Sokrates verstanden werden und ein wesentlicher Teil seiner Philosophie sucht Antwort auf die Frage, wie Sokrates, der Gerechte, in einer ungerechten Welt überhaupt möglich war und was dies für ein Leben in der Polis bedeutet. Darauf deuten auch jene mit tiefer Ironie geschriebenen Alterssätze Platons: „Ich habe nichts über Philosophie geschrieben, und von Platon gibt es weder noch wird es eine Schrift geben, denn alle Schriften, welche als meine bezeichnet werden, sind Werke des Sokrates, welcher jung und schön geworden ist" (Zweiter Brief 314 c).

In der Geschichte der Philosophie ist die Platonische Philosophie mit der Ideenlehre verbunden. Provozierend bleibt hierbei, dass sie bei Platon nirgends in voller Breite entwickelt und begründet ist. Zudem verweigert es der grundsätzlich dialogische Vollzug seines Denkens, sie in ein System von referierbaren Lehrsätzen zu transformieren. Dieser Umstand bedingt bis auf den heutigen Tag die Debatten und Kontroversen in der Platon-Diskussion um die ungeschriebene Lehre. Der Streit um die „Lehre" Platons verweist auf eine alte Legende, die uns zwei spätantike Platonviten überliefern. Nach ihr träumte Platon kurz vor seinem Tod, dass er sich in einen Schwan verwandle, der von Baum zu Baum fliege und von den Jägern nicht gefangen werden könne. Diesen Traum soll ein Freund so gedeutet haben: Alle Interpreten würden sich fortan vergeblich bemühen, den Gesamtsinn der platonischen Philosophie zu erfassen, da jeder Platon aus seiner eigenen Sicht auslege. Es ist Absicht der hier vorgelegten Platon-Darstellung, bei allen sachlichen Information, die sie gibt, den „Vogel" des Apollon nicht zu ergreifen, sondern nur auf ihn in seinem Flug hinzudeuten. Sie ist dem platonischen Dialog deshalb verpflichtet, weil dieser sich als eine offene Form erweist, in der sich das diskutierte Ideenwissen niemals erschöpft. In der mit ihr verbundenen Dialektik weist sie beständig auf das Eine hin, das Sein, das Gute, das in der Ordnung der Seele, der gerechten Verfassung der Polis und dem schön geordneten Aufbau des Kosmos aufleuchtet.

Ein Hauptakzent meines Platon-Kapitels liegt in dem geschichtlichen Sachverhalt, dass Platon die sokratische Frage nach dem Wissen des Guten aufnimmt und ihr als der legitime „Erbe" des Sokrates eine „positive" Antwort zu erteilen versucht. Auf diesem Weg wird er zum Schöpfer der mit eleatischem Seinsdenken tief verbundenen Ideenlehre und einer von der Orphik gespeisten Seelenlehre. Der Verbindung beider Lehren ist besondere Beachtung zu schenken, zumal der ontologische Dualismus (Ideenwelt – Erscheinungswelt) in der (mündlichen) Prinzipienlehre zu einer differenzierteren In-Beziehung-Setzung der Seinsbereiche Psyche, Polis, Kosmos erweitert wird, die in der Idee des Guten ihren höchsten und letzten Einheitsgrund besitzt. Das in den Texten reich entfaltete dialogische Denken Platons, einschließlich der darin enthaltenen Selbstdeutung, und seine auf eine Prinzipienmetaphysik hin ausgerichtete mündliche Lehre in der Akademie, überliefert durch die Schüler Platons, müssen zusammengedacht werden, will man nicht nur die Tiefe, sondern auch die Weite seines Geistes ermessen. Auf sie bezogen, verdient der Hinweis C. F. von Weizsäckers Beachtung, dass die platonische Philosophie aus dem Horizont unseres Lebensverständnisses heraus in dreifacher Weise interpretiert werden kann: moralisch-politisch, mathematisch-physikalisch, seelisch-mystisch.

Der bedeutendste Schüler Platons ist Aristoteles. Unter den großen Denkern der abendländischen Philosophie ist Aristoteles nicht nur der Meister begrifflicher Analyse, sondern auch der erste systematische „Biologe", insofern sein ganzes Denken von den Erscheinungsweisen des Lebens beherrscht wird. Mit ihm beginnt in einem strengen Sinn das wissenschaftliche Philosophieren, das sich an sachlichen Problemen und ihren Lösungen orientiert. Aristoteles spricht nicht wie Platon als Künstler zu uns, sondern er wirkt faszinierend in der Nüchternheit seines streng sachbezogenen, phänomenologischen Denkens. Seine Logik entwirft eine formale Theorie der Schlussfolgerung, seine Metaphysik begründet Philosophie als Seinswissenschaft. Als Theoretiker der natürlichen Welt entwirft er eine Physik, die Veränderung und Bewegung zum Gegenstand hat, sowie eine Biologie und Psychologie als eigenständige Disziplinen. Seine Ethik und seine Politik bilden Grundlagen der praktischen Philosophie. Das Aristoteles-Kapitel, das den Aufbau des aristotelischen Wissenskosmos, spezifisch gegliedert in eine theoretische und eine praktische Hemisphäre, in seinen Grundzügen vorstellt, ist bemüht, die Philosophie des Aristoteles als eine Systematik der Erfahrungsgebiete und der ihr korrespondierenden anthropologischen Formen zu skizzieren.

Wie bei Platon findet man auch bei Aristoteles eine Philosophie des lebendigen Geistes. Das der theoria verpflichtete Dasein gilt ihm als die höchste Lebensform. Nicht zuletzt sind Platon und Aristoteles im Sinne einer spannungsreichen „Zweieinheit" zu interpretieren, weil beide, wenn auch in unterschiedlicher Weise, in der Nachfolge des Sokrates das rationale Erbe des griechischen Geistes zu Ende gedacht haben. Platon und Aristoteles beziehen die zwei Hauptworte der griechischen Philosophie, arche (Grund) und telos (Ziel) in der Weise aufeinander, dass mit der Idee des Guten (Platon) und dem unbewegten Beweger (Aristoteles) der Grund alles Seienden benannt ist, auf den als Ziel zugleich alles Seiende in seinem Sein hingeordnet ist. In der platonisch-aristotelischen Verschränkung von Grund und Ziel alles Seienden ist die eigentliche Grundgestalt der abendländischen Metaphysik zu sehen.

Wenn im 13. Gesang der Odyssee „die helläugige Athene" dem Odysseus die Hand streichelt und zu ihm sagt: „dich" (den Sterblichen) und „mich" (die unsterbliche Göttin), uns vereinigt in der Trennung, dass wir beide Geist haben, dann liegen in diesen Worten die Wurzeln des vielberufenen Intellektualismus der griechischen Ethik. Aus ihr erwächst der dem überpersönlich Guten verpflichtete geistige Charakter des Regenten in Platons Politeia wie die höchste Lebensform, welche die Nikomachische Ethik kennt: der bios theoretikos.

Die Philosophie im Zeitalter des Hellenismus ist charakterisiert durch die großen „Schulen" der Stoa und derjenigen Epikurs. Sie sind Ausdruck geschichtlich gewandelter Sinnhorizonte, die sich im Gegensatz zur Philosophie der klassischen Epoche mit ihrer an der Ordnung des Kosmos, der Polis und der Seele orientierten Betrachtung des ewig Gültigen vor allem durch das Interesse an ethischen Orientierungsfunktionen in einer zunehmend unübersichtlich gewordenen Welt bestimmen lassen. Im Zeichen einer vor allem als Lebenskunst verstandenen Philosophie erwächst aus ihr das an Sokrates orientierte Ideal des Weisen, der in den geschichtlichen Wirren der Zeit und in den Bedrängnissen seines Lebens gelernt hat, sich autark auf sich selbst zurückzuziehen, indem er anerkennt, was in seiner beschränkten Macht steht, und der in einem „Zeitalter der Angst" (E. Dodds) die Überwindung der Furcht und die Unabhängigkeit von den Wechselfällen des Schicksals als zentrale geistige Erfahrungen einübt. Es ist „das Glück des Nachmittags des Alterthums" (F. Nietzsche) auf dem Hintergrund einer zunehmend bewusster werdenden Endlichkeit des menschlichen Daseins im Ganzen der natürlichen Welt, das beim Studium der hellenistischen Philosophie fasziniert. Die in der Stoa der römischen Kaiserzeit vorfindlichen Todesmeditationen (Seneca/Marc Aurel) besitzen als Gespräche mit sich selbst zeitlosen Wert.

In der Mitte des 3. Jahrhundert n. Chr. wirkt im kaiserzeitlichen Rom Plotin, der wichtigste Repräsentant des Neuplatonismus. In seinem Denken spiegelt sich die Weltstimmung der spätantiken und frühchristlichen Jahrhunderte: „Jenseitssehnsucht, Verfeinerung der Sinne und des Geistes, Weltflucht und religiöse Erregbarkeit" (H.-G. Gadamer). Mit dem vor allem auf Platon gestützten Inhalt seiner Philosophie, dem Vorrang des Seelischen vor dem Stofflichen, der Schönheit der geistigen Welt und der unaussprechlichen Erhabenheit des obersten göttlichen Einen, berühren sich Grundelemente der christlichen Glaubenslehre. Einer der größten Lehrer der christlichen Kirche, Augustinus, verdankt Plotin Wesentliches. Der Deutsche Idealismus (Schelling/Hegel) ist tief von Plotin beeinflusst, Goethe bekannte sich zu ihm wie zu Spinoza. Für das Verständnis des mystischen Erbes des modernen Geistes gewinnt eine Betrachtung an Bedeutung, die an der Plotinischen Metaphysik die Bewegung des inneren „Aufstiegs" der Seele in seiner reflexiven Rückbindung an die Einheit des absoluten „Grundes", das Eine, bewusst werden lässt.[4]

Nach dem Aufriss der großen thematischen Komplexe der Geschichte der antiken Philosophie, werde ich im Folgenden zu ihrer inhaltlich vertieften Darlegung kommen. Über die mit ihr verbundenen sachlichen Informationen hinaus ist sie kein gelehrter Selbstzweck. Sie dient auch dem, was ich (im Anschluss an J. Assmann) das kulturelle Gedächtnis nennen möchte. Die Verlebendigung einer vielfach vergessenen Kontinuität zwischen den Griechen und uns, die bewahrte Erinnerung an die scheinbar geschichtlich so fern stehenden großen Gestalten der antiken Philosophie und die durch sie erschlossenen Erfahrungs- und Sinnhorizonte, soll nicht zuletzt die fatale Einseitigkeit unseres eigenen an den jeweiligen Tag verlorenen Denkens bewusst machen.

I. Anfängliches Denken –
   Die vorsokratische Philosophie

Die Philosophie („Liebe zur Weisheit" im Sinne eines höchsten geistigen Wissens) beginnt zwar nach dem Glauben unserer philosophischen Handbücher mit Thales und Anaximander, ihre eigentlichen Ursprünge sind uns aber, wie G. Colli in seinem Beitrag *Die Geburt der Philosophie* (1981) deutlich gemacht hat, unbekannt. Auch gibt es keine kontinuierlich-homogene Entwicklung zwischen einer an Apollon gebundenen Weisheit und Philosophie als begrifflicher Artikulation theoretischer Neugierde. Die gängige Formel „Vom Mythos zum Logos" (W. Nestle) für die Entwicklung des frühen philosophischen Denkens der Griechen suggeriert eine falsche Linearität, angemessener ist es, von einem Überlagerungsgeschehen des Mythos durch den Logos zu sprechen. Nach W. Schadewaldt handelt es sich hierbei um ein „unterirdisch vorbereitetes Denkgeschehen", dessen ältere Überformungen an den griechischen Mythen und am Epos Homers zu beobachten sind.[1] Gleichwohl lässt sich innerhalb der vorsokratischen Philosophie ein Entwicklungsschema erkennen, das von der Kosmogonie über die Kosmologie zur Anthropologie führt. Mit ihm verbunden ist der Parallelismus von kosmischer Ordnung und Polis-Ordnung. Diese Ordnung besteht in einem Aufeinanderwirken von Kräften, die sie ausmachen. Nomos (das Gesetz der Polis) und Logos (das Gesetz der Welt) sind eng aufeinander bezogen. Zeus als Hüter des Rechts ist, so gesehen, der Bürge und Vollstrecker der Gerechtigkeit. Nach Heraklit (B 94) darf selbst der Sonnengott Helios seine „Maße" nicht überschreiten, sonst würden ihn die Schergen der Dike (Gerechtigkeit) aufspüren.

Zur Entstehung des rationalen Denkens bei den Griechen

Das von W. Schadewaldt angesprochene „Denkgeschehen" ist mit Phasen einer „Urgeschichte" der Subjektivität verbunden, deren Spuren sich in Homers *Odyssee* finden lassen. Bestimmt ist es ist durch umwälzende Veränderungen im kulturellen Kontext des 7./6. Jahrhunderts. Zwei der wichtigsten Neuerungen in diesem Umbruch sind in den Stadtstaaten Griechenlands und Ioniens das Aufkommen von Prosatexten und der Übergang vom mündlich tradierten Heldengesang zu geschriebenen Texten. In diesem Zusammenhang war es die Besonderheit der griechischen Alphabet-Schrift und die mit ihr verbundene „Domestizierung des Geistes" (J. Goody), die für E. A. Havelock Anlass für seine umstrittene These von der „Geburt der Philosophie aus dem Geiste der Schrift" bot. Da jedoch die Schrift in der griechischen Gesellschaft und Philosophie stets von untergeordneter Bedeutung blieb, kam es nie zur Ausbildung einer „Buchreligion" in Griechenland.

Die epische Dichtung (Homer) und ihr literarischer Zweig, das Lehrgedicht (Hesiod), ordnete in einer sich entwickelnden Polis-Gesellschaft die religiöse Überlieferung und die kultische Wirklichkeit Griechenlands und stellte damit kommenden Generationen die philosophische Aufgabe, das in der Denkform des Mythos zur Anschauung gebrachte Sein der Welt in die reife Form des Logos, des begründeten Wissens, zu erheben. Im Rahmen dieser Entwicklung erweisen sich vor allem zwei Modelle als bedeutsam: für die milesische Naturphilosophie das genetische Modell, wie es sich in der von Hesiod vorgegebenen Theogonie präsentiert, und das juridische Modell einer mit der Herrschaft des Zeus und Dike verbundenen Weltordnung, wie sie die aischyleische Tragödie zur Darstellung bringt.

Die archaisch religiöse Welterfahrung der Griechen beruht auf der Differenz zwischen einer Oberwelt des Olymp, in dessen Licht die unsterblichen Götter wohnen, und einer Unterwelt, dem Reich des Hades, in der die aus dem Leben geschiedenen Seelen der Verstorbenen versammelt sind. Die Weltdichtung der Ilias (um 730 v. Chr.) stellt dieses durch Gegensätze und Polaritäten bestimmte „Widerspiel" der Weltwirklichkeit plastisch Augen. Verdichtet ist ihr auf elementaren Gegensätzen beruhender Kosmos in der berühmten Schildbeschreibung im 18. Gesang der *Ilias*.[2] Auch die *Theogonie* (um 700 v. Chr.) des Hesiod stellt in ihrer Göttergenealogie eine geschlossene Totalität vor Augen, die eine durch polare Mächte geprägte Weltfigur abbildet. Der bei Hesiod literarisch thematisierte Ordnungsgedanke ist eine zentrale Voraussetzung für die Entwicklung der künftigen Philosophie. Die bei ihm als Zeugungskraft wirkende und den Kosmos durchwaltende Macht des Eros ist als Weltprinzip die in der Form des Mythos gegebene Antwort auf die Frage der vorsokratischen Naturphilosophie nach einer die Natur durchwirkenden autokinetischen Kraft.

Nach J.-P. Vernants Lektüre der *Theogonie* liegen diesem Erzähltypus gewisse Grundvorstellungen von Macht und Gewalt zugrunde, die an eine bestimmte Form der Zivilisation gebunden sind.[3] Aus dem Streit der Mächte, Gewalten und Kräfte geht ein königlicher Herrscher (Zeus) hervor, der, nach schweren Kämpfen am Ende der Geschlechterfolge der Götter und Göttinnen, auf seinem Thron ewiger Herrschaft die fortan geltende Ordnung der Welt einsetzt. Dieser Erzähltypus wird durch die erklärende Abhandlung abgelöst. In ihm dominieren dank des bestimmten Artikels im Griechischen die Neutra: to apeiron (das Unbegrenzte), to theion (das Göttliche), ta onta (das, was vorhanden ist, das Seiende). Statt aus der Unordnung einen Herrscher hervorgehen zu lassen, der die Ordnung der Welt einsetzt, wird nun nach jenem „Prinzip" gesucht, das dieser Ordnung zugrunde liegt. Die frühen griechischen Denker nannten dieses „Prinzip" arche, das Macht/Herrschaft wie auch „Ursprung" bedeutet.

An der Epochenwende vom 7. zum 6. Jahrhundert v. Chr. ist ein tiefgreifender geistiger Wandel zu beobachten: statt nach einem Weltherrscher „hinter" den Erscheinungen zu suchen, der ihren Ordnungszusammenhang stabilisiert, sucht die Vorsokratik nach jenem Prinzip, das ihn begründet. Arche wird zum nomos (Grund/Gesetz) des Seienden. Paradigmatisch für die ionische Philosophie ist ihre Entdeckung stabiler Elemente (stocheia) im Spiel der flutenden Erscheinungen des Lebens, die das goldene Gleichgewicht im Umschwung aller Dinge garantieren. Das mythische Bild der Götter als Ursprungsmächte und ewige Hüter der Welt verblasst, an seine Stelle treten sinnliche Elemente und Qualitäten, die durch den Gebrauch des bestimmten Artikels abstrakt substantialisiert werden. Aus diesem Prozess der Transformation entstehen die ersten begrifflichen Kategorien. Die Griechen organisieren im 6. Jahrhundert ihr „System" der Weltdeutung neu: die genealogische Götterabfolge wird zunehmend durch „ein Netz von Prinzipien" (J.-P. Vernant) ersetzt, das die Erscheinungen der physis (Wachstum/Natur) in ihrem Entstehen und in ihrem Vergehen im Sinn eines gesetzlichen Zusammenhangs verknüpft. Lebendiges Wachstum und Gesetzlichkeit werden in einem umfassenden Aspekt des nicht statisch, sondern dynamisch bewegten Seins der erscheinenden Welt aufeinander bezogen. Das Wort physis findet sich zum ersten Mal bei Homer. Im 10. Gesang der *Odyssee* (V. 302 ff.) macht der Gott Hermes Odysseus auf das Zauberkraut Moly aufmerksam, das für einen sterblichen Menschen nur schwer zu finden ist, für einen Gott aber leicht. Er zieht es aus dem Erdreich und zeigt seine „physis" (Wuchs), indem er die Teile der Pflanze unterscheidet, die schwarze Wurzel und das Weiße der Blüte. In diesem Zusammenhang wird unter „physis" zweierlei gefasst: zum einen, wie die Pflanze aus ihren beiden Polen besteht, der Wurzel und der Blüte. Zum anderen, wie diese Teile in ihrem Gewachsensein zusammengehören und ein Ganzes bilden. Beide Aspekte sind für die Entwicklung der frühgriechischen Philosophie und ihren Begriff der „physis" bedeutsam geworden: das Gewordensein einer Sache und die Einheit ihrer „Elemente". Die in der Realität stets brüchige Ordnung wird durch einen umfassenden geistigen Entwurf der Welt als kosmos restituiert, der physis und polis gleichermaßen umfasst.

Die frühe griechische Naturphilosophie entwickelt einen Typus von Rationalität, der gleichsam auf zwei Ebenen denkt: auf der Ebene der physis (Natur), aus der die phainomena (Erscheinungen) hervorgehen und auf der Ebene dessen, was „hinter" ihnen ist und ihnen zugrunde liegt. Bezogen bleibt dieses Nachdenken auf die eine physis, deren Wurzeln nicht mehr in einem „heiligen Raum" und einer „heiligen Zeit" (M. Eliade) liegen, sondern deren Bestand sich unter dem Aspekt der isonomia (Gleichgewicht) selbst stetig erhält. Zugleich aber ist festzuhalten, dass dieses anfängliche Denken die Welt nicht „entheiligt". Sie ist immer noch eine Welt, die im Glanz des homerischen Gedankens ruht: „voll von Göttern" (Thales). Aus der entdeckten Tiefe der psyche heraus vertieft die vorsokratische Philosophie auch die alte Religion, indem sie sie von den Anschauungen, woran das homerische Epos sie festgebunden hat, losreißt und sie zu einem Gedanken umformt, der den Namen des Zeus sowohl annimmt wie auch abweist (Heraklit, B 32). Was die Entwicklung der Mathematik bei den Pythagoräern betrifft, so ist sie mit der uns fremden Vorstellung verbunden, dass bestimmte Zahlen einen religiösen Sinn haben. Und wenn Thales nach der Überlieferung des Aristoteles (*Met. I*, 3 983 6 ff.) behauptet, dass hydor, das Wasser, der Ursprung der Welt sei, aus dem alles entstanden ist, so steht hinter dieser „Theorie" nicht mehr Okeanos, der göttliche Weltstrom, aber auch noch nicht die Konstatierung einer chemischen Verbindung, sondern eine verblasste mythische Vorstellung: Wasser als die „mütterliche", Leben spendende Urpotenz, das mit dem Samen verbundene Feuchte, das mit der Fortpflanzung in Beziehung steht, eine Anschauung, die den Griechen im Anblick des Meeres unmittelbar begegnete und aus dessen Tiefe sich für sie alle Formen des Lebens entwickelt hatten.

Unser neuzeitlicher Begriff von Theorie wurzelt im griechischen Begriff der theoria (Schau), abgeleitet ist dieser Begriff vom theoros, dem Gesandten zu sakralen Festspielen. Der Ursprung der Theorie liegt also im „Schauen" eines Festes der Polis. Im Denken der Vorsokratik, das zwischen kosmos und polis ein Verhältnis der Analogie wahrt, ist es die reine Schau auf den wohlgeordneten Kosmos der seienden Dinge der Erde, der Sterne, des Alls. Das trennt den an diese theoria orientierten Rationalitätstypus grundsätzlich von dem rein experimentellen, mathematisch konstruktiven Wissenschaftsbegriff der Neuzeit. Wenn für Anaximander der alles lenkende, nie alternde „Anfang" das apeiron (Unendliche) ist, wenn Pythagoras Mathematik mit Religion und Seelenglauben vereinigt, Xenophanes und Heraklit ihre scharfe Kritik an der alten Volksreligion mit einer ersten Form rationaler Theologie verbinden, und sich bei Parmenides Seelenfahrt und Metaphysik des Seins kreuzen, so ist einsichtig, wie sehr die frühen Physiologen auch „religiöse" Denker und in gewisser Hinsicht „Dichter" gewesen sind.[4]

Die theoretische Rückbindung jener Weltneugier, wie sie in der frühgriechischen Kultur durch Seefahrt, Handel und Städtegründung dokumentiert ist, an das staunende Fragen nach dem Ursprung von allem, was ist, und die ruhige Anschauung des Kosmos als eines göttlichen und ewigen Ganzen in Verbindung mit der forschenden Nachdenken seines Ordnungs- und Rechtsgefüges ist die entscheidende Leistung des frühen griechischen Denkens. Die aus ihm geborene Erkenntnis, dass im Strom der werdenden und vergehenden Dinge „Gesetze" als Grundstrukturen einer unzerstörbaren Seinsordnung herrschen, die Heraklit Logos und Parmenides aletheia (Wahrheit) nennt, darf weder voreilig mit einem die ratlose Moderne interessierenden „Orientierungswissen" noch mit den Denkformen neuzeitlicher Philosophie verwechselt werden. Vielmehr ist diese Erkenntnis mit einer ganz eigenen Form von „Rationalität" verbunden, deren Figur nur dann nicht abstrakt bleibt, wenn sie aus dem mitdenkenden Nachvollzug des Denkens der Vorsokratiker selbst erschlossen wird. Erschwerend hierbei ist, dass die uns von den Vorsokratikern überlieferten Texte lediglich Bruchstücke sind, Zitate, die über Platon und Aristoteles bis hin zu den Kirchenvätern überliefert wurden. Das Denken der Vorsokratiker wird, wenn auch mit gravierenden Irrtümern, sichtbar in Nietzsches Aufzeichnungen *Die Philosophie im tragischen Zeitalter der Griechen* (1873). Zu beachten ist ferner: Griechische Philosophie entwickelt sich aus einer „Vielfalt von Oppositionen" (Th. A. Szlezák) heraus. Um nur einige zu nennen: Mythos und Logos, mythisch sanktionierte Götterordnung und abstrakt geistige auf den nous als das göttliche Eine ausgerichtete „Theologie", das auf die Polarität von Werden und Vergehen der physis bezogene kosmogonische Denken der Milesier und die das Sein als „Einheit" denkende Ontologie des Parmenides. Ferner: der durch konkurrierende Herrschaftsansprüche der Götter vorgezeichnete Weg des Menschenlebens und das in der Sorge der Seele um sich selbst erwachende „Ich" als eines um sich selbst bekümmerten Daseins. Alle diese Oppositionen werden selbstreflexiv thematisiert im Prozess eines stetig strenger gefassten Wahrheitsanspruches, der beansprucht, durch rationale Begründung eingelöst zu werden. Im Gegensatz zum neuzeitlich konstruktiven Denken bleibt aber diese rationale Begründung stets an eine rezeptive Haltung des vernehmenden Denkens gebunden.

In seinen *Grundfragen der Philosophie. Geschichte, Wahrheit, Wissenschaft* (1958) schreibt G. Krüger zu den Grundbestimmungen des Weltbegriffes der Griechen und seiner Rückbindung an ein ihn umschließendes Seinshorizont: „Kosmos ist die Wohlordnung im Hinblick auf ein geistiges Prinzip; sie ist gleichmäßige Ordnung, wie sie uns beispielhaft in der Harmonie der Töne begegnet, oder ethisch-politische Ordnung, die (…) nicht ohne Zusammenhang mit der Erziehung der menschlichen Seele durch die Musik war. (…) Nachdem schon Xenophanes die arche in einem einzigen, reingeistigen Gott gesucht und Anaxagoras vom nous (…) gesprochen hatte, hat Platon das Verständnis der arche ausdrücklich am sinnvollen geistigen Walten (des Guten – W. R.) orientiert, und Aristoteles hat die Philosophie ausdrücklich auf eine Theologie (theologike) begründet, auf einen nous, der als proton kinoun akineton die Ordnung (taxis) des Alls erhält; die Stoiker haben diese Theologie mit der heraklitischen Lehre vom Logos, der Feuer ist, verbunden und die Neuplatoniker haben alle diese theologischen Traditionen der griechischen Philosophie zu vereinigen gesucht, indem sie selbst lehrten, der beherrschende Anfang der Welt sei das göttliche Eine jenseits aller Vielheit, mit dem sich der Mensch durch eine mystische Exstase vereinigen müsse."[5] Die zitierte Passage macht deutlich, in welchem Umfang die griechische Philosophie eine Kosmotheologie ist, deren unterschiedlich ihr zu Grunde liegende Weltmodelle der Fortgang meiner Darstellung zeigen wird.

Quellen: Textgestalt und Textüberlieferung

Im Unterschied zu den Schriften Platons besitzen wir von den Vorsokratikern keine vollständigen Textstücke, sondern nur „Fragmente", die von den späteren Autoren, angefangen von Platon im 4. Jahrhundert v. Chr. bis hin zu Simplikios im 6. Jahrhundert n. Chr., in der referierenden Weise von Zitaten überliefert sind. Neben Platons meist zufälligen und oft ironischen Anspielungen und Hinweisen, ist es vor allem Aristoteles, der im 1. Buch seiner Metaphysik die Meinungen seiner vorsokratischen Vorgänger im Licht seiner eigenen Philosophie in rekonstruierender Weise dargestellt hat. Theophrast (geboren 372/71 v. Chr. in Eresos auf Lesbos), ein Schüler des Aristoteles, hat dann als Erster die Schriften der alten Naturphilosophen gesammelt und sie, nach thematischen Schwerpunkten geordnet, referiert. Seine 18 Bücher umfassende Sammlung *Physikon doxai* (Meinungen der Naturphilosophen) ging verloren und nur Reste davon sind von späteren Autoren überliefert worden. Sie blieb jedoch die maßgebliche Quelle aller weiteren doxographischen, d.h. Lehrmeinungen tradierter Übersichten und Überlieferungen (bei Hippolytos, Diogenes Laertios, Simplikios und Clemens von Alexandria). Unter dem Titel *Die Fragmente der Vorsokratiker* gab der Altphilologe H. Diels (1903) eine Quellensammlung in drei Bänden heraus. (Vorbereitet wurde sie durch seine Arbeit: doxographi graeci, Berlin 1879, 4. Aufl. 1966.) Die von W. Kranz neu aufgelegte und revidierte Ausgabe zählt zu den wichtigen Dokumenten der Philosophiegeschichte und wird unter Diels/Kranz (DK) zitiert (der umfangreichere Teil B umfasst authentische und wörtliche Zitate, Teil A Zeugnisse über Lehre und Leben der Vorsokratiker). Der Sammlung von Diels/Kranz kann gleichwertig zur Seite gestellt werden die englische Edition der vorsokratischen Texte von G. S. Kirk, J. E. Raven und M. Schofield (Übersetzung von K.-H. Hülser unter dem Titel *Die vorsokratischen Philosophen. Einführung, Texte und Kommentare*, 1994).

Eine gelehrte Behandlung spezieller Interpretationsprobleme der Vorsokratik gibt H. Gomperz in: „Notes on the Early Presocratics und Problems and Methods of Early Greek Science" (in: ders. *Philosophical Studies*, hrsg. von D. S. Robinson, Boston 1953). Empfehlenswert für Studierende des Faches Philosophie ist die bei Reclam erschienene zweibändige Textauswahl *Die Vorsokratiker* (griechisch-deutsch), übersetzt und erläutert von J. Mansfeld.

Milesische Kosmologie – Die Frage nach dem „Ursprung" der Physis

Es ist der Begriff einer in der homerischen Weltsicht aufleuchtenden, Götter und Erde umfassenden Ordnung, der die Grundlage für die charakteristische Leistung der ionischen Naturphilosophie abgibt: die Herausbildung von Kosmologie und Ontologie durch die fruchtbare Verbindung der Beobachtung physiologischer Periodizität der Naturerscheinungen mit einer Onto-Logik der Gegensätze. Die Ordnung der Welt ist hier nicht statisch, sondern dynamisch gedacht, sie ist Werden und Gewordenes, Wachstum und Wuchs. Das griechische Wort für Natur physis dokumentiert bereits vom Sprachlichen her jene Doppelnatur der in ihrem Gleichgewicht zugleich ruhenden und aus sich bewegten Wirklichkeit der einen Welt, welche die ionischen Physiologen durch ihre Frage nach „Ursprung" und „Grund" (arche) alles Seienden in den Blick gebracht haben. Da die eine Welt in allem periodischen Wechsel von Werden und Vergehen immer dieselbe ist, muss auch der über diesen Wechsel herrschende „Ursprung" immer, wenn auch verborgen, „da" sein. So wie das über allem Seienden liegende Licht, „das immer da sein muss, wenn uns das Sinnliche und sein Kommen und Gehen überhaupt sichtbar werden soll"[6]. In ihrer Besinnung auf die Bestimmung des Verhältnisses zwischen physis und arche liegt der eigentliche Beitrag der ionischen Naturphilosophie zu dem griechischen Weltdenken, in dem es immer um die großen und allgemeinen Prinzipien des Lebens und den substantiellen Ursprung der Welt geht.

Thales von Milet

Geboren um 624 v. Chr. in Milet, gestorben um 547 v. Chr., war Thales im Altertum hauptsächlich bekannt wegen seiner Kenntnisse auf mathematischem, astronomischem und geographischem Gebiet. Seine berühmte Vorhersage einer Sonnenfinsternis, vermutlich im Jahre 585, die eine religiöse Deutung dieses Phänomens hinfällig werden ließ, beruhte wahrscheinlich auf babylonischen Aufzeichnungen. Da von ihm selbst keine Schrift bekannt ist, wird es schwer, sich auf Grund der lückenhaften Überlieferung, ein Bild von ihm und seiner Lehre zu machen. Seine Lehre, dass die Erde auf dem Wasser schwimmt (DK 11 A 12), scheint aus nahöstlichen kosmogonischen Mythen abgeleitet zu sein. Die Rationalisierung mythologischer Überlieferungen zu der wahrscheinlich von ihm vertretene These, dass das Wasser Ursprung und „erste Ursache" (Aristoteles) aller Dinge sei und allen Dingen im Kreislauf ihrer Umwandlungen als das eine Urelement zugrunde liege, findet ihre Stütze in der von Aristoteles (Metaphysik A 3, 983 b 6) referierten Ansicht, nach Thales sei Wasser arche (Prinzip) im Sinne eines ewigen „Substrats" im Wandel der Dinge. Kann dieses aber selbst nicht als solches beobachtet, sondern nur gedacht werden, dann hat Hegels Rede vom „spekulativen Wasser" (Jub. Ausg. 17, 217) ihr tiefgründiges Recht. Und wenn, wie Aristoteles überliefert (*De anima* A 2, 405 a 19), dass nach ihm sogar offenkundig unbeseelte Dinge, wie der Magnetstein, eine Seele besitzen, dann ist die ganze physis von einer „Lebenskraft" durchzogen, die wegen ihrer Größe und Beständigkeit göttlich genannt werden kann. Es bleibt jedoch zu beachten, dass uns eine letzte Gewissheit über die Lehre des Thales infolge des über ihr liegenden Dunkels der Überlieferung versagt bleibt.

Anaximander von Milet

Geboren um 610 v. Chr. in Milet, gestorben um 550 v. Chr. Als sein Vater wird Praxiades genannt, von dem wir nichts wissen. Aus dem Eigennamen schließt man aber, dass Anaximander aus einer adeligen Familie stammt. Der Überlieferung nach soll er von

Milet aus Führer einer Gruppe von Bürgern gewesen sein, die am Schwarzen Meer die Kolonie Apollonia gegründet haben.

Von Anaximander ist als Bruchstück einer seiner Schriften der „erste Satz" der Philosophie überliefert, und zwar in einem Theophrast-Zitat bei Simplikios, einem Kommentator des Aristoteles (gestorben 549 n.Chr.). Er lautet in der Übersetzung von Diels/Kranz (12 B 1):

Anfang und Ursprung der seienden Dinge ist das Apeiron (das grenzenlos Unbestimmbare). Woraus aber das Werden ist den seienden Dingen, in das hinein geschieht auch ihr Vergehen nach der Schuldigkeit; denn sie zahlen einander gerechte Strafe (dike) und Buße (tisis) für ihre Ungerechtigkeit (adikia) nach der Zeit Anordnung.

Während Thales sich auf das anschaulich gegebene Element des Wassers als das Ursprungselement der Welt beruft, spricht Anaximander in gesteigerter Abstraktion vom apeiron. Das griechische Wort apeiron hängt mit dem Wort peras zusammen. Dieses bedeutet soviel wie „Grenze", konkret die gestaltgebende Begrenzung, durch die etwas überhaupt wahrnehmbar ist. Das apeiron bezeichnet also dasjenige, was ohne Begrenzung und Bestimmung durch den Raum „da" ist, das räumlich Unbegrenzte, das „Grenzfreie" (H. Fränkel). Das apeiron als das Unbestimmbare ist von unbegrenzter Ausdehnung und Dauer – Eigenschaften, die ihm Prädikate des Allumfassenden, Unsterblichen und Göttlichen verleihen (Aristoteles, Phys. III 4, 203 b 6). Damit aber werden dem apeiron die homerischen Attribute der Götter bewahrt: Unsterblichkeit und unbegrenzte Macht. Doch an die Stelle mythischer Göttergestalten tritt ein Neutrum: to apeiron, das, was als das höchste Lenkende alles „steuert". Die Welt der sich wechselseitig begrenzenden Gegensätze ist umfangen von einem unsichtbar Gegenwärtigen, aus dem heraus die Dinge entstehen und in das hinein sie „nach der Notwendigkeit" vergehen gemäß der „Ordnung der Zeit". Die Worte kata ten tou chronou taxin (gemäß der zeitlichen Ordnung) sind ein interpretierender Zusatz des Simplicius. Sie verweisen darauf, dass alles Seiende sich in seiner fortwährenden Periodizität erhält. Das Modell dieser Periodizität ist der Jahreskreislauf: „Unrecht" tut der Tag der Nacht im Frühling und Sommer, die Nacht dem Tag im Herbst und Winter. In kühner Verallgemeinerung besagt der Satz des Anaximander: alles Seiende steht in der Zeit, es steht zwischen Werden und Vergehen, und die unvermeidbare Vergängnis eines jeden Seienden ist jeweils „Buße" für die Übergriffe, die mit dem Wachstum des einen- am Niedergang des anderen Seienden verbunden sind. Recht ist Ausgleich, so will es das Gesetz, das diese „Buße" verfügt hat. Jenseits von Werden und Vergehen aber steht das Göttliche, ihm unendlich überlegen. Im Blick auf dieses lässt sich alles Werde- und Vernichtungsgeschehen als ein gesetzlich Geordnetes begreifen lässt. Sehr schön hat W. Burkert (1977) dazu angemerkt: „Solche Haltung ist eine ‚Frömmigkeit', die vom homerischen Bild der souveränen, entrückten Götter gar nicht so weit entfernt ist. Es fehlt die personhafte Beziehung; dafür verspricht dieser umgreifende, nicht alternde ‚Anfang' eine Geborgenheit, der nichts entfallen kann. Homers Götter verlassen den Sterbenden; Vergehendes bleibt aufgehoben im All."[7]

In der nachhomerischen Periode entwickelt sich der Dike-Gedanke und wird zu einem wesentlichen Element des altgriechischen Glaubens. Am Anfang der *Odyssee* (I, 32) setzt Zeus in der Götterversammlung den Anteil der Menschen an ihrem Glück und Unglück auseinander. Zum ersten Male wird in der griechischen Literatur jener Gedanke ausgesprochen, in dem Platon seinen Staatsmythos gipfeln lässt: Gott ist ohne Schuld. Sie liegt an dem das Gute oder Schlechte wählenden Menschen:

> Nein! wie die Sterblichen doch die Götter beschuldigen!
> Von uns her, sagen sie, sei das Schlimme! Und schaffen doch
> auch selbst durch eigene Freveltaten, über ihren Teil hinaus,
> sich Schmerzen! (*Odyssee*, 1. Gesang, 32–35)

Zu seinem vollen Durchbruch kommt der Dike-Gedanke bei Hesiod. Zeus ist nicht nur der mächtigste der Götter, er ist auch der Herr der Gerechtigkeit, der über die ewig gültige „Zusammenstimmung der Dinge" (Aischylos) wacht. Seine zweite Gattin ist Themis, die Tochter des Uranos und der Gaia. Sie gebar ihm Dike, eine Verkörperung der Ordnung im Kosmos. Der auf dieser Entwicklung beruhende Glaube an eine Polis und Kosmos umfassende Rechtsordnung von Gleichgewicht, Zumessung und Wiedervergeltung ist gleichsam der Felssockel, auf dem die griechische Gesellschaft bis hin zur Zeit der Sophistik beruht. Der Spruch des Anaximander, der von „Schuld" und „Strafe", „Ungerechtigkeit" und „Buße" redet, fasst Naturprozess und Gerichtsprozess als Einheit. Schon G. Vlastos hat in seinem Beitrag *Equality and Justice in early greek Cosmologies* (1947) darauf verwiesen, dass die dike bei Anaximander das ius talionis meint, dessen Ziel es ist, Gleichheit wiederherzustellen. Wenn die Dinge einander Buße und Strafe für ihre „Ungerechtigkeit" zahlen müssen „nach dem Richtspruch der Zeit", dann ist die Zeit der Richter über den gerechten Austausch der Dinge. Dies greift zurück auf eine traditionelle Auffassung der damaligen Epoche, so bei Solon, der sich selbst „vor dem Richtstuhl der Zeit" verantwortet. Ihr zugrunde liegt die Idee, dass die Zeit die Sonne ist, die das im Dunkel verübte Unrecht ans Licht des Tages bringt und rächt, auch ohne alles menschliche Zutun. Es gibt ein in allem Leben waltendes immanentes Recht, unter dessen Verfügung alles Werden und Vergehen steht. Seine Herrschaft nennt die griechische Sprache eunomia und kosmos. Das von der griechischen Dichtung beklagte Los des Werdens und Vergehens wird unter dem Aspekt eines gerechten Ausgleichs gleichsam „objektiviert". Vor dem strengen Richtstuhl der Dike hat alles seine Zeit. Dike teilt – „nach der Anordnung der Zeit" – einem jeglichem Seienden sein ihm nach „Strafe" und „Buße" zugemessenes Teil zu. Darin ist eine „Vorform" (H. Ottmann) der dikaiosyne (Gerechtigkeit) zu sehen, die als abstrakter Begriff noch fehlt. Das apeiron ist ohne Tod, alterslos ist es ohne Anfang und Ende. Somit ist es zeitlos und göttlich. Als ein ewig sich in Bewegung Befindliches steuert es alles aus ihm hervorgehende Werden und Entstehen. Hinter der unendlichen Vielheit des Entstehenden und Vergehenden steht bei Anaximander die sie richterlich ordnende Größe des einen Unsterblichen und Unvergänglichen.

Nach einem doxographischen Bericht des Theophrast (DK 12 A) seien Sonne, Mond und Sterne aus den Segmenten einer Feuerkugel entstanden, die sich über die Gegensätze als Zwischenstufe aus dem apeiron gebildet habe; die zylinderförmige Erde gleicht demnach in ihrer Wölbung einer Säulentrommel. Als ihr künftiges Schicksal werde von Anaximander die Austrocknung angenommen. Die auf der Erde wohnenden Lebewesen sind demzufolge aus Schalentieren hervorgegangen, die auf dem Trockenen ihre Schale verloren haben. Anaximander hat den Entwicklungsgedanken auch auf den Menschen angewandt, indem er ihn in Vorwegnahme der Evolutionstheorie aus niederen Lebensformen hervorgehen lässt (DK A 10): Die Menschen wären ursprünglich Fischen ähnlich gewesen, bevor sie als Männer und Frauen geboren wurden. Mit dem überlieferten Fragment (DK A 29) „Das Wesen der Seele ist luftartig" ist dann der Übergang zu seinem Schüler und Nachfolger Anaximenes gegeben.

Anaximenes

Anaximenes, geboren um 575 v. Chr. in Milet, gestorben um 525, war nach antiker Überlieferung der Schüler des Anaximander. In seiner physikalischen Theorie versucht er das apeiron zu bestimmen, indem er es mit dem überall gegenwärtigen Element der Luft (aer), gleichsetzt. Es „trägt" die Erdscheibe, um die Sonne, Mond und die Gestirne kreisen. Nach dem Bericht des Hippolytos (Ref. I, 7, 3 DK A 7) hat Anaximenes im Rahmen einer Weltentstehungslehre den qualitativen Unterschied der erscheinenden Weltstoffe (Feuer, Wasser, Erde, Wind) aus dem Bewegungsunterschied der Verdichtung und Verdünnung des Stoffes der Luft abgeleitet. Wie die Luft den ganzen Kosmos „zusammenhält", so auch die luftartige psyche als ständige Bewegung unseren Körper (DK B 2):

> Wie unsre Seele, die Luft ist, uns beherrschend zusammenhält, so umfasst auch die ganze Weltordnung Hauch und Luft.

Aer – Psyche –, dieser Parallelismus ist wohl nicht nur physischer, sondern auch geistig-stofflicher Natur. Wenn aus „Luft" und „Lebensseele" der ganze Weltorganismus hervorgeht und in ihnen seinen Bestand hat, so deutet das schon voraus auf Heraklit, bei dem sich gleichfalls die Identifikation eines Urelementes, des Feuers, mit der Seele des Menschen findet.

Das Viele und das Eine – Zur Vorgeschichte der Ontologie

Pythagoras

Geboren um 575 v. Chr. in Samos, verließ Pythagoras seine Heimat im fünften Jahr der Herrschaft des Tyrannen Polykrates im Jahr 532 und ging in die Emigration nach Kroton in Süditalien. Dort gründete er eine hierarchisch organisierte Mysteriengemeinschaft, die in enger kultischer Beziehung zu Apollon stand, Züge eines sowohl wissenschaftlichen wie auch politisch-religiösen „Ordens" an sich trug und für zwei Jahrzehnte die Geschicke der zur Hegemonialmacht aufgestiegenen Stadt politisch bestimmte. Nachdem eine Oppositionsbewegung gegen den konservativen aristokratisch-oligarchischen Charakter der Politik der Pythagoreer zu deren weitgehenden Entmachtung geführt hatte, verließ Pythagoras gegen Ende seines Lebens die Stadt und flüchtete nach Metapont, wo er um 500 v. Chr. gestorben ist. Im *Protreptikos* des Aristoteles findet sich ein kurzes, aber gewichtiges Zeugnis über die philosophische Tätigkeit des Pythagoras:

> (B 18) Lass uns jetzt die Frage stellen, für welchen unter den existierenden Gegenständen des Denkens der Gott uns hervorgebracht hat. Als Pythagoras von den Einwohnern in Phleius danach gefragt wurde, gab er zur Antwort: „Um den Himmel zu betrachten". Er pflegte sich einen Betrachter der Natur zu nennen und zu sagen, er sei um dessentwillen ins Leben eingetreten.

Verwischen sich in der Frühe der Geschichte die historischen Züge des von seinen Anhängern als charismatischer Wundertäter (Thaumaturg) religiös verehrten Pythagoras, von dem keine Schrift überliefert ist, und den so namhafte Wissenschaftler wie E. R. Dodds und W. Burkert als religiösen Führer, Sektengründer und Schamanen im Zusammenhang mit der Orpheus-Mythologie sehen, so wissen wir auch über seine „Schule" nur wenig. Sie existierte insgesamt fast zwei Jahrhunderte lang und wird in zwei chronologische Kategorien geteilt: Die „alten" Pythagoreer des 6. und 5. Jahrhunderts und die „späten" Pythagoreer des 4. Jahrhunderts. In der Mitte des 5. Jahrhunderts führte wachsender politischer Widerstand gegen die elitäre und rigorose, fast klösterliche Lebensform der Gemeinschaften zu einem Machtverlust der Pythagoreer, eine Ausnahme bildete bis ins 4. Jahrhundert hinein Tarent, und zwang deren führende Köpfe zur Emigration nach Griechenland. In der dortigen Diaspora entwickelten sich aus den pythagoreischen Bünden (Hetärien) zwei Richtungen. Die der orthodoxen Lehre und strengsten Lebensregeln verpflichteten Bünde, die Akusmatiker (Hörer), unterschieden sich von den Mathematikern. Aus dieser Gruppe heraus, zu der auch Philolaos aus Kroton, der führende Kopf der Pythagoreer in der zweiten Hälfte des 5. Jahrhunderts und Verfasser einer Abhandlung *Über die Natur*, zählt, entwickeln sich jene kosmologischen, mathematischen und metaphysischen Spekulationen, die dann den Pythagoreismus zu einer der einflussreichsten Größen im griechischen Denken des 5. und 4. Jahrhunderts werden ließen. Man denke nur an den starken Anklang pythagoreischer Lehre in der Philosophie Platons, so im *Phaidon*, und ihre Bedeutung für die platonische Theorie der höchsten Prinzipien. In seinem *siebenten Brief* verweist Platon im Blick auf seine ungeschriebene „Lehre" auf den Pythagoreer Archytas (338 c 5 ff.).

Das Zentrum der pythagoreischen Lehre liegt in ihrer spekulativen Zahlensymbolik einerseits und ihrem religiösen, von der Orphik beeinflussten Seelenglauben andererseits. Das älteste Zeugnis, das wir über Pythagoras besitzen, stammt von Xenophanes:

Und man sagt, dass er einmal vorbeikam, als ein junger Hund misshandelt wurde, ihn bemitleidete und Folgendes sprach: „Hör auf zu schlagen! Denn es ist ja die Seele eines Freundes, die ich erkannte, als ich sie sprechen hörte". (DK 21 B 7)

1. Seelenlehre

In der pythagoreischen Seelenlehre besitzt der Glaube an die Seelenwanderung eine exzeptionelle Stellung. Zur Voraussetzung hat er den revolutionären Gedanken, dass in allen Lebewesen ein beständiges „Etwas" jenseits des empirischen Wachbewusstseins schlummert, das völlig unabhängig vom vergänglichen Körper kraft unzerstörbaren Wesens sich erhält. Im Zuge dieser Vorstellung kommt es dann zu einem ganz neuen Ausdruck für „Lebewesen": empsychon, d. h. „drin ist eine psyche". Im Gegensatz zum homerischen Glauben ist diese psyche nicht das schattenhafte Erinnerungsbild im Hades, sondern sie ist athanatos, d. h. ohne Tod. „Dass diese Bezeichnung, die seit Homer die Götter charakterisiert, nunmehr zum Wesensmerkmal der menschlichen Person wird, ist in der Tat eine Revolution", so W. Burkert.[8] Die Seele ist im Pythagoreismus des 5. Jahrhunderts nicht nur unsterblich, sondern stammt als lichte Himmelssubstanz auch von den Göttern ab, zu denen sie nach wiederholter Bewährung der Reinigung für einstige Verfehlungen im irdischen Leben wieder zurückkehrt. Sie durchläuft in einer periodischen Kreisbewegung alle Bereiche des Kosmos (Tier, Pflanze, Mensch). Über ihre Wiedereinkörperungen entscheidet ein Totengericht je nach der sittlichen, für die Akusmatiker an strenge diätetische Vorschriften (Tötungsverbot, Vegetarismus) gebundenen, Lebensführung des Menschen oder nach seiner Einweihung in Mysterien. Mit der Vorstellung der unsterblichen Seele vollzieht sich eine Entdeckung, die als „Offenbarungsgut" (E. R. Dodds) in der Philosophie Platons ihre Erfüllung findet. Die sokratische „Sorge um die Seele" und die platonische Metaphysik geben ihr jene klassische Form, die für den Seelenglauben von Jahrtausenden bestimmend werden konnte. Die auf das 3. nachchristliche Jahrhundert stark wirkende Vorstellung, dass die Menschwerdung Strafe sei, findet sich in einem alten pythagoreischen Katechismus, Aristoteles schreibt im Fragment B 107 seines *Protreptikos*:

Denn göttlich ist der Spruch der Alten, wenn sie sagen, dass die Seele Buße zu zahlen habe und dass wir zur Strafe für irgendwelche großen Verfehlungen leben.

In den Lehren der Pythagoreer gewinnen zwei grundlegende Begriffe der griechischen Philosophie ihr eigentliches Sinnzentrum: theoria und kosmos. Theoria hat bei den Pythagoreern eine zugleich wissenschaftliche und religiöse Bedeutung. Der ihr zugrunde liegende Gedanke ist: Indem wir den lebendigen Organismus der Welt studieren und die Elemente seiner unzerstörbaren Ordnung in ihrer zyklischen Wiederkehr betrachten, finden wir die gleiche Ordnung in uns selbst. Die Seele des Philosophen, die sich der Betrachtung des Kosmos widmet, wird selbst kosmios, d. h. wohlgeordnet.

2. Zahlenlehre

Stand bei den ionischen Denkern (Thales, Anaximander, Anaximenes) die Frage nach dem stofflichen Ursprung und dem gesetzlichen Aufbau der physis im Mittelpunkt, so wird bei den Pythagoreern das Weltganze als kosmos im Sinne seiner harmonischen Wohlgefügtheit und geistigen Gesetzlichkeit zum beherrschenden Zentrum ihres wissenschaftlich-religiösen Denkens. Aus dem kosmischen Urgegensatz peras-apeiron (Grenze-Unbegrenztes) entsteht das hen (Eine), aus ihm entsteht die Zahl und aus den Zahlen das Seiende. Die Betrachtung der Grundprinzipien des Kosmos beginnt erst mit Pythagoras und seinem Schülerkreis. Ihre Grundthese, die bei Philolaos fixiert wurde, lautet: Die schmuckvolle Ordnung der Welt, das Gesetz ihrer „Harmonie" und ihrer Schönheit, beruht auf Zahlenverhältnissen. Initiiert wurde dieser pythagoreische Grundgedanke durch die Entdeckung, dass die Intervalle der Tonleiter der Länge der schwingenden Saiten eines Musikinstruments entsprechen. Durch die Halbierung der Saitenlänge ergibt sich die für unser Ohr harmonische Oktave, mathematisch das Verhältnis 1:2. Für die Quinte ergibt sich das Verhältnis 2:3 und für die Quarte das Verhältnis 3:4. Übertragen auf die Welt, bedeutet diese Entdeckung, dass sich natürliche Verhältnisse in mathematischen Proportionen ausdrücken lassen. Die harmonia mundi ist durch Maß, Zahl und Proportion bestimmt und die Gegensätze im Kosmos werden durch Harmonie zusammengehalten. So ist die pythagoreische Sphärenharmonie eine Manifestation der tetraktys (Vierheit) 1-2-3-4. Addiert man die vier Zahlen, entsteht die vollkommene Zahl 10. Sie enthalten die Grundkonsonanzen Oktave, Quinte und Quarte und bilden den Schlüssel zu jener Weisheit, die die heilige Vierheit als das „Orakel von Delphi" und die „Harmonie der Sirenen" offenbart. Im Vergleich zu der mythischen Welt Homers und Hesiods ist es eine ganz neue „religiöse Rationalität" (H. Ottmann), welche den Blick auf die musikalische, mathematische, astronomische und schließlich psychische Ordnung der Dinge richtet und in der Entdeckung der Quantifizierung qualitativer Bestimmungen den Grundstein zur Entwicklung der mathematischen Naturwissenschaft legt. Ihre größte Nachwirkung zeigt die Lehre der Pythagoreer in der Philosophie Platons. Die Bedeutung des frühen Pythagoreismus für die platonische Prinzipienlehre hebt das 1. Buch der *Metaphysik* des Aristoteles hervor.

Xenophanes

Xenophanes steht an der Schwelle des Überganges von der archaischen zur klassischen Epoche. Geboren um 570 v. Chr. in der kleinasiatischen Stadt Kolophon, geht er nach der Eroberung seiner Heimatstadt durch die Meder (546/45 v. Chr.) als junger Mann in den Westen. Nach eigenem Zeugnis führte er ein unstetes Wanderleben als Rhapsode, bis er in Unteritalien, in Elea, eine Heimatstadt findet. Über 90 Jahre alt stirbt er um 475/70 in Sizilien. Scharfzüngig und originell bricht er als ein früher Aufklärer mit überlieferten Formen der auf Homer und Hesiod sich berufenden Vortragskunst überlebter Götter- und Heroengeschichten. Nicht minder radikal polemisiert sein nüchtern-skeptischer Geist gegen herkömmliche Wertvorstellungen seiner Zeit. Gegen Verschwendung und Prunksucht seiner spätarchaischen Epoche stellt er schlichte „Wohlgesetzlichkeit" und eine an dem Wohlergehen der Polis orientierte Rechtlichkeit. Philosophisch bedeutend wird sein Kampf gegen den Polytheismus der überlieferten griechischen Religion und sein Eintreten für einen Henotheismus, der von jeglichen naiv anthropomorphen Zügen gereinigt ist. Seine moralische Kritik an „den Göttern" der religiösen Überlieferung ist: Alles Schlechte bei den Menschen haben Homer und Hesiod den Göttern angehängt: „Stehlen und Ehebrechen und einander Betrügen" (DK 21 B 11). Und so sind die Götter nichts weiter als „Erfindungen" gemäß dem jeweilig geschönten Bild der Griechen und der Barbaren von ihrer eigenen Erscheinung. So behaupten die Äthiopier, ihre Götter seien schwarz und plattnäsig, die Thraker hingegen, sie seien blauäugig und rotblond (DK 21 B 16). Gegen die religiöse Tradition und den anthropomorphen Trugschluss hinsichtlich der Natur der Götter stellt Xenophanes sein religiös großes Wort (DK 21 B 23), das in einer für die damalige Zeit revolutionären Weise das rein geistige Wesen Gottes festhält:

Ein Gott! Unter den Göttern wie unter Menschen der Größte,
nicht an Gestalt den Sterblichen artgleich, nicht an Gedanken.

Ist Gott Einer, so ist er auch als solcher in sich völlig unbeschränkt und wirkt einzig durch seines Geistes Wollen auf die räumliche Welt:

Er als ein Ganzes sieht, als ein Ganzes denkt er und hört er.
Immer im Selben verharrt er, bewegungslos. An verschiedne
Orte sich hinzubegeben gehört sich für ihn nicht. Statt dessen
schwingt seines Geistes Wollen ein jegliches ohne Bemühung. (DK 21 B 24–26)

Wir verdanken H. Fränkel zu diesem Fragment wichtige Hinweise. In seinem Werk über *Dichtung und Philosophie des frühen Griechentums* (1955) hat er darauf aufmerksam gemacht, dass das griechische Wort noei (er denkt) auch die Bedeutungen „erkennt" und „will" mitumfasst. Der Doppelausdruck noou phreni (seines Geistes Wollen) schließt jeden Gedanken an Körperlichkeit bewusst aus. Die Tragweite einer derartigen Aussage macht deutlich, dass in der Sphäre Gottes überhaupt kein physisches Geschehen stattfindet. Erst in der Einwirkung auf die Welt wird es zu Bewegung und Geschehen. Gottes Wollen ist die Ursache für alle Seinsvorgänge, und als „Sehendem" und „Hörendem" ist alles Weltgeschehen ihm gegenwärtig, aber er selbst bleibt in völliger Ruhe.[9] Es ist diese Verbindung von erhabener Ruhe und höchster Wirkkraft, die für die Folgezeit bahnbrechend wird. Die Seinsweise des Gottes des Xenophanes, die im Vollzug höchster Geistes-Gegenwart besteht, bildet bereits das vor, was in der klassischen griechischen Philosophie Theoria heißt: höchstes Schauen im Sinne gesteigerter Tätigkeit des Geistes.

Um zu verstehen, welchen Schritt mit dem einen Gott des Xenophanes der griechische Geist in die Helligkeit des rationalen Denkens vollzieht, muss man sich jenen „Glanz" in Erinnerung rufen, der über der Welt Homers liegt. Dadurch wird deutlich, dass sich mit Xenophanes die Entzauberung mythischer Weltbefangenheit vertieft.

Die freisinnige Haltung des fahrenden Sängers gegenüber den auf die Tradition sich berufenden Wert- und Glaubensvorstellungen seiner Zeit führt zu deren skeptischer Relativierung. Die von Umwelt und Erfahrung abhängige Begrenztheit allen menschlichen Wissens, seine Unzulänglichkeit, das Ganze des von Natur aus Seienden zu überblicken, wird von Xenophanes erkenntniskritisch scharf konturiert, so in dem berühmten Fragment (DK 21 B 34):

Und das Genaue freilich erblickte kein Mensch und es wird auch nie jemand sein, der es weiß (erblickt hat) in Bezug auf die Götter und alle Dinge, die ich nur immer erwähne; denn selbst wenn es einem im höchsten Maße gelänge, ein Vollendetes auszusprechen, so hat er selbst trotzdem kein Wissen davon: Schein (meinen) haftet an allem.

In seiner radikalen Kritik an der Tradition und dem mit ihr verbundenen Willen, den Logos vom Mythos zu reinigen, wie durch seinen Mut zu eigenständigem Denken wird Xenophanes zum Begründer der intellektuellen Bescheidenheit und zum „Vater" aller rationalen Aufklärung, die im Wissen um die Bedingtheit aller menschlichen Erkenntnis die Unrechtmäßigkeit eines absoluten Anspruchs auf Wahrheitsbesitz bekämpft.

Fragment DK 21 B 18 formuliert im Blick auf die menschliche Zivilisation jenen Gedanken, der für die Kulturentstehungslehren des 5. Jahrhunderts von Bedeutung werden sollte:

Wahrlich nicht von Anfang an haben die Götter den Sterblichen alles enthüllt, sondern mit der Zeit (chronos) finden sie suchend Besseres hinzu.

Am „Anfang" steht nicht wie bei Hesiod ein goldenes Zeitalter, sondern Mangel und Bedürftigkeit. Nicht allein durch göttliche Gaben, sondern mit den Veränderungen im Verlauf der Zeit entsteht Zivilisation durch das ständige Suchen des Menschen nach „Besserem" mittels des Einsatzes seiner der vernunftlosen Natur überlegenen geistigen Kräfte. Die Entstehung der Zivilisation wird bereits an die Geschichte gebunden.

Heraklit

In Heraklit erreicht die vorsokratische Philosophie ihren ersten Höhepunkt. Die Tiefe seiner philosophischen Einsichten und die Höhe seiner Sprachkunst durchdringen sich auf eine so einzigartige Weise, wie wir sie dann erst wieder an Platons Dialogen bewundern. Die seine Philosophie bestimmende polare Denkform, welche den ihr zu Grunde liegenden Gedanken, die verborgene Einheit im Spannungsgefüge der einen Welt, über eine dunkle Metaphorik vermittelt, ist zugleich eine beständige Herausforderung für ein jedes philosophische Denken von Rang, wie es sich mit den Namen Platon, Hegel, Nietzsche und Heidegger verbindet. Geboren ist Heraklit um 550 v. Chr. in der Stadt Ephesos, einer der ältesten und reichsten Handelsstädte Ioniens. Gestorben ist er vermutlich um 480 v. Chr. Nach der Überlieferung stammte er aus einem alten Adelsgeschlecht und war Priester am Tempel der Artemis, einem der sieben „Weltwunder" der antiken Welt. Seine Schrift – Über die Natur –, die er im Artemis-Tempel seiner Heimatstadt niederlegte, ist nur in Bruchstücken erhalten. Überliefert sind sie in Form von Zitaten, angefangen bei Platon bis hin zum christlichen Bischof Hippolytos im dritten nachchristlichen Jahrhundert. Der literarischen Form nach sind diese Bruchstücke sentenzenähnliche Sätze (Gnomen), die schon im Altertum wegen ihrer rätselhaften, unzugänglichen Formulierung berühmt waren, und ihrem Verfasser den Beinamen ho skotheinos (der Dunkle) eintrugen. Nach einem überlieferten Wort des Sokrates, bedürfe es eines delischen Tauchers, eines Meistertauchers, um den in ihnen verborgenen Weisheitsschatz aus der Tiefe ans Licht zu bringen (Diogenes Laertius II, 22). Zu der hermeneutischen Problematik, die mit einer Lektüre Heraklits verbunden ist, verweise ich nachdrücklich auf die *Heraklit-Studien* (1999) von H.-G. Gadamer. Einen auf das Wesentliche konzentrierten Beitrag gibt D. Bremer: „Heraklit", in Fr. Ricken (Hrsg.), *Philosophen der Antike I*, Stuttgart, Berlin, Köln 1996, S. 73–92.

Bei der Zitierung Heraklits habe ich auf die Übertragung aus dem Griechischen ins Deutsche von B. Snell zurückgegriffen (Sammlung Tusculum), 8. unveränderte Aufl. München 1983.

1. Die Einheit der Gegensätze

Heraklit zu verstehen, bedeutet seinen Grundgedanken zu erfassen, den er in unterschiedlichen Lebenszusammenhängen zu denken gesucht hat. Dieser heraklitische Grundgedanke ist die Einsicht in die unter der göttlichen Herrschaft des Logos stehende verborgene Einheit der lebendigen Gegensätze. Auf welche Weise sie als ein „permanent kohäsives Prinzip" (G. S. Kirk) im Vergänglichen des Lebensrhythmus, im dauernden Umschlag von Tag und Nacht, Sommer und Winter, Licht und Dunkel, Geburt und Tod anwesend sind, stellt Heraklit in das Zentrum seines hermetischen Denkens. K. Held deutet diesen „Umschlag" als ein Weltgesetz: „Im Leben wartet schon der Tod und in der Nacht der Tag."[10] Das Weltgesetz dieser „Mitgegenwart" bezeichnet bei Heraklit der logos. Der logos ist das Grundwort Heraklits. W. Schadewaldt hat in seinen Tübinger Vorlesungen zu den Vorsokratikern von 1960/61 darauf hingewiesen, dass das Wort „logos" als „das gesprochene Wort" bei Heraklit zugleich den strukturellen Zusammenhang der Dinge bezeichnet. So ist der logos jene „Proportionalität", auf die Heraklit immer wieder stößt, wenn er im Wechsel von Werden und Vergehen das Bleibende bedenkt. Als ein sprachlicher Darstellungsvorgang ist der logos ein Satzgebilde. Der Satz als eine Synthese von Subjekt und Prädikat drückt ja im Unterschied zum einzelnen Wort jene Einheit der Gegensätze aus, die das Weltgesetz der Wirklichkeit ausmacht. Der logos bei Heraklit ist dreifach bestimmt: 1. ist er das Lehrwort Heraklits, 2. als das in Worte gefasste Denken ist er die in der Struktur der Sprache „anwesende" Wirklichkeit der Welt, 3. ist er das ewige große gültige Ordnungsgesetz der Welt. In einer neueren Arbeit, die den heraklitischen Gedanken vor allem von seiner Sprachform her aufzuschließen sucht, hat M. Thurner (2001) auf Heraklits eigenste Entdeckung hingewiesen, dass die Sprache analog der Spruchgestalt des Orakels einen tieferen Sinn der physis in sich birgt. Ihn kann sie aufgrund seiner den Menschen zugewandten „Unscheinbarkeit" nicht nach der Art ihrer gebräuchlichen Artikulationen aussprechen, sie kann ihn seiner ursprünglich bestimmenden Kraft wegen aber auch nicht verbergen, sondern in all ihren Darstellungsformen stets nur zeichenhaft andeuten.[11] Gleichnis, Bild, Rätsel sind daher die dem Logos Heraklits entsprechenden Artikulationsformen. Die Sprache Heraklits steht „auf dem dunklen Grund des Mythos" (G. Wohlfart), von dem sie sich aber wiederum abstößt. Menschliche Geschichten werden auf göttliche Geschichten hin durchsichtig. So enthält Heraklits berühmter Vergleich des Aion (Lebenszeit) mit einem Knaben beim Brettspiel (B 52) eine Anspielung auf den orphischen Dionysos-Mythos: Zeus übergibt dem im Kindesalter sterbenden Dionysos-Zagreus die Weltherrschaft.[12]

2. Weltgeschehen als Streitgeschehen – Zur polaren Deutung der Welt

Heraklit steht mit seiner Deutung des Seienden in der Tradition des griechischen Weltdenkens, die er gleichzeitig kritisiert und „radikalisiert". Ist in der *Ilias* das Weltgeschehen wesentlich „Streitgeschehen", so erhebt Heraklit dieses Geschehen zum „Gesetz" allen Seins, wenn alles auf der Welt „entsteht durch Streit und Notwendigkeit" (B 80). In diesem „Streit" der Weltkräfte waltet die strenge Rechtsordnung der Dike. Darin liegt die Vertiefung eines Grundgedankens des Anaximander. Der „Krieg" im Sinne eines Weltstreits ist „aller Dinge Vater" (B 53). In diesem Heraklit-Wort klingt die homerische Formel für Zeus als den „Vater der Menschen und Götter" auf entpersonalisierte Weise noch nach. Der Krieg ist nicht nur die Entzweiung des Lebens, sondern als ein universaler Grundzug des Ineinander-Verflochtenseins aller Lebensmächte ist er Grundmetapher für eine die Gegensätze umgreifende Einheit. Wenn der Gott von Delphi, Apollon, im Fragment B 93 in einer Sprache redet, die nicht aussagt, wie Menschen aussagen, die aber auch nicht verbirgt, sondern hindeutet, so „weiß" der Gott um eine „Einheit", die dem menschlichen Denken stets nur in Trennungen erscheint, weil er selbst diese Einheit ist. Auf diese „Einheit" verweist auch das berühmte, bei Hippolytos überlieferte Fragment B 67:

Gott (ist) Tag Nacht, Winter Sommer, Krieg Frieden, Sattheit Hunger; er wandelt sich wie Öl (?): mischt sich dies mit Duftstoffen, so heißt es nach dem jeweiligen Geruch.

H. Fränkel hat diesem Fragment eine eindringliche Studie gewidmet: *Heraklit über Gott und die Erscheinungswelt*.[13] In ihr zeigt er, dass auf einer gewissen Stufe der Entwicklung der griechischen Philosophie sich die wirkungsmächtige Idee findet, dass sich das Eine in der Vielheit entfaltet. Der Vergleich mit dem heil- und wirkungsmächtigen Öl deutet darauf hin, in welcher Weise Gott sich in seinen verschiedenen Abwandlungen entfaltet und ihnen Wirkungskraft verleiht.[14]

Der logos bei Heraklit als die Zusammenfügung von Auseinanderstrebendem ist „Harmonie", die für das menschliche Ohr nur als Dissonanz hörbar ist. Dementsprechend sagt das Fragment B 51:

Sie verstehen nicht, wie das Unstimmige mit sich übereinstimmt: des Wider-Spännstigen Fügung wie bei Bogen und Leier.

Durch die Gegenstrebigkeit der Richtungen, in denen die „Teile" von Bogen und Leier sich spannen, wird das Ganze „mit sich selber zusammengezogen", d.h. in die Einheit seines Wesens hineingefügt. Daraus folgt:
Die Fügung ist mit der Gegenstrebigkeit, die Einheit mit dem Widerspruch identisch.

Nach dem Mythos sind Bogen und Leier Attribute des Apollon, zusammen bilden sie eine „gegenstrebige Fügung", eine palintonos harmonia. In ihr tritt das verborgene Wesen des Gottes in seiner Erscheinung hervor. Diese „Einheit" ist aber für Heraklit zugleich die Einheit des Kosmos im ganzen. Sie wird von ihm nicht nur mit dem Wort logos bezeichnet, sondern trägt auch einen Götternamen. Fragment B 32: „Eins, das einzige Weise, lässt sich nicht und lässt sich doch mit dem Namen des Zeus benennen." Wie hängt dieses „Eine" nicht nur mit Zeus, sondern auch mit Apollon zusammen? Im Homerischen *Apollon-Hymnus* erbittet sich der neugeborene Gott „eine vertraute Kithara und einen gekrümmten Bogen", und ferner wird von ihm gesagt: „und ich werde im Orakel den Menschen verkünden des Zeus unfehlbaren Ratschluss" (V. 132). Aus des Zeus unfehlbarem Ratschluss wird bei Heraklit „das Eine", „das Weise", „das Einige". In der Harmonie des Welt-Logos regiert jene verborgene, aber unfehlbare Weisheit, deren Unfehlbarkeit „Zeus" genannt sein will und nicht will. In dem bereits erwähnten Fragment B 93 steht die Weltdeutung Heraklits im Zeichen der apollinischen Mantik. In ihrer dem menschlichen Verständnis dunkel bleibenden Zeichensprache manifestiert sich der Gott von Delphi als das leuchtende In-Erscheinung-Treten der polaren Phänomenalität der Welt.

Im Unterschied zur Orphik und den Pythagoreern sind Leib und Seele bei Heraklit keine getrennten Größen, vielmehr erhält sich die Lebensflamme durch das ständige Ineinander beider. Dieser Austauschprozess ist mit dem kosmischen Kreislauf verbunden. In Fragment B 88 ist zu lesen:

Ein und dasselbe ist Lebendiges und Totes und Wachendes und Schlafendes und Junges und Altes; denn dies schlägt um und ist jenes, und jenes wiederum schlägt um und ist dieses.

Bei Heraklit ist „Physik" Psychophysik und kosmischer Mythos zugleich. Der kosmos, dieses große Ordnungsgefüge aus irdischen und Gestirnsbewegungen, ist reines Tätigsein des ewig seienden logos in den Kampfprozessen von Verfall und Erneuerung. Was bei den Pythagoreern „Unsterblichkeit" genannt wird und bei Parmenides „das Sein", das ist bei Heraklit in einer zeitlichen Bestimmung als die Dauer im Wechsel festgehalten: „ewig lebendiges Feuer" (B 30), aus dem sich die Ewigkeit des Weltbestandes nährt. Das Sichtbare ist nicht, wie für Parmenides, Schein und Trug, sondern das unverstandene Zeugnis für die in allem Streitgeschehen der Welt anwesend wirkende „unsichtbare Harmonie", die Fügung des Logos. Gemäß Fragment B 21 ist alles, was wir im Wachzustand für das wahre Leben halten, „Tod". Die Toten hingegen, die reinen „Seelen", die ein hell brennendes Feuer sind, sie sehen das Wahre, „der Philosoph aber ist derjenige, der schon hier auf der Erde seine Seele zu dieser hellen Glut zu steigern vermag", schreibt W. Bröcker.[15] Das sterbliche Dasein ist der Tod des Unsterblichen (Fr. B 62). „So ist die Seele im sterblichen Menschen ein begrabener Gott und jenseits des sterblichen Lebens ein unsterblicher Gott", kommentiert O. Gigon.[16]

3. Die verborgene Harmonie

Durch den Kirchenvater Hippolytos ist das Heraklit-Wort überliefert:

Mehr als sichtbare gilt unsichtbare Harmonie. (B 54)

Dieses Heraklit-Wort ist der Gegen-Satz zu der archaischen Vorstellung, dass das Weltgeschehen von der Harmonie der Sirenen regiert wird. Die Sirenen, nach ursprünglicher Vorstellung Seelenvögel, bezauberten durch ihren „hellen Gesang", der von allem kündet, „wie viel nur geschehen mag auf der an Nahrung reichen Erde" (*Odyssee*, 12. Gesang). Über diesem Gesang thront nach Heraklit die Fügung des Logos. Dem Verhältnis dieser beiden Arten von „Harmonie" hat Platon im 10. Buch seiner *Politeia* (617 c) ein herrliches mythisches Bild beigesellt: Die drei Moiren, die Töchter der Notwendigkeit, sitzen in weißen Gewändern und mit Kränzen auf dem Haupt und singen vom Geschehenen, Gegenwärtigen und Zukünftigen „zur Harmonie der Sirenen".

Im Hinhören auf den logos werden dem inneren Ohr die Dissonanzen des Weltstreits als Konsonanz vernehmbar und im bloßen Zufall sieht das Auge des Geistes das ihn regierende Weltgesetz. Den tiefen Sinn dieser harmonia aphanes (unsichtbaren Harmonie) hat niemand tiefer und schöner erfasst als Hölderlin in den berühmten Schlussworten seines *Hyperion*-Romans: „Wie der Zwist der Liebenden sind die Dissonanzen der Welt. Versöhnung ist mitten im Streit und alles Getrennte findet sich wieder."

4. Die Ordnung der Physis und das Selbstverständnis der Psyche

Das dunkle Denken Heraklits weist eine enge Beziehung zur altgriechischen, sophokleischen Tragödie auf. Deren Grundelemente sind Leid und Streit. Alles Leben ist für Heraklit das Auseinandergehen des in der physis gesammelten Seins in die Besonderheit der im kalten Licht des Tages stehenden scharf umrissenen Dinge, die polar einander zugeordnet sind. So ist der Streit bei Heraklit Weltprinzip. Aus der Eintracht des einen Seins, der physis, geht die Zwietracht der Dinge hervor. Was die Menschen wahrnehmen, ist eine wogende Welt einander widersprechender Dinge und Zustände, die sich ständig ändern. Was Heraklit „entdeckt", ist der in allen Metamorphosen anwesende logos, der die aus Gegensätzen gefügte zyklische Ordnung der Welt ewig erhält. Ausdruck für diesen Gedanken ist das berühmte Fragment B 30, das die Einheit der Welt mit dem „Feuer" im Sinne eines göttlichen Geist-Prozesses identifiziert:

Diese Weltordnung hier hat nicht der Götter noch der Menschen einer geschaffen, sondern sie war immer und ist und wird sein: immer-lebendes Feuer, aufflammend nach Maßen und verlöschend nach Maßen.

Das Feuer ist nicht wie in der älteren ionischen Philosophie ein Grundstoff, sondern als das feinste, das geistähnlichste ist es „vernunftbegabt" (Fr. 64 a). Es ist „da", indem es vergeht, und so ist es „das Vergänglich-Ewige" (B. Snell). Als das Lebendigste ist das Feuer, das sich erhält, indem es sich verzehrt, zugleich das Wissende. Es ist sophon (das Weise) und theion (das Göttliche). Der Blitz als Feuer in der Hand des Zeus ist „das eigentliche Symbol der heraklitischen Philosophie" (W. Bröcker). Auch die Seele im Menschen ist Feuer. In seiner Reinheit verkörpern es die Gestirne am Himmel. Wenn wir auf das Heraklit-Wort (Fr. B 64) hören: „Das Steuer des Alls aber führt der Blitz", erfassen wir gleichsam intuitiv den inneren Zusammenhang von logos und Weltfeuer bei Heraklit.

Die psyche (Seele) ist bei Heraklit nicht nur „der Atem des Lebendigen" (H.-G. Gadamer), sie ist auch das Denkende, das in seiner inneren, nie auszuschreitenden Umfänglichkeit die ganze Tiefe des logos birgt. Darauf verweist das wunderbar schöne, in der Nähe der archaischen Lyrik stehende Wort Heraklits (Fr. B 45):

Der Seele Grenzen kannst du nicht ausfinden, auch wenn du gehst und jede Straße abwanderst, so tief ist ihr Sinn (logos – W.R.).

Im ständigen Wechsel des Werdens findet Heraklit drei Grundelemente: die Gegensätze, den Austausch, den logos. Sie bewirken im Fliessen der Dinge das Anwesendsein eines Dauernden. Im Wechsel das Bleibende, in der Dissonanz die Harmonie, im Streit den Frieden in einer der alltäglichen Wahrnehmung entzogenen Weise „gleichzeitig" zu erkennen und im zyklischen Fluss der Zeit die Zeitlosigkeit eines Rhythmus zu vernehmen, darin ist der bleibende Beitrag Heraklits in der Geschichte der griechischen Philosophie zu sehen. Die ursprüngliche Flussformel Heraklits findet sich in Fragment B 12:

Steigen wir hinein in die gleichen Ströme, fließt andres und andres Wasser hinzu.

Der gleiche Strom und die immer fließenden anderen Wasser, in diesem Gedankenbild sind Bewegung und Ruhe, Andersartigkeit und Selbigkeit zur paradoxen Einheit zusammengeschlossen. Demgegenüber ist die angebliche Lehre Heraklits panta rhei (alles fließt) eine späte Verzeichnung.

Zugleich rührt dieses Fragment aber auch an das mystische Geheimnis der Zeit. Sie gleicht einem Fluss, dessen Strömung den Menschen hinwegreisst, aber die unausschreitbare Tiefe der psyche selbst ist der Fluss – in ein heraklitisches Sprachbild des argentinischen Dichters J. L. Borges übersetzt: die Zeit „ist ein Tiger, der mich zerfleischt, aber ich bin der Tiger; sie ist ein Feuer, das mich verzehrt, aber ich bin das Feuer."

5. Der Umschlag von Leben in Tod und Tod in Leben

Alles wahrhaftige Philosophieren ist Nachdenken über das dunkle Rätsel von Leben und Tod. Im Blick auf dieses Rätsel ist es die Paradoxie des jähen Umschlags von Leben in Tod und Tod in Leben im Prozess antithetischer Verwandlungen, „dieses Geheimnis der Natur des Seins selber" (H.-G. Gadamer), dem Heraklit nachdenkt. Er stellt die große Frage: Was ist das unsterblich Unveränderliche, das sich hinter dem uns überwältigenden Anblick des jähen Wechsels von Leben und Tod verbirgt und das unseren sterblichen Sinnen verhüllt bleibt? Weder die Hadesvorstellung der alten griechischen Religion, noch die Mysterienlehre von der Seelenwanderung, aber auch kein bestimmtes Seiendes, wie etwa bei Platon „die Seele", ist für Heraklit eine angemessene Antwort auf das Paradox des jähen Umschlags von Aufleuchten und Erlöschen des Lebens. Es ist vielmehr das sophon (das eine Weise), unter dessen Herrschaft dieser „Umschlag" steht. Sucht Heraklit in allem Gegensätzlichen das Eine und findet er in diesem „Einen" das Gegensätzliche, „im Feuer die Flamme, im Logos die Seele, im Einen das Weise", wie H.-G. Gadamer in seinen bedeutenden Heraklitstudien[17] schreibt, dann ist es Platon, der diesen Grundgedanken in seinem Spätwerk aufnehmen wird. Die eigentümliche Verknüpfung von Schlaf, wachem Leben und Tod (Fr. B 26) deutet auf einen „Übergang" der individuellen Denkbewegung in die „große kosmische Bewegungseinheit" (J. Stenzel) des Seins. Der Mensch zündet sich in der Nacht ein Licht an, wenn sein Auge erloschen ist und doch lebt. Das Aufhören der bewussten seelischen Einzelexistenz im Tod, das „Eingehen" jeder individuellen Strebung in einen Zustand, dem das Nicht-mehr-Widerstreben gegenüber dem „Einen" als der alles Geschehen tragenden göttlichen Kraft eigentümlich ist, erscheint hier als eine Erfüllung des denkenden

Lebens. Dem entspricht das Wort des Sokrates am Schluss der platonischen *Apologie* (40 c–d), dass kein Mensch, auch der Großkönig nicht, ein höheres Glück kenne als den tiefen, traumlosen Schlaf. Wenn dieser aber der Tod sei, so wäre es das Törichteste von der Welt, den Tod zu fürchten, in welchem „die ganze Zeit wäre wie eine Nacht".

Denken und Sein

Parmenides

Mit Parmenides beginnt die Geschichte der Ontologie, der Wissenschaft vom Sein. Insofern er der scheinbaren Evidenz der sinnlichen Eindrücke die strenge Folgerichtigkeit des Gedankens vorzieht, dass das Seiende ist und nicht nicht sein kann, beginnt mit ihm eine neue Epoche des frühen griechischen Denkens. Parmenides setzt der Vielheit und Veränderlichkeit, die in der natürlichen Welt herrscht, das eine unveränderliche und allem Werden und Vergehen enthobene Sein entgegen. Waren im frühen Griechentum die Götter die großen wirkende Weltkräfte, so weicht die Vergöttlichung der alles bewirkenden und lenkenden Kräfte des Kosmos, gegenwärtig in den lebendig geschauten Gestalten des Göttlichen, immer mehr jener rationalen Tendenz des griechischen Geistes, die prinzipiellen „Aufbaukräfte der Welt" zu erfassen und „die göttlichen Abstracta" (H. Schwabl) in den Mittelpunkt zu stellen. Dieser rationale Zug leitet zum eigentlich ontologischen Stadium der Entwicklung des griechischen Weltdenkens über.

Parmenides stammt aus Elea, einer kolonialgriechischen Stadt in Unteritalien südlich von Paestum. Sein Vater hieß Pyres, die Familie war vornehm und reich. Sein Geburtsdatum wird auf etwa 515 v. Chr. bestimmt. Im hohen Alter soll er um 445 v. Chr. gestorben sein. In seiner Vaterstadt hat er zunächst gemäß seiner Herkunft eine politische Rolle gespielt, sich dann aber unter dem Einfluss des Pythagoreers Ameinias aus dem politischen Leben zurückgezogen und sich einer kontemplativen, der „wissenschaftlichen" Betrachtung verpflichteten Lebensform zugewandt. Zeugnis hierfür ist sein berühmtes in Hexametern verfasstes Lehrgedicht *Über das Sein*, das in zwei Teile zerfällt, die Lehre von der Wahrheit, dass das Sein ist und das Nichtsein nicht ist, und die Lehre vom Schein, in dem wir uns ständig in unseren sinnlichen Vorstellungen von der Welt und ihrem Anschein des ständigen Werdens und Vergehens bewegen.

Das Lehrgedicht des Parmenides, aus dem ich nach der Übersetzung von J. Mansfeld (Reclam, 1995) zitiere, beginnt mit einem Proömium, d. h. einer Vorrede aus 32 Versen (Fr. 1), das vollständig erhalten ist. Es schildert in faszinierend archaischer Sprache und Bildlichkeit die Auffahrt des Autors zum Reich der Wahrheit. Der Wagenfahrt zur Göttin liegt eine Grundform mythischer Erzählung (nach dem Strukturschema von V. Propp) zugrunde: der Held verlässt das Haus, erhält das Zaubermittel, trifft Helfer, findet den Besitzer des Gesuchten, bei Parmenides: die Göttin, die jenseits der Bahnen von Nacht und Tag die Wahrheit des Seins hütet. Für ihr philosophisches Verständnis ist vor allem der Beitrag von K. Deichgräber von Bedeutung: *Parmenides' Auffahrt zur Göttin des Rechts. Untersuchungen zum Prooimion seines Lehrgedichts* (1988). Die Auffahrt des Dichters vollzieht sich auf einem von Stuten gezogenen Wagen, der begleitet wird von den Sonnenmädchen, den Heliaden, die in einer objektivierenden Übersetzung der Metaphorik Göttinnen der hellen Wahrheit sind. Die Reise beginnt im „Haus der

Nacht" und führt durch ein ätherisches Tor, zu dem Dike als Torhüterin die Schlüssel besitzt. Wie H. von Steuben in seinem klugen, den damaligen Stand der Forschung bilanzierenden Beitrag *Wahrheit und Gesetz. Die Offenbarung des Parmenides* (1981) ausgeführt hat, besteht das Walten der Dike darin, als „unerbittliche" Wächterin das Reich der Wahrheit und das Reich der Scheinwelt zusammenzuhalten und sie zugleich voneinander zu trennen. Ihre Gehilfen sind moira, das Schicksal, und ananke, die Notwendigkeit. Das Tor, über das sie kraft ihrer Schlüsselgewalt als Mittlerin von Licht und Dunkelheit wacht, ist ein Grenztor. Vor ihm enden die Bahnen der Nacht und des Tages. Hinter ihm liegt hellstes Licht: das ewige Reich der reinen Wahrheit. Indem Parmenides dieses Tor passiert, dessen Flügel, bewegt von dem „lichtvollen Verstand und weichen Wort" (K. Deichgräber) der Heliaden, sich weit öffnen, und sein von den unsterblichen Mädchen gelenkter Wagen ihn über die steinerne Schwelle des Tores hinwegträgt, lässt er die Welt des nächtlichen Trugs hinter sich und betritt das Haus des vollkommenen Lichts, dessen Herrin eine überweltliche Göttin ist, die ihn huldvoll begrüßt, seine rechte Hand ergreift und ihn mit den Worten anredet (B 1, 24–31):

> Junger Mann, Gefährte unsterblicher Wagenlenkerinnen, der du mit den Stuten, die dich tragen, mein Haus erreicht hast, willkommen! Es ist ja kein böses Geschick, das dich fortgeleitet hat über diesen Weg, um ans Ziel zu gelangen – einen Weg, der weitab vom üblichen Pfad der Menschen liegt, sondern göttliche Fügung und dein Recht. So gehört es sich, dass du alles erfährst: einerseits das unerschütterliche Herz der wirklich überzeugenden Wahrheit, andererseits die Meinungen der Sterblichen, denen keine wahre Verlässlichkeit innewohnt.

Neben der Lichtmetaphorik des Proömiums, Wahrheit und Sein sind Licht, ist es dann die Wegmetaphorik, die im Sinne des Aufstiegsweges zum Licht für die Geschichte der Metaphysik der Antike (Platon, Plotin, Augustinus) von zentraler Bedeutung wird. Das Bild des Weges, der von Finsternis zum Licht führt, ist bei Parmenides Symbol für die Bahn der noetischen Erkenntnis, die vom Irrtum hin zur Wahrheit lenkt.

Die Verkündigung der „namenlosen Göttin" (DK 28 B 2) macht den ersten Teil des Lehrgedichts aus. Er beginnt mit einem kunstvollen Wortspiel im Blick auf den „Weg". So lauten die Worte der Göttin (DK 28 B 2/3):

> Wohlan, ich werde also vortragen (…), welche Wege der Untersuchung einzig zu erkennen sind: die erste, dass es ist und dass nicht ist, dass es nicht ist, ist die Bahn der Überzeugung, denn sie richtet sich nach der Wahrheit; die zweite, dass es nicht ist und dass es sich gehört, dass es nicht ist. Dies jedoch ist (…) ein völlig unerfahrbarer Pfad: denn es ist ausgeschlossen, dass du etwas erkennst, was nicht ist, oder etwas darüber aussagst: denn solches lässt sich nicht durchführen; (…) denn dass man es erkennt, ist dasselbe, wie dass es ist.

Das Wort estin (es ist) bedeutet an dieser Stelle soviel wie „es gibt" und bezieht sich auf das Sein, das ohne Werden und Vergehen ist, weil es außerhalb der Zeit unwandelbar immer dasselbe ist, in sich fest und vollkommen unverrückbar in seiner Umgrenzung gehalten durch die Fessel der Dike, unzerstörbar in seiner ewigen ungeteilten Gegenwärtigkeit. Als ein jenseits der Sphäre des irdischen Lebens und seiner Vergänglichkeit liegendes Reich der Wahrheit ist es für die Sterblichen unbetretbar, es sei denn göttliche Pferde, gespannt vor irdischem Wagen, führen einen Sterblichen unter dem Geleit der Sonnenmädchen über eine steinerne Schwelle in ein überirdisches Reich, in dem ihm die Göttin des offenbarenden, scheidenden und bestimmenden Rechts die Wahrheit über das Seiende und die Welt der Sterblichen offenbart. Dies verleiht dem

Lehrgedicht des Parmenides seinen unverkennbar griechisch-religiösen Charakter. Vernehmbar wird die Wahrheit des Seins dem noein, dem Denken. Nach dem Wortlaut von Fragment 3, 1 sind Erkennen und Sein dasselbe. Dies darf auf keinen Fall im Sinne einer Identitätsphilosophie (Denken = Sein) missverstanden werden. In dem Kommentar zu seiner Übersetzung des Lehrgedichts in der „Sammlung Tusculum" (1995) hat E. Heitsch für das griechische Wort noein ausgeführt, dass es primär eine „rezeptive Haltung" nach dem Modell optischer Wahrnehmung bezeichnet. Noein ist zunächst ein geistiges Sehen, ein intuitives Erkennen. Das Seiende, so die Aussage der Göttin, als das sich immer gleich Bleibende, ist für das Auge des Geistes erkennbar. Das Werdende als ein immer Wechselndes hingegen ist unerkennbar. Das bedeutet für das noein, dass es über das rezeptive Element hinaus auch noch ein aktiv „logisches" Element an sich trägt, insofern es das Denken eines Seienden ist, das „Bestand" und „Gegenwärtigsein" besitzt, und das heißt, das wahr ist. Es ist die Identität des Seienden, welche die Wahrheit des Denkens verbürgt (und nicht umgekehrt).

So verstanden ist es das Seiende selber, das den Gedanken des Seins und damit die „Lehre" des Parmenides in ihrer einzigartigen Paradoxie bestätigt. Daher kommt der Einsicht H.-G. Gadamers im Blick auf die eleatische Seinslehre besondere Bedeutung zu, wenn er in seinem Beitrag *Zur Vorgeschichte der Metaphysik* (1950) schreibt: „Aber nicht im Denken ist das Sein ausgesprochen, sondern im Sein das Denken. (…) Das Denken ist nicht die freie Möglichkeit des vorstellenden Entwurfs ins Leere, sondern es meint immer Anwesenheit, d.h. es ist immer ein Bezeugnis des Seins, so wahr das Leere Nichtsein, d.h. ein Ungedanke ist. Das, was man sagen und denken kann, ist, d.h. es kann nicht herausfallen aus der Anwesenheit des Seins, deren Vernehmen das Denken ist."[18]

Im Fragment DK 28 B 16 entspricht die Erkenntnis des Menschen der jeweiligen Mischung seines veränderlichen Organismus. Schlaf, Alter und Tod gehen auf ein Schwinden des lichten Anteils im Menschen zurück. Während im Tod das Erinnerungsvermögen ausgelöscht ist, indem in ihm ein Zustand ungemischter Dunkelheit eingetreten ist, der den ganzen Leib umfasst, erreicht hingegen der Geist des Menschen in der Erkenntnis des Seins den Zustand eines ungemischten und unwandelbaren Lichts.

Es ist schon immer bemerkt worden, dass die Seinslehre des Parmenides im Widerspruch zum ionischen Weltdenken steht. Dessen zentrale Themen waren Werden und Vergehen. Der Ursprung allen Werdens wurde von Anaximander im apeiron (Unbegrenzten) gefunden. Der „Ursprung" war dem Werden, nicht aber dem Vergehen entzogen. In zyklischen Zeitumläufen „wurden" aus dem apeiron unbeschränkt viele Welten, die jeweils ihre periodische Zeit hatten. Gegen diese ionische Weltkonzeption, getragen von einem noch ganz naiven Begriff von Werden, setzt Parmenides sein „Es ist oder es ist nicht", stellt er das eine ungewordene und tod-lose Sein.

Wie dann im zweiten Teil des Lehrgedichts die Göttin der „verlässlichen Erörterung über das wahre Wesen" des Seienden die „sterblichen Meinungen" der Menschen entgegenstellt, das entspricht ganz der Disposition des Redeanfanges. Hier wie dort gibt sie nicht nur Mitteilungen, sondern durch den Imperativ „Lerne!" Erklärungen des menschlichen Meinens und des Trugs der Sinnenwelt. Aller menschliche Irrtum beruht auf einer sprachlichen „Benennung" bzw. Namengebung. Sie erfolgte in mythischer Vorzeit durch gemeinsame Abstimmung. Benannt wurden zwei sinnliche Erscheinungsformen: Licht und Nacht (DK 28 B 8/9). Aus diesen beiden Formen, die sich als gegensätzliche Größen komplementär zueinander verhalten, entwickelt Parmenides seine „Physik" und spekulative Kosmologie. Im Benennen einer Zweiheit des Scheins gründet das falsche menschliche Verstehen des einen Seienden. Folgerichtig führt daher die Frage nach der physis, der aus „abscheulicher Geburt und Mischung" gewordenen- und in Ringen aus Nacht und Licht geordneten Welt (DK 28 B 12), auf die Lehre des Seienden gemäß der Offenbarung der Göttin zurück.

Um die Seinslehre des Parmenides zu verstehen, sei daran erinnert: Werden und Vergehen ist das grundlegende Thema der griechischen Naturphilosophie. Das Motiv hierfür ist kein primär logisches, sondern es gründet in der menschlichen Grunderfahrung der Sterblichkeit. Dichtung und Philosophie des 6. Jahrhunderts v. Chr. kreisen beständig um das Phänomen des Wechsels und der Vergänglichkeit aller Dinge. Eine Verschärfung des Rätsels der Vergänglichkeit ist erreicht, wenn man ein Seiendes als Ganzes denkt, das alles umgreift und außerhalb dessen nichts ist. Dieser Gedanke liegt bereits dem Denken der Vorsokratiker zu Grunde, wenn Werden und Vergehen aus der Tiefe des unendlichen Lebens, für welches das Griechische das Wort zoe gebraucht, heraus geschehen. Die Deutung, die Parmenides für dieses Geschehen gibt, ist aber von ungleich größerer Radikalität als die seiner ionischen Vorgänger. Er findet sie in einer unerhört kühnen Anschauung des einen Ganzen, worin das Nichtsein keine Stätte hat. Was dem sinnlichen Auge als Untergang erscheinen muss, ist nur „Schein". In der Einheit des Seins aber gibt es kein Werden und Vergehen. Für diesen einen, im mythischen Kolorit seines Lehrgedichtes verborgenen „Gedanken" hat Parmenides die ganze Konsequenz des reinen Denkens aufgeboten, indem er von der ersten, noch ganz unbewussten Gewissheit des sprachlichen „es ist" fortschreitet zu einer letzten, durch eine göttliche Offenbarung legitimierten Gewissheit: des Seins als des Ungewordenen, in sich Vollendeten, welches gänzlich unverletzt bleibt von Untergang und Vernichtung.

In seinen 1988 in Neapel gehaltenen Vorlesungen hat H.-G. Gadamer bemerkt, dass es sich bei der These des Parmenides, es irrten sich die Menschen bei ihrer Behauptung des Werdens und Vergehens, auch um eine Anspielung auf die flüchtige Nichtigkeit der Dinge handle. So z. B. bei der von Parmenides kritisierten Behauptung, es ändere sich auch noch die leuchtende Farbe. Das Verblassen der Farbe, schreibt er, lässt sich als solches nicht unmittelbar beobachten, und er schließt daran an:

„Die Zeit vergeht und auch die Farben vergehen. (…) und darauf will der Dichter (Parmenides – W.R.) zweifellos hinaus. Er will die Angst ins Bewusstsein rufen, welche die Sterblichen darüber empfinden, dass alles, was entsteht, der Vergänglichkeit anheimfällt, dass alles Geborene sterben muss. Aber die Göttin weiß es besser als die Sterblichen."[19]

Dem im Schein befangenen Weltverständnis der Sterblichen steht das ihm überlegene Seinswissen der Göttin siegreich entgegen. An diesem Gegensatz entzündet sich das Denken der griechischen Philosophie. Aus ihm heraus entwickelt sich die Seinslehre des Parmenides, in welcher dem großen Weltspiel des Werdens und Vergehens keine prinzipielle Gültigkeit mehr zukommt, weil es vor der unumstößlichen Gewissheit des estin nur Trug ist. Vor dem zeitlosen Kontinuum „Sein" als Anwesenheit verblasst der alles verschattende Gedanke des Menschen an den Tod. Hierin liegt die eigentliche Radikalität im Denken des Parmenides. Ihren Ausdruck findet sie Fragment B 4:

Betrachte mit Verständnis das Abwesende als genauso zuverlässig anwesend (wie das Anwesende): denn nicht wird das Verständnis das Seiende vom Seienden abschneiden, von seinem Zusammenhang, weder als ein, wie es sich gehört, sich überall gänzlich Zerstreuendes noch als ein Sichzusammenballendes.

Die „Radikalität" der Parmenideischen Seinslogik ist nicht mit der Reflexionsfigur des sich als Einheit denkenden Denkens verbunden, sondern ist an die geistige Schau eines zeitlosen Seins gebunden, die der „Geschichte der religiösen Formen" (W. Schadewaldt) zuzurechnen ist.

Die herbe Strenge des eleatischen Seinsgedankens hat dann das der sinnlichen Evidenz aller großen Weltphänomene verpflichtete griechische Denken stets als eine Herausforderung empfunden. Nicht zuletzt wird das an der „neuen Strenge" (H.-G. Gadamer) des metaphysischen Denkens des späten Platon und des von ihm thematisierten Zusammenhangs von Sein, Wahrheit, noetischer Einsicht und Licht ersichtlich.

Zenon

Zenon von Elea, geboren um 490/85 v. Chr., gestorben nach 445 v. Chr., der zwanzig Jahre jüngere Schüler des Parmenides, gilt nach Aristoteles als der eigentliche „Erfinder der Dialektik". Nach einem Zeugnis des platonischen Dialogs *Parmenides* hat er sich als vierzigjähriger Mann mit seinem Lehrer in Athen aufgehalten. Zenon beweist mit scharfer logischer Argumentation und nüchterner Sachlichkeit, dass es weder Vielheit noch Bewegung gibt, indem er aus ihrer hypostasierten Existenz unaufhebbare Widersprüche ableitet. Schon im Altertum sind zwei seiner insgesamt sechs aufgewiesenen „Paradoxien" (der Wettlauf Achills mit der Schildkröte und der ruhende Pfeil) berühmt geworden.

Im Blick auf das grundsätzliche Problem des Verhältnisses von Einem und Vielen und auf dem Hintergrund der eleatischen Seinskonzeption wie der mit ihr verbundenen Schwierigkeit des Gedankens der Einheit als einer ausgedehnten und daher teilbaren Größe, stellt sich für Zenon die Frage, ob es ein ausgedehntes, gleichwohl aber unteilbares Sein geben kann. Die sich aus dieser Fragestellung entwickelnde Antinomie eines unendlich großen und zugleich bis hin zur Nichtexistenz kleinsten Seienden verweist bereits voraus auf die Problemstellung der griechischen Atomistik. Den kunstvollen dialektischen Pirouetten von Zenons Argumentation liegt jener Gedanke zugrunde, dass gerade die Zugrundelegung von Vielheit es ist, welche – ex negativo – die Einheit verbürgt. Sie steht im Dienst einer Logik, der es immer um die Einheitlichkeit und Konstanz des Seienden geht, ohne dass sie die bei Parmenides durch Offenbarung garantierte Absicherung des Gedankens eines in sich vollendeten und in sich ruhenden unvergänglichen Seins für sich noch in Anspruch nimmt.

Seiendes als „Mischung"

Empedokles

Empedokles, der Sohn des Meton, hat im sizilischen Akragas, dem heutigen Agrigent, von ca. 492 bis 432 v. Chr. gelebt. Aus vornehmem Geschlecht stammend, war er gleichwohl ein Führer der Volkspartei und Gegner der herrschenden Oligarchie, an deren Stelle er die reine Volksherrschaft begründete. Er verstand sich als Nachfolger des Pythagoras und zog als Sühnepriester, Seherarzt, Redner und charismatischer Wunderheiler in Sizilien und Italien, seine religiöse Lehre verkündend, umher; von seinen Anhängern wie ein Gott verehrt. Sich selbst hat er als einen „unsterblichen Gott", aber auch als „einen von Gott Gebannten und Irrenden" verstanden. So verwundert es nicht, dass er schon zu seinen Lebzeiten eine Legende war. Das Volk soll ihm sogar die Königswürde angetragen haben. Einer Überlieferung zufolge hat er sich am Ende seines Lebens in den Ätna gestürzt. Tatsächlich aber ist er, ungefähr 60 Jahre alt, in der Verbannung gestorben. Sein Grab ist unbekannt. In seinem Lehrgedicht *Physika*, das seine Kosmologie enthält, und dem Reinigungslied *Katharmoi*, das seine Seelenlehre verkündet, vereinigen sich eine im Licht des eleatischen Seinsgedankens stehende philosophische „Theorie" mit einem von Orphik und Pythagoreertum gespeisten Seelenglauben, dessen Echo wir auf den Grabinschriften Süditaliens finden und in den Dialogen Platons vernehmen. Das Denken des Empedokles kreist wie das seiner älteren Vorgänger um das grundlegende Verhältnis des Einen zu dem Vielen, und es entwickelt eine kosmologische Theorie der ihm zugrunde liegenden „Wurzeln der seienden Dinge", jener unveränderlichen Elemente, aus deren Mischung und Entmischung sich die Konfigurationen periodischer Weltgestalten unter der jeweiligen Herrschaft der großen polaren Potenzen philotes (Liebe) und neikos (Streit) und ihrer Grundstrebungen, Vereinigung und Trennung, herausbilden.

Das von ihm geschaute Bild des Kosmos umschließt parmenideische „Statik" und herakliteische „Dynamik".

Seine von der Orphik und der pythagoreischen Seelenvorstellung gespeiste religiöse Philosophie wirkt auf Platon und den Neuplatonismus und ist Form einer antiken „Gnosis", deren Strömung durch die Jahrhunderte bis hin zum Deutschen Idealismus reicht.

1. Elementenlehre

Der „Naturglaube" (W. Schadewaldt) des Empedokles sieht das wahre Sein der Allnatur in vier Wurzeln, den vier Elementen, aus denen alles Seiende gebildet ist: Erde, Wasser, Feuer und Luft. Sie haben ewigen Seinsbestand und bleiben im Kreislauf von Wandlung und Umwandlung unerschüttert. Zugleich offenbart sich in diesen Elementen das Spiel göttlicher Mächte. Es ist, so W. Kranz in seinem Buch *Empedokles. Antike Gestalt und romantische Neuschöpfung* (1949), eine „göttliche Vierheit", die Empedokles als das Wesen aller Dinge nennt: zwei männlich-weibliche Paare: Zeus (Feuer) und Hera (Erde), Aidones (Luft) und Nestis (Wasser), „die mit ihren Tränen fließen lässt die irdische Quelle" (DK 31 B 6). Empedokles steht in der Tradition des frühgriechischen Denkens, wenn in seiner Kosmogonie die Elemente „Gottleiber" (W. Kranz) sind, „Wurzeln" und „Quellen", aus denen sich der wandelnde Bestand der Welt nährt. Die vier Gottelemente der *Physika* (Über die Natur) sind kosmische Gestalten. Göttlich sind auch die beiden großen Ur-Potenzen, die alle Vereinigung und alle Trennung in der Welt des Seienden bewirken: die uralten „Daimonen" philotes und neikos, Liebe und Streit. Nach einem durch Eide versiegelten Beschluss der Götter bestimmt die stets wechselnde Herrschaft von Liebe und Streit den ewigen Wandel der Welt im Wechsel von Anziehung und Abstoßung, von glückseliger Vereinigung der Elemente im kugelgestaltigen sphairos und ihrer leidvoll feindseligen Trennung, von Kosmoszerstörung und

Kosmosbildung. Mit diesen Gedanken steht Empedokles in der Nähe Heraklits. Das Werden und Vergehen des göttlich-lebendigen Kosmos ist nur das periodisch wechselnde Geschehen von Trennung und Vereinigung. Mit dieser naturphilosophisch-religiösen Elemententheorie kommt die altionische Stofflehre zu einem Abschluss, wenn in den vier Elementen zugleich die vier Aggregatzustände Warm und Kalt, Trocken und Feucht mitbestimmt sind. Für Empedokles bilden Materie und Geist, Körperlich-Stoffliches und Seelisches in einem zyklischen Weltgeschehen eine untrennbare Einheit. Was die Menschen in ihrem Wahn als Geburt und Tod verstehen, ist nur wechselnder Tausch, Auflösung eines Lebendigen zu neuem Leben. Der Weise sieht durch den Trug des Werdens und Vergehens hindurch auf den Grund der Einheit der unzerstörbaren Formen des Lebens. Nach W. Jaeger (1953) dokumentiert die Lehre des Empedokles den Wandel von einer aristokratischen Ordnung des älteren ionischen Denkens, dessen Götter- und Weltordnung durch Genealogie bestimmt ist, zu einem Kosmos, der durch die Gleichheit aller göttlichen Kräfte ausgezeichnet ist. Auch in den Perioden der Geschichte regiert der Wechsel von Einigkeit und Trennung. Beschworen wird ein goldenes Zeitalter, in dem nicht der Kriegsgott Ares, sondern die Liebesgöttin Aphrodite herrscht.

Nach W. Bröcker (1965) unterscheidet Empedokles vier Zeitalter: 1. das Zeitalter des Sphairos, 2. das Zeitalter der Weltbildung, 3. das Zeitalter der Entstehung des Lebens bis hin zum goldenen Zeitalter und 4. das Zeitalter der Geschichte.

2. Seelenmythos

Die *Katharmoi* sind „das älteste Stück pythagoreischer Originalliteratur" (W. Bröcker), das wir besitzen. In ihnen geht es um eine Einweihung in das Schicksal der menschlichen Seele, die aus einem Lichtreich stammt und dorthin nach ihrem Fall zur Erde und nach langer, mühevoller Wanderung auf den trüben Pfaden des Lebens zurückkehrt. Es ist dieser religiöse Gedanke der Orphik, der im platonischen Mythos eine seiner reifsten Ausprägungen finden wird. Das Leiden im Menschenleben ist Strafe für eine urzeitliche Schuld. Die Seelen, die durch diese Schuld aus einem Lichtreich in die Dunkelheit der körperlichen Welt abgesunken sind, müssen gemäß dem ewigen Spruch der ananke (Notwendigkeit) als gefallene Dämonen in immer neuen Gestalten sterblicher Geschöpfe das Weltall durchwandern, wohl dreißigtausend Horen (Jahre) lang und von den sie hassenden Elementen hin- und hergeworfen (DK 31 B 115). Den pythagoreischen Glauben an die Metempsychosis bezieht Empedokles auch auf sein eigenes Seelenschicksal, wenn er von sich bekennt (DK 31 B 117):

Ja, ich ward schon einmal zum Jüngling und auch zur Jungfrau,
Wurde Pflanze und Vogel und Fisch, stumm Fluten enttauchend.
(Übersetzt von W. Kranz)

Die Erde ist eine Stätte des Dunkels und des Jammers, eine überdachte Höhle, in welcher die Seele, von einer „Göttin" umkleidet mit der fremden Hülle des Fleisches (DK 31 B 126), gefangen ist. Diese erstmals bei Empedokles belegte Vorstellung erweist sich als wirkungsmächtig vor allem im Blick auf Platons Höhlengleichnis in der *Politeia* und seine Unsterblichkeitslehre im *Phaidon*. Ihre Wurzeln besitzt sie in jener orphisch-pythagoreischen Vorstellungswelt, wie sie im unteritalisch-sizilischen Griechentum jener Zeit reich entfaltet war. In ihrem Mittelpunkt steht das Schicksal der Seele. Gefesselt im schmerzreichen Kreislauf der Geburten will sie durch katharsis (Reinigung) von ihrer Sterblichkeit erlöst werden und ein göttliches Leben gewinnen, das nicht von dieser Welt ist. Bei Empedokles finden Auserwählte nach ihrer höchsten Inkarnation zu ihrem ursprünglichen Wesen zurück, denn sie waren zu Anfang schon Götter. Zwei Bruchstücke (DK 31 B 146 und B 147) sind erhalten:

Und am Ende werden sie Seher und Dichter, Ärzte und Herrscher bei den Menschen, die auf der Erde wohnen; daraus wachsen sie wieder empor, Götter, an Gewalten stärkste. – Den andern Unsterblichen an einem Herde, am selben Tisch gesellt, Seiende, den Leiden der Menschen enthoben, Unbezwingliche.

Um an das mit dieser Seelenlehre verbundene grundsätzlich Neue jener religiösen Vorstellungswelt gegenüber der alten mythischen Welt Homers zu erinnern, mag der Hinweis auf die orphischen Goldblättchen (aus der ersten Hälfte des 4. Jahrhunderts v. Chr.) und ihre Wegsymbolik dienlich sein. Sie stammen aus Kreta, Unteritalien und Sizilien, dienten als Grabbeigabe und waren beschriftet. Eine dieser berühmten Inschriften lautet:

Der Erinnerung Werk ist dies. Wenn du gestorben bist / kommst du zu des Hades weitem Haus. Es liegt rechts eine Quelle, / bei ihr steht eine weiße Zypresse. / Dort erfrischen sich beim Abstieg die Seelen der Toten. / Dieser Quelle sollst du ja nicht zu nahe kommen. / Weiter weg wirst du, wie es vom See der Erinnerung niederrinnt, / kaltes Wasser finden: Wächter stehen darüber, / die werden dich mit klugem Geiste fragen, / weshalb du durchwanderst des schlimmen Hades Dunkel. / Sprich: Sohn bin ich der Erde und des gestirnten Himmels. / Von Durst bin ich trocken und vergehe: doch gebt rasch / kaltes Wasser, das niederrinnt vom See der Erinnerung. / Und sie werden mit dir Mitleid haben, auf Wunsch des unterirdischen Königs, / und sie werden dir zu trinken geben vom See der Erinnerung, / und auch du wirst den langen Weg gehen, den auch die andern / Mysten und Bakchen gingen, den heiligen, die berühmten (übersetzt von F. Graf in: *Orpheus. Altgriechische Mysterien*, 1992, 168–169).

Das Denken des Empedokles umfasst naturphilosophische Fragestellungen und orphisch-pythagoreischen Glauben, beides belebt durch die Kraft alten epischen Sprachguts in neuer, von ihm geprägter Gestaltung. W. Kranz hat für diese Eigenart in seinem Empedokles-Buch (1949) Gültiges gesagt: „(...) sein unermüdliches Auge hat mehr als das des ‹Eintagsmenschen› gesehen: den leibhaftigen Kampf von Liebe und Streit im Elementenwirbel, die grausig-phantastischen Gebilde der ersten Lebewesen, die Hände der Aphrodite beim Mischen der Elemente zur Bildung der Organismen und ihrer Teile oder auch das Zusammentreffen der Elemente ‚im zielbringenden Hafen Aphrodites' (...) seine Liebe zum Lebendigen ging bis zur Lust am Bizarren und Grotesken, und so sah er auch das ‹Reiten› des Heißen auf dem Heißen. Nur Leben schaute sein Auge, Leben zündete daher auch sein Geist."[20]

Anaxagoras

Anaxagoras wurde um das Jahr 500 v. Chr. in Klazomenai in Kleinasien geboren. Einen großen Teil seines Lebens verbrachte er in Athen als Freund des Perikles. Seine Bedeutung liegt darin, dass er in der Blütezeit Athens als erster dort die neue Wissenschaft über die Natur einführte und die Philosophie zu einer im eigentlichen Sinne athenischen Angelegenheit machte. Auf die Frage, wozu er lebe, soll er geantwortet haben:

„um die Sonne, den Mond und den Himmel anzuschauen" (DK A 1). In seinem Denken setzt Anaxagoras die große Bewegung der ionischen Aufklärung fort. Die von ihm vertretene Kosmogonie unterscheidet sich sowohl von der pythagoreischen Kosmotheologie als auch von der religiösen Naturphilosophie des Empedokles. Seine in Athen viel gekaufte Schrift über die Natur, welche – nach einem Zeugnis in Platons *Phaidon* (97 b–c) – Gegenstand einer öffentlichen Vorlesung war (um 450 v. Chr.), an der auch Sokrates teilnahm, wurde als Sensation empfunden. Die in ihr enthaltene Lehre, dass Sterne und Sonne glühende Gesteinsmassen seien, sowie seine Freundschaft mit Perikles trug ihm eine Anklage wegen „Gottlosigkeit" ein. Im Jahre 434 musste er Athen verlassen. Seine letzten Lebensjahre verbrachte er in Lampsakos am Hellespont im Exil, wo er nach 428 v. Chr. starb.

Als Zeitgenosse des Empedokles und im Gefolge des Parmenides bestreitet Anaxagoras die Möglichkeit von Werden und Vergehen. Für ihn ist alles Werden lediglich Mischung und alles Vergehen Scheidung.

Alles, was ist, ist ein „Beisammensein" aller Stoffe, wobei die sichtbaren Unterschiede unter den Dingen aus dem Vorwalten des einen Stoffs vor dem anderen entspringen. Am Anfang der Weltbildung herrscht ein Zustand der vollständig gleichmäßigen Durchmischung aller Stoffe.

Aus diesem Urzustand entsteht die Welt durch eine Wirbelbewegung (DK 59 B 12). Es ist die sichtbare Rotation des Himmels, der Umlauf der Sterne, die Anaxagoras als weltbildende Wirbelbewegung deutet. Diese „wirbelt" eine Unzahl kleinster qualitativ verschiedener Teilchen, die Homoiomerien, so lange durcheinander, bis aus ihnen die Sichtbarkeit der seienden Dinge entsteht. Der nous (Geist) bewirkt die jeweilige Abscheidung und das Übergewicht eines Stoffes, sodass die parmenideische Homogenität des Seienden erhalten bleibt. Alles Seiende ist und bleibt Mischung von Stoffen: es vereinigt sich (synkrisis) und es trennt sich (diakrisis).

Die Lehre vom nous

Was Anaxagoras zum Vorläufer einer neuen Wendung des philosophischen Gedankens macht, ist seine Lehre vom nous (Geist/Vernunft). Der Grund jener Bewegung, die aus dem gleichmäßigen Urzustand der Welt die Mannigfaltigkeit der gestalteten Welten hervorgehen lässt, ist der nous. Als das Bewegende ist er jene aktive Kraft, welche die passive Materie durch „Rotation" (perichoresis) in Bewegung setzt. Was Anaxagoras als Erster gesehen hat, war, dass es in allem Seienden etwas gibt, was sich selbst mit keinem Seienden vermischt und eben dadurch sich als eine eigene Seinsmacht erweist, denn der nous ist „mit keinem Stoff gemischt allein und für sich" (DK 59 B 12). Das Sein als Beisammensein aller Stoffe steht unter der Herrschaft des nous als trennender und ordnender Instanz, das ist der tragende Gedanke des Anaxagoras, der dann für die klassische griechische Philosophie (Platon/Aristoteles) von höchster Bedeutung sein wird. Aristoteles hat zu Recht bemerkt (*De anima*, 404 b 1 ff.), dass Anaxagoras keinen Unterschied gemacht habe zwischen nous (Vernunft) und psyche (Seele). Weil die psyche bewegend und vernünftig ist, ist auch alles Bewegende gleichsam „vernünftige Seele" (W. Bröcker). Als solche ist der nous bei Anaxagoras rein anstoßende Tätigkeit. Er ist das Prinzip der ordnenden Bewegung und auch das Prinzip aller Möglichkeit des Erkennens der Kreisbewegung der Gestirne am Himmel und der stabilen Form der Dinge.

Es ist zu beachten, dass Anaxagoras seine Auffassung vom nous nicht nach dem Modell eines teleologischen Erklärungsmusters im Sinne Platons (*Timaios*) gelehrt hat. Seine Erklärung der Natur ist rein mechanisch. Der nous bei Anaxagoras ist bloßer Anstoß für eine Wirbelbewegung, aus der sich der Weltprozess bildet. Wie das innerhalb des nous statuierte Verhältnis zwischen einer kognitiv-intentionalen Funktion der Vernunft einerseits und ihrer kinetischen Funktion andererseits zu verstehen ist, das hat vor allem K. v. Fritz in seinem Beitrag *Der Nous des Anaxagoras* (1964) untersucht, bleibt aber auch weiterhin in der Gegenwart beherrschendes Problem der philosophischen Diskussion.

Antike Atomistik

Was der antiken Atomtheorie im 5. Jahrhundert v. Chr. ihre besondere Radikalität verleiht, ist, dass sie die ganze Welt der qualitativen Gegebenheiten auf die reine Form und Bewegung der Atome zurückführt. Dem Atombegriff liegt aber keine abstrakt mathematische Konzeption zugrunde. Als ein qualitativer Begriff ist das Atom durch Unteilbarkeit und Unzerstörbarkeit charakterisiert. Je nach Gestalt, Lage und Anordnung der einzelnen Atome, ihrer Ballung und Verhäkelung als solide Körper kommt es nach mechanischen Gesetzen zur Fügung der Erscheinungen im grenzenlosen All, wobei das Leere als das Auseinanderhaltende die eigentliche Ursache für die erscheinenden Dingeinheiten ausmacht, deren Eigenschaften sich aus der jeweiligen Form, der räumlichen Lage und Stellung der Atome ergibt. Was diese Naturkonzeption für das griechische Weltdenken bedeutet, hat H.-G. Gadamer in seinem Beitrag über *Antike Atomtheorie* (1935) dargelegt, in dem er von einer „Entformung" des an Gestalten orientierten natürlichen Weltbildes und einer damit verbundenen „Sinnentleerung alles Geschehens" spricht, zugleich aber auch betont, dass die atomistische Naturdeutung die Orientierung an einer erfahrbaren Ordnung des Kosmos nie wirklich preisgegeben hat. In ihrer Sicht der Wirklichkeit beruht alles notwendige Weltgeschehen nicht mehr auf dem Ratschluss der über der Welt thronenden Gestalten der Götter, sondern auf einem kosmischen Würfelspiel in einem grenzenlos leeren Raum des Alls.

Der „Vater" der griechischen Atomistik ist Leukipp, von dessen Leben wir so gut wie nichts wissen. Geboren zwischen 480 und 470 v. Chr. vermutlich in Milet, wanderte er in das unteritalische Elea aus, wo er als Schüler des Zenon mit der Seinslehre des Parmenides vertraut wurde. Seine von Aristoteles und Simplicius ansatzweise referierte Naturlehre verbindet ionische Naturphilosophie mit eleatischem Seinsdenken, spekulative Ontologie mit naturwissenschaftlicher Erklärung. Für Leukipp sind Atome als physikalische Größen feste Körper, die sich gegen den leeren Raum abgrenzen. Der einzige von ihm im Wortlaut überlieferte Satz lautet:

Kein Ding entsteht aufs Geratewohl, sondern alles infolge eines Verhältnisses (logos) und durch Notwendigkeit (ananke). (DK 67 B 2)

Der gedankliche Inhalt dieses Satzes umschreibt zum ersten Mal das, was wir heute ein Naturgesetz nennen.

Demokrit

„Die Übertragung Leukippischer Auffassung und Denkart auf die menschlichen Verhältnisse, der Gedanke, auch hier das Fertige aus dem allmählichen Werden zu erklären, das Grosse und Umfassende von der Bewegung kleinster Teile abzuleiten, das ist die größte und eigenste Schöpfung Demokrits und das, wodurch er, wenn auch unerkannt, am nachhaltigsten auf alle Zeiten gewirkt hat", so lautet das Fazit K. Reinhardts im Blick auf Demokrit.[21] Demokrit wurde 460 v. Chr. in Abdera, einer reichen Handelsstadt an der thrakischen Küste, geboren. Er verfügte über eine umfassende Bildung, die er sich vor allem durch seine zahlreichen Reisen nach Ägypten, den Vorderen Orient und nach Persien sowie durch seine Bekanntschaft mit zeitgenössischen Philosophen erwarb. Zeitgenosse des Sokrates, übernahm er als Schüler von Leukipp dessen Atomtheorie und modifizierte sie in eigenständiger Weise. Der Umfang seines literarischen Werkes ist gewaltig. Die einzig sichere Angabe über sein Hauptwerk, den *Mikros diakosmos* (Kleine Weltordnung), findet sich im 9. Buch (41) des Diogenes Laertios. Gestorben ist Demokrit um 370 v. Chr. in Abdera. Der Platoniker Thrasyllos, ägyptischer Bibliothekar in Alexandria, hat in der Zeit des Kaisers Tiberius seinen Schriftenkatalog Demokrits nach fünf Hauptgruppen geordnet: physikalische, mathematische, musikalische, technische und ethische.

Die Atomtheorie des Demokrit ist der Versuch, die Seinsphilosophie des Parmenides mit einer „Physik" zusammenzudenken, die in der Vielheit unsichtbar kleiner und unteilbarer Einheiten das wahre Sein der Erscheinungen erkennt. Das Atom (wörtlich: „etwas, das nicht zerschnitten werden kann") als ontologisch-physikalische Einheit besitzt vor allem drei Eigenschaften: Gestalt, Größe und Gewicht. Atome können in unendlich verschiedenen Gestalten auftreten, liegen aber alle unterhalb der Schwelle unserer sinnlichen Wahrnehmung. Sie bewegen sich im unendlichen Raum des Universums in alle Richtungen, ziehen sich an, stoßen sich ab und bilden, sobald sie sich passend an Gestalt und Größe zusammensetzen, eine unendliche Zahl an Welten. Wenn ein Schwarm von Atomen in einer „großen Leere" kollidiert, bildet er einen Wirbel, der eine Neugruppierung der Atome je nach Gestalt und Größe formiert. Die schwereren Atome streben dabei in die Mitte des Alls, um dort eine scheibenartige Erde zu bilden, die leichteren Atome hingegen bilden sich in einer Art von Rückstoß an die Peripherie zu Himmelskörpern. Alle „Welten" entstehen aus zufälligen Atomkollisionen und gehen im Laufe der Zeit nach dem Gesetz der Notwendigkeit wieder zugrunde, wenn sich die Atome, aus denen sie bestehen, wieder voneinander trennen. Die Gestalt des Kosmos und der Kosmos der Gestalten verdanken sich somit dem Zufall einer rein mechanischen Notwendigkeit. Alle qualitativen Veränderungen in der Wahrnehmungswelt beruhen auf einer Ortsveränderung der Atome. Die physikalische Wirklichkeit besteht aus nichts anderem als aus Atomen und Leere. Der Glanz der sinnlichen Welt mit ihren Farben, Tönen und Gerüchen beruht dagegen auf der Subjektivität unserer Wahrnehmung. Eine kühne Gedankenkonstruktion des griechischen Geistes, die für die mechanistische Naturwissenschaft des 16. und 17. Jahrhunderts maßgeblich wurde.

Die Götter sind für Demokrit nichts weiter als eidola (Bilder), die sich den Menschen zukunftskündend nahen und in den Gottesvorstellungen gefürchtet oder geliebt werden. Sie haben aber weder die Sinnenwelt geschaffen, noch greifen sie in das Geschehen der Welt ein.

Nach Demokrit werden durch die Sinneswahrnehmungen nurmehr „sekundäre Qualitäten" von den Dingen wahrgenommen, Eindrücke und Bilder, die dem Körper durch zuströmende oder entgegenwirkende Atome vermittelt werden. Das objektiv Wirkliche der Physis, die den Erscheinungen zu Grunde liegenden basalen Strukturen sind unsichtbar. Den Mechanismus der Atome und das Leere erfasst nur das Denken. Aber auch das Denken ist für Demokrit ein materieller Prozess, da sein Träger, die Seele, aus „Feueratomen" besteht, die im Körper verteilt sind und im Eintritt des Todes wiederum aus ihm austreten.

Demokrit gilt heute als ein bedeutender Vorläufer der praktischen Philosophie. Seine *Fragmente zur Ethik* (griech.-dt.) liegen in der Neuübersetzung und Kommentierung von G. Ibscher (Reclam, 1996) vor. Ihre Bedeutung hat bereits der junge Nietzsche in seinen *Democritea* erkannt, er schreibt: „In der Ethik liegt der Schlüssel zu Demokrit's Physik. Sich frei zu wissen von allem Unbegreiflichen – dies ist to telos (das Ziel – W.R.) seiner Philosophie."

Das Ziel aller rationalen Lebensführung ist die Gewinnung der euthymia (Wohlgemutheit), die aus Einsicht in die mäßigenden Kräfte der Seele weder ein Zuviel noch ein Zuwenig anerkennt, und sich an „einer gut regierten Polis" als dem bestmöglichen Korrektiv orientiert (Fr. 252). Ein geglücktes Leben, das entscheidend am Begriff der Harmonie orientiert ist, wird von Demokrit in einer gleichsam physikalischen Sprache beschrieben, so wenn er von „Gleichgewicht" und Abwesenheit von heftiger Bewegung spricht. In alledem soll die Überlegenheit von Denken und Willen über die rein physischen Bedürfnisse und Bedingungen des Lebens zum Ausdruck gebracht werden. In diesem Zusammenhang ist es von Bedeutung, dass auf Demokrit das Wort syneidesis (Mitwisserschaft) zurückgeht, das als das „Gewissen" im Sinne eines inneren Wissens bis heute nichts von seiner ethischen Bedeutungstiefe verloren hat. Die Verpflichtung des Gewissens zum sittlichen Handeln und die innere Verpflichtung gegenüber der Ehre des eigenen Selbst äußert sich in dem bewegenden Fragment 264, das bereits einen entscheidenden Zug der Kantischen Ethik vorwegnimmt:

Schäme dich auf keinen Fall vor den Menschen mehr als vor dir selbst, und tue nichts Böses, gleichviel ob niemand es erfährt oder alle Menschen (es zu wissen bekommen). Vielmehr muss man vor sich selbst am meisten Ehrfurcht haben, und dies soll man als Gesetz der eigenen Seele aufrichten: Nie etwas Unschickliches zu begehen.

Demokrit war schon zu seiner Zeit unzeitgemäß und seine Gestalt hat, im Schatten Platons stehend, bis heute eine immer noch unzureichende Würdigung erfahren. Um so mehr verdient das Wort Nietzsches Beachtung, das er am Eingang seiner *Democritea* niedergeschrieben hat: „Wir sind Demokrit noch viele Todtenopfer schuldig, um nur einigermaßen wieder gut zu machen, was die Vergangenheit an ihm verschuldet hat."

Griechische Aufklärung – Die Sophisten

Um die Mitte des 5. Jahrhunderts v. Chr. trat infolge des sozialen Abstiegs der alten Aristokratie und der Durchsetzung der Herrschaft des Demos in Athen eine intellektuelle Revolution in Erscheinung, die als Ausdruck einer Traditionskrise zu einem Angriff auf die religiöse Überlieferung führte und durch eine Gruppe von Wanderlehrern repräsentiert wurde, die man Sophisten (Gebildete/Wissenskundige) nannte. Das griechische Wort sophos bedeutet ursprünglich „sachkundig". Es verweist auf den praktischen Gebrauch des Wissens. Als führende Repräsentanten einer Bildungsbewegung verstanden diese Intellektuellen sich selbst als Erzieher und vermittelten als professionelle Lehrer (gegen hohe Bezahlung) ihrer Klientel, der Jugend der oberen Stände, im Zeitalter aufstrebender Demokratie in erster Linie „politische Bildung" durch zwei Methoden: Disputierkunst und Kunst der Rede. Das Lernziel, das sie im Zuge eines allgemeinen Trends nach Fachwissen propagierten, war der Erwerb eines Expertenwissens: die Technik der „Lebenstüchtigkeit" (arete), verwirklicht im Erreichen jener euboulia (Wohlberatenheit), wie sie sich im Kampf des politischen Lebens um die Besetzung der besten Position empfiehlt. Zugleich aber reflektierten ihre Schriften auf die brüchig gewordene Geltung der Einheit von göttlichem und menschlichem Recht, auf die Krise eines traditionellen Verhaltenskodex, wie er in der überlebten Adelskultur verkörpert war. So verwundert es nicht, dass der berühmteste konservative Kritiker der Sophisten der Athener Komödiendichter Aristophanes war, der in ihrem einseitigen und destruktiven Intellektualismus eine Gefahr für die alten Ideale des Griechentums witterte. Die durch die Sophistik vorangetriebene Säkularisierung des im älteren Griechentum religiös legitimierten Nomos (Sitte- und Rechtsordnung), seine Rückführung auf ein von Menschen „Gemachtes" (und somit Relatives), hat vor allem den entschiedenen Widerspruch des Sophokles hervorgerufen. Ein berühmtes Chorlied im *König Ödipus* singt von den ewigen „hochwandelnden Gesetzen". In direkter Wendung gegen die Auffassung der Sophistik wird von ihnen gesagt:

„(…) und nicht hat sie / Die sterbliche Natur von Menschen/ Hervorgebracht", denn: „Groß ist / In ihnen Gott und altert nicht." (865–870)

Die ungeschminkte Sicht der menschlichen Natur vom Standpunkt der Sophistik aus hat keine schärfere Bestätigung gefunden als bei Thukydides, dem Zeitgenossen der großen Sophisten, des Sokrates und des jungen Platon. In seinem Lebenswerk, der *Geschichte des peloponnesischen Krieges*, hat er für alle Zeit gezeigt, dass Herrschsucht und Habgier in der menschlichen Natur die alles bewegenden Mächte in der Geschichte sind. Seinem nüchternen Sinn, der selbst von der Sophistik entscheidend geprägt ist, zeigt sich im Krieg das wahre Gesicht der Natur des Menschen hinter allen Satzungen göttlicher und natürlicher Ordnung: Es ist das Gesetz des Stärkeren, so im berühmten „Melier-Dialog" im 5. Buch, in dem die Athener von den Meliern die bedingungslose Unterwerfung unter ihren Willen verlangen. Diese Sicht auf die menschliche Natur hat in der Neuzeit tiefe Spuren hinterlassen, so bei Hobbes und bei Nietzsche.

Schärfster Gegner der von den Sophisten vertretenen Naturrechtslehre, die auf dem Gegensatz von Nomos und Physis (Natur und Konvention) beruht, war Platon. In seinem Dialog *Gorgias* (483 d–484 b) lässt er in hoch ironischer Weise den Sophistenfreund Kallikles (wir hören in ihm schon die Position Nietzsches) auf die Frage, warum Xerxes Krieg gegen Griechenland geführt hat, oder sein Vater Krieg gegen die Skythen, sagen:

(…) diese Männer handeln der Natur des Gerechten gemäß und, beim Zeus, fürwahr auch gemäß dem Gesetz der Natur, wenn auch nicht nach jenem, das wir willkürlich aufstellen. Wir nehmen ja die Besten und Stärksten unter uns von Jugend an heraus und wollen sie, wie junge Löwen, durch Beschwörung und Zaubermittel untertänig machen, indem wir ihnen sagen, es müsse Gleichheit herrschen, und das eben sei das Schöne und das Gerechte. Wenn aber einmal ein Mann ersteht mit einer genügend starken Natur, dann wird er, glaube ich, all das abschütteln und zerreißen und wird ausbrechen und unsere Satzungen, Gaukeleien und Zaubersprüche zu Boden treten und all die widernatürlichen Gesetze. Und er tritt auf und zeigt sich als unser Herr, er, der unser Knecht war, und da erweist sich das Recht der Natur in seinem Glanze.

Bei aller Vielfalt ihrer Bestrebungen zeigt die Sophistik ein Gemeinsames: die gesamten Kulturgüter – Sprache, Religion, Moral, Recht, Staat, Gesellschaft – werden nicht einfach nur als gegebene, durch Tradition, Mythos und Kultus sanktionierte „Tatsachen" hingenommen, sondern zum Gegenstand der Kritik und der Reflexion auf ihre Geltungsansprüche gemacht. An die Stelle der Autorität der Religion tritt die Autorität der Wissenschaft im Sinne einer skeptisch reflektierten Infragestellung tradierter Wertesysteme bei gleichzeitiger Einsicht in die Unentbehrlichkeit sittlicher und politischer Normen im Bereich des sozialen Lebens. Zugleich verbindet sie mit dieser Kritik den Beginn einer Wendung hin zum Menschen als dem Subjekt seiner humanen Praxis. Alle menschliche Praxis ist Poiesis, d. h.: Es ist der Mensch, der sich selbst und seine Geschichte zu „machen" hat. Es ist dieser anthropologische Grundsatz der griechischen Aufklärung, der für die Geschichte der europäischen Aufklärung Verbindlichkeit beansprucht. Die Sophistik ist Wegbereiterin einer Theorie der techne, des „Könnens". Der Stolz, alles zu können, gewinnt eine zentrale Bedeutung im allgemeinen Bewusstsein der Zeit, verdichtet im berühmten Chorlied aus Sophokles' *Antigone* über den Menschen: „Im erfindenden Geiste nimmer verhoffter Dinge Meister, geht er die Bahn so des Guten wie des Schlimmen." Im „Können" des menschlichen Geistes als methodischer Leistung in Kunst, Wissenschaft und Handwerk in Verbindung mit episteme (Wissen) gründet das Selbstbewusstsein des 5. vorchristlichen Jahrhunderts. In Frage gestellt wird es durch die griechische Tragödie und den Philosophiebegriff Platons.

Der erbitterte Kampf Platons gegen die Sophisten, in der Auseinandersetzung des Sokrates mit dem zynischen Machtmenschen Kallikles im *Gorgias* dramaturgisch glanzvoll inszeniert, hat für Jahrhunderte ihr Bild gezeichnet und eine unbefangene Würdigung der Sophistik erschwert. Das heutige Interesse richtet sich hauptsächlich auf die von ihr intendierte Rationalität im Blick auf das Problem von Handlungsbegründung und ihren im Rahmen rhetoriktheoretischer Überlegungen entwickelten Beitrag zu einer Theorie der Kommunikation.

Für Studierende des Faches Philosophie sei verwiesen auf die von Th. Schirren und Th. Zinsmaier herausgegebene Textauswahl (griech.-dt.) *Die Sophisten*. Stuttgart 2003 (Reclam).

Protagoras

Protagoras wurde um 492 v. Chr. in Abdera, der Heimat Demokrits, geboren. Er schuf den sozialen Status des Sophisten, der von der Weitergabe seines Wissens auf Reisen durch die Städte lebt. Mit außerordentlichem Lehrerfolg wirkte er in den griechischen Städten Unteritaliens. Mehrfach ging er nach Athen, wo er mit Perikles Freundschaft schloss. Sein Traktat *Über die Götter* erregte viel Interesse, aber auch einen öffentlichen Skandal. Auf Veranlassung eines gewissen Pythodoros, Vertreter des konservativen Athen, wurde ihm der Prozess wegen Gottlosigkeit gemacht. Er wurde zur Verbannung verurteilt, seine Schriften verbrannte man öffentlich auf der Agora. Als Flüchtling soll er im Alter von 70 Jahren um 415 auf der Überfahrt nach Sizilien ums Leben gekommen sein.

Aus dem Traktat *Über die Götter* ist das Fragment DK B 4 überliefert:

Über die Götter allerdings habe ich keine Möglichkeit zu wissen, weder dass sie sind, noch dass sie nicht sind, noch, wie sie etwa an Gestalt sind; denn vieles gibt es, was das Wissen hindert: die Nichtwahrnehmbarkeit und dass das Leben des Menschen kurz ist.

Der Ausdruck hinsichtlich der Götter, „weder dass sie sind, noch dass sie nicht sind", verweist in der unentscheidbaren Duplizität der Aussage auf die sophistische Lehre, dass über jeden Gegenstand zwei einander widersprechende Urteile gefällt werden können. Die Formel „wie sie etwa an Gestalt sind" verbindet sich mit der Unsichtbarkeit der Götter und erinnert an die Kritik des Xenophanes im 6. Jahrhundert an den homerischen Göttergestalten. Sie besagt ferner, dass es für den Menschen unmöglich ist, ein Wissen von der Gestalt der Götter zu haben, weil ein solches Wissen allein schon die Kürze des Lebens verhindert.

Bekannt ist vor allem Fragment DK B 1, das auch als „Homo-mensura-Satz" bezeichnet wird:

Aller Dinge Maß ist der Mensch, der seienden, dass (wie) sie sind, der nicht seienden, dass (wie) sie nicht sind.

Das griechische Wort chrema, das von H. Diels mit „Ding" übersetzt wird, bezeichnet das, was man gebrauchen kann. Die Dinge werden also für Protagoras auf ihre Brauchbarkeit hin geprüft. Der Homo-mensura-Satz besagt, dass sich nur von der Natur des Menschen her prüfen lässt, ob irgendein Gut für seine Erhaltung und Förderung nützlich ist oder nicht.

Ist es der Mensch, der über das Sein oder Nichtsein aller Güter entscheidet, so ist er auch „das Maß" für Sein und Nichtsein der Götter. Dem „Satz" des Protagoras entgegnet Platon im 4. Buch der *Nomoi* (716 c 4–d 1):

Eigentliches Maß aller Dinge dürfte für uns also der Gott sein und diese Behauptung ist weit berechtigter als die, welche jetzt gang und gäbe ist, der erste beste Mensch sei Maß der Dinge. Wer also einem Wesen, wie es die Gottheit ist, wohlgefällig werden will, der muss mit allen Kräften bestrebt sein, auch selbst ihm ähnlich zu werden.

Wenn Protagoras die traditionellen Termini „seiend"/„nichtseiend" gebraucht, so meint er mit ihnen immer den Schein des Seins und des Nichtseins. Alles ist nur jeweils so, wie es „mir" oder „dir" erscheint. Es liegt für Platon (*Theaitet* 152 a) auf der Hand, dass ein solcher auf das wahrnehmende Individuum bezogener Urteilsrelativismus die Möglichkeit objektiver Wahrheit ausschließt. Der Homo-mensura-Satz lässt eine generelle und eine individuelle Auslegung zu. Für die heutige Sichtweise deutet er darauf hin, dass der Mensch den Dingen kein „abstraktes" Maß vorgibt. Die Dinge sind vielmehr schon immer durch die Perspektivität des je besonderen menschlichen Urteils mitbestimmt. In diesem Sinn impliziert die Formel „Maß der seienden Dinge, dass sie sind" nicht nur ihre Existenz, sondern auch ihre Beschaffenheit: „dass sie (die so gearteten Dinge) sind", wie es bereits in der Ambiguität des griechischen hōs (dass/wie) ausgedrückt ist.

Hinsichtlich des Modells einer Kulturentstehungstheorie greift Protagoras auf den Prometheus-Mythos zurück, wie er ihn in Platons Frühdialog *Protagoras* erzählt. Protagoras greift bei seiner Erzählung auf den in Hesiods *Theogonie* (507–617) berichteten Mythos vom Bruderpaar Prometheus und Epimetheus zurück und deutet ihn allegorisch. Der zerstreute Epimetheus hat bei der Ausrüstung der Geschöpfe mit Überlebensfähigkeiten den Menschen übersehen. So wird dieser zum akosmeton genos (Mängelwesen). Durch dieses Versehen sieht sich Prometheus gezwungen, den Menschen für ihr Überleben das Feuer (von den Göttern) und das handwerkliche Wissen zu bringen. Mit diesen Gaben einer technisch ausgerüsteten Vernunft vermögen die Menschen zwar ihre natürliche Schwäche zu kompensieren, aber sie leben, weil ihnen die politike techne (Staatskunst) fehlt, verstreut auf der Erde. Daher muss Zeus für ihr „Selbsterhaltungswissen" (H. Blumenberg) durch seinen Boten Hermes noch dike (Recht) und aidos (Rücksicht) zum Geschenk machen. Erst die Gaben dieser techne (Kunst) befähigen den Menschen zu einem stabilen Leben in Städten und Staaten. D. h.: Entstehung und Erhalt der Polis sind erst durch dike und nomos (Recht und Gesetz) hervorgerufen und gesichert. Unter der Voraussetzung, dass Platon in diesem Mythos einen echten Gedanken des Protagoras referiert hat, gehört dieser an den Beginn einer Geschichte des politischen Denkens bei den Griechen.

Gorgias

Gorgias wurde um 480 v. Chr. im sizilischen Leontinoi geboren. Er zählte zur ersten Generation der Sophisten und zu den erfolgreichsten Rhetoren seiner Zeit. Zu Beginn des Peloponnesischen Krieges, im Jahre 427, kam er als Gesandter seiner Heimatstadt nach Athen, um Hilfe gegen Syrakus zu erbitten. Auf die Athener machte er schon durch die Fremdartigkeit seiner Ausdrucksweise, den ionischen Lokaldialekt, einen gewaltigen Eindruck. In Delphi und Olympia hat er große Festreden gehalten. Für seine Rhetorikveranstaltungen erhielt er riesige Geldsummen. In hohem Alter ist er nach 380 gestorben. Sein berühmtester Schüler war Isokrates (436–333 v. Chr.) in Athen, aber auch der Tragödiendichter Agathon. Unter den Politikern finden sich die Namen des Perikles, Alkibiades und Kritias in seinem Schülerkreis.

Von seinen Schriften sind erhalten: *Lob der Helena*, die *Verteidigung des Palamedes* wie Auszüge aus seiner Schrift *Über das Nichtseiende oder die Natur*. Verloren gegangen ist eine Schrift, welche die Redekunst behandelte.

Die Griechen waren ein Volk, das schon immer die Redekunst hoch geschätzt hat. Gleichwohl hat Athen die kunstmäßig betriebene Rhetorik nicht selbst hervorgebracht. Sie wurde aus Sizilien, dem griechischen Kolonialgebiet, „importiert". Nach der Überlieferung galten die beiden Syrakusaner Teisias und Korax als die Begründer der Rhetorik. Für Griechenland gilt jedoch erst Gorgias als deren „Vater". Zu Recht nennt ihn A. Lesky in seiner *Geschichte der griechischen Literatur* (1963) einen „Meister und Seelenführer durch das Wort." In einem Augenblick, da die politische Großmachtstellung Athens dem Niedergang verfiel, verhalf er der „attischen Literatursprache" (A. Dihle) zur Weltgeltung.

Gorgias hat die formale Seite der Kunstprosa („Gorgianische Figuren") in vollendeter Manier ausgebildet und war Begründer der rhetorischen Stilistik. Überzeugt davon, dass die Macht der Rede grenzenlos sei und bei ihrer richtigen Handhabung durch ihre Wirkung schlechthin alles durchzusetzen vermöge, ist das von jeder Bindung an die Sache gelöste Wort für ihn reine Psychagogie und dadurch nur einen Schritt entfernt von nackter Demagogie:

Das Wort ist ein großer Herrscher; mit dem geringsten und unscheinbarsten Körper versehen, vollbringt es die göttlichsten Werke. Denn es kann Furcht beenden, Trauer beseitigen, Freude hervorrufen und Mitleid erwecken. (DK 82 B 11)

Sein extremer erkenntnistheoretischer Relativismus weist jede Erkennbarkeit des Seienden zurück und zieht daraus den Schluss, jedes Mittel der Täuschung für gerechtfertigt zu halten. Von diesem Standpunkt aus erklärt sich das Interesse des Gorgias an

„der sinnlichen Seite der Sprache" (M. Fuhrmann), an den von ihrer Zaubermacht hervorgerufenen irrationalen Wirkungen, die durch Klang und Rhythmus erzielt werden und beim Hörer lediglich „Stimmungen" und mit ihnen verbundene irrationale Überzeugungen hervorrufen. Denn, so Gorgias: Nicht Wahrheit und Wissen, sondern das Wahrscheinliche und der Schein sind die fundamentalen Gegebenheiten des menschlichen Daseins. In seiner Musterrede *Lob der Helena* äußert er sich (Abschnitt 9) über die Dichtung mit Worten, die auf die Tragödiendefinition des Aristoteles Einfluss nehmen:

Die gesamte Dichtung fasse ich auf und benenne ich als durch Maße gebundene Rede; die ihr lauschen, überkommt schreckliches Schaudern und tränenreicher Jammer und ein Drang, der die Schmerzen liebt.

In seiner Darstellung *Die Vorsokratiker* (1991) hat W. H. Pleger den Unterschied zwischen der gorgianischen „Rhetorik" und dem sokratischem „Logos" herausgearbeitet, wenn er schreibt: „Die Überzeugung, die Wahrheit nicht schon zu besitzen, ist die sokratische Form der Skepsis. Aber diese Skepsis gerinnt nicht zu einer dogmatischen These über die Unerkennbarkeit des Seienden, sondern wird zu einem methodisch fruchtbar gemachten Motiv der gemeinsamen Wahrheitssuche. Die im Gespräch gesuchte Wahrheit bildet das Merkmal der Unterscheidung von Philosophie und Rhetorik."[22]

Die sokratische Philosophie

Sokrates – Leben, Überlieferung, Gestalt

Sokrates ist schon seinen Zeitgenossen ein einziges Rätsel geblieben. Auch heute sind wir nicht viel klüger. Noch immer herrscht Ratlosigkeit darüber, wer dieser Athener gewesen ist und was er gelehrt hat. Sokrates, der selbst keine Schrift hinterlassen hat, hat nichts „gelehrt", sondern die meiste Zeit auf der Agora in Athen verbracht, wo er seinen Mitbürgern unablässig Fragen stellte. Er bleibt einer der rätselhaftesten Gestalten der antiken Philosophie. Zu verstehen ist sie vor dem Hintergrund der dargestellten Entwicklung und den gewaltigen geistigen Erschütterungen des 5. vorchristlichen Jahrhunderts.

Der Zusammenhang von Mythos und Kultus garantiert in der griechischen Polis die „Geschlossenheit" einer a-historischen, im Sakralen ruhenden archaischen Welt. Sie wird durch zwei Wellenstöße geistiger Revolution erschüttert.

Zwischen dem 7. und der zweiten Hälfte des 6. Jahrhunderts v. Chr. entwickelte sich die ionische Naturphilosophie. Ihr einem weitgehend rationalistischen Denkansatz verpflichtetes Fragen sucht nach den ersten Prinzipien des Werdens der Welt, aus denen sich der Ordnungszusammenhang der Physis begründet. Um die Mitte des 5. Jahrhunderts v. Chr. entwurzelte die Sophistik nicht nur die Tradition geschlossener mythischer Weltbilder sondern auch den Objektivitätsanspruch der Naturphilosophie. Die im Mythos sakral legitimierte und in der Vorsokratik philosophisch begründete „Objektivität" von Physis und Nomos wird entwertet. An ihre Stelle tritt ein rein anthropologisch ausgerichtetes Interesse an aktivem Parteienstreit innerhalb der attischen Demokratie, das der Durchsetzung unmittelbar praktischen Nutzens durch bestimmte Techniken, wie zum Beispiel der Rhetorik, gilt. Die bis dahin herrschende Kontinuität der Tradition erfährt durch den sophistischen Relativismus ihre tiefste Erschütterung. Auf einer höheren Ebene lebt jedoch diese „Kontinuität" in gewandelter Weise weiter. Durch die Grundfrage des Sokrates nach dem wahrhaft Guten, das alles menschliche Leben bestimmt, wird der im Mythos verankerte und im sakralen Festspiel der griechischen Tragödie inszenierte Herrschaftsanspruch des Zeus, der Dike und des delphischen Gottes Apollon einer ganz unbekannten Vertiefung zugeführt.

Das „Nichtwissen" des Sokrates trifft das gegenwärtige geschichtliche Selbstverständnis unmittelbar, das die Sicherheit vergangener Epochen verloren hat, zu wissen, was die Idee des wahrhaft guten Lebens ist. „Aber", so E. Tugendhat, „der Verlust kann auch ein Gewinn sein. Indem wir nicht mehr glauben, im Besitz der Wahrheit zu sein, können wir die Erfahrung des Sokrates erneuern, dass uns der Ausblick auf das Gute im Wissen des Nichtwissens gegeben ist, und in diesem Zurückgeworfensein auf uns selbst lernen wir es schätzen, dass wir nach dem wahrhaft Guten ‚fragen' können."[23]

1. Leben

Sokrates wurde um das Jahr 469 v. Chr. in Athen geboren. Sein Vater Sophronikos, ein Bildhauer, stammte aus dem Demos Alopeke. Seine Mutter Phainarete (die Leuchtende) soll Hebamme gewesen sein. Keine Quelle schreibt ihm einen Beruf zu. Nach dem Zeugnis des Xenophon (*Memorabilien* I, 1, 10) lebte Sokrates „immer in der Öffentlichkeit", d. h. er verbrachte seine Tage auf den Straßen und in den Gymnasien, wo er die Menschen nach ihrem Tun und Treiben befragte. Von dieser Beschäftigung abgesehen, wissen wir wenig über sein Leben. Zum Zeitpunkt seines Todes war er mit Xanthippe verheiratet, mit der er zwei Söhne hatte. Während des Peloponnesischen Krieges nahm er an drei Feldzügen als Hoplit teil: Potideia (430), Delion (424) und Amphibolis (422). Bei Potideia rettete er dem verwundeten Alkibiades das Leben; beim Rückzug von Delion zeichnete er sich durch seine beispielhaft tapfere Haltung aus. Als sechs Strategen anlässlich der Seeniederlage bei den Arginusen im Jahre 406 in Athen widerrechtlich der Prozess gemacht und sie zum Tode verurteilt wurden, weil sie es unterlassen hätten, die Leichen der Schiffbrüchigen zu bergen, erhoben einige Prytanen, darunter auch Sokrates, dagegen Einspruch, jedoch ohne Erfolg. Als er einige Jahre später von den Dreißig Tyrannen den Befehl erhielt, einen Mann namens Leon, der zum Tode verurteilt war, gefangen zu nehmen, verweigerte er den Gehorsam. Er ging nach Hause, während andere die Verhaftung vollstreckten. Das wichtigste Ereignis im Leben des Sokrates war der Prozess, der ihm von der athenischen Polis gemacht wurde und dem er im Jahre 399 zum Opfer fiel, als er bereits 70 Jahre alt war. Drei Athener Bürger, der mittelmäßige Dichter Meletos, der mächtige Politiker Anytos und ein unbekannter Redner namens Lykon, reichten gegen ihn eine Anklage wegen Gottlosigkeit ein. Hinter ihnen stand die im Jahre 403 wiederhergestellte Demokratie. Der Text der Anklageschrift gegen Sokrates lautete nach der Überlieferung des Diogenes Laertius (Buch 2, 40): „Sokrates ist schuldig, an die in der Polis geltenden Götter nicht zu glauben und andere neue Götterwesen einzuführen; er ist auch schuldig, die Jugend zu verderben." Der Prozess wurde vor einem Geschworenengericht geführt, das aus 501 Laienrichtern bestand. Wie es scheint, waren Platon wie auch alle Freunde des Sokrates beim Prozess anwesend. Nach dem Vortrag der Hauptanklage durch Meletos und dem Plädoyer des Sokrates wie einer erneuten Intervention von Meletos und Anytos wurde Sokrates bei der ersten Abstimmung mit einer Mehrheit von 281 Stimmen schuldig gesprochen. Dann sollten Ankläger und Angeklagter selbst eine Strafe vortragen. Meletos forderte die Todesstrafe, Sokrates beantragte in Anbetracht der Dienste, die er der Stadt Athen erwiesen habe, auf Staatskosten im Prytaneion gespeist zu werden oder allenfalls eine geringe Geldstrafe zu zahlen. Die Richter entschieden auf die Todesstrafe. Vor dem Vollzug der Hinrichtung wurde er ungefähr einen Monat lang im Gefängnis der Elfmänner gefangen gehalten. Zu fliehen, weigerte er sich. Seine Freunde besuchten ihn täglich im Gefängnis. In ihrem Kreis trank er nach Sonnenuntergang den Schierlingsbecher. Als das Gift zu wirken begann, hob er das Tuch, in das er sein Gesicht gehüllt hatte, und sagte zu Kriton – und dies sind nach der Überlieferung Platons seine letzten Worte:

Kriton, wir schulden dem Asklepios einen Hahn; entrichtet ihm den und versäumt es nicht. (*Phaidon*, 118 a)

2. Zeugnisse

Die älteste Quelle, die ein mit abschätziger Bissigkeit gezeichnetes Portrait des Sokrates als Erzsophisten 24 Jahre vor dessen Tod überliefert, sind die *Wolken* (423 v. Chr.) des Aristophanes. Die Zeugnisse Platons und Xenophons, zwei weitere Hauptquellen, stammen aus späterer Zeit. Platon lernte als Zwanzigjähriger Sokrates in dessen letzten Lebensjahren kennen. In seinen ersten Dialogen, die er vermutlich bald nach dem Tod des Sokrates geschrieben hat, den so genannten „Sokratischen Dialogen" (*Apologie, Kriton, Lysis, Laches* und *Gorgias*), ist er bemüht, das Singuläre und Charakteristische im Philosophieren seines Lehrers in Athen herauszustellen. Ganz verschieden von dem künstlerischen Glanz dieser Dialoge ist das biedere Zeugnis des Xenophon, der uns in den *Memorabilia* (geschrieben zwischen 370 und 360 v. Chr.), im *Oikonomikos*, in der fiktiven Apologie des Sokrates und im *Symposion* einen farblosen Sokrates vor Augen führt, der mit gewitztem Menschenverstand ganz konkrete Fragen diskutiert. Der Wert der Informationen, die Aristoteles in der Metaphysik und der Eudemischen Ethik gibt, kann sich auf keine persönliche Bekanntschaft mit Sokrates berufen, er beruht vielmehr auf dem vertraulichen Umgang des jungen Aristoteles mit den Mitgliedern der Akademie. Die vier Quellen sind nicht miteinander in Einklang zu bringen, sie ergeben kein kohärentes Bild des Philosophen Sokrates.

3. Geistige Gestalt

Rätselhaft war Sokrates schon durch den Gegensatz zwischen seinem äußeren Erscheinungsbild und seinem Inneren. Die bildende Kunst (der Sokrates, Neapel ca. 380 v. Chr.) hebt vor allem seine silenhaften Züge hervor: stumpfe Nase, grob sinnliche Gesichtszüge. Seine äußere Physiognomie verstößt gegen das altadelige Prinzip der kalokagathia (Zusammenfall von Schön- und Gutsein). Innerlich aber war Sokrates von einer ganz und gar wunderbaren und seltenen Schönheit für jene Menschen, die imstande waren, einen Blick in sein inneres Selbst zu tun, der ihr Leben verwandelte. In seiner Person verbinden sich politische arete und geistige Kraft zu einer Einheit, welche gleichsam die innere Dynamik der athenischen Demokratie widerspiegelt. Nach Ch. Meier kommen in Sokrates die Anstöße des Athens des 5. Jahrhunderts zu ihrer letzten Konsequenz. Denn, so Meier in seinem Werk *Athen. Ein Neubeginn der Weltgeschichte*

(1993): „Dieser hässliche, weise Mann, der keine Rede halten konnte, sondern nur Gespräche führen, der keinerlei System entwerfen, kein großes Werk hervorbringen konnte, sondern sich ständig in den Problemen verfing, bereitete einen Weg vor, der aus all den Versuchen, mit den Problemen der Zeit näher an der Oberfläche fertig zu werden, herausführte. Wo die Anderen Einsichten suchten, Gesetze gaben, die politische Ordnung verändern wollten, dies oder jenes taten, um die ganze Welt zu deuten: da bereitete sich hier die Erkenntnis vor, dass dies alles zu wenig war, dass man viel grundsätzlicher ansetzen musste, und allererst lernen zu wissen, dass man nichts wusste. Wenn man in einem Satz sagen will, was die nachsokratische Philosophie von der vorsokratischen unterscheidet, so muss es wohl dieser sein. Mit ihm begann alles neu."[24]

Als die ideale Verkörperung der Polis steht Sokrates gleichwohl durch die Art seines Fragens ausserhalb ihres konkreten Lebens. Darin besteht die Ironie seiner philosophischen Lebensform. Die Vereinigung von ironischer Klarsichtigkeit der rationalen Einsicht in die Begrenztheit menschlichen Wissens und dämonischem Enthusiasmus, wie Platon sie im *Symposion* in unvergleichlicher Weise gezeichnet hat, erhebt ihn in den Rang eines Führers der Seelen, macht ihn zum „Versucher-Gott" und „geborenen Rattenfänger der Gewissen" (F. Nietzsche).

Der seltsame kleine Mann mit dem Gesicht eines Satyrs besaß eine originelle Kunst, um seine Zuhörer zu erreichen: die Mäeutik. Sie bestand in unabweisbaren Fragen nach dem, was allem Tun und Treiben als Prinzip einer sittlichen Lebensführung zugrunde liegt, und zwang zu einer Antwort, die sich nicht mit der (sophistischen) Berufung auf den „gesunden Menschenverstand" beruhigen ließ. Als „Hebammenkunst" diente sie dazu, die Geburt eines Wissens im Menschen ans Licht zu bringen, das weit mehr war als nur ein praktisches Können. Die zweite Kunst bestand in der Prüfung der gegebenen Antworten, der Elenktik, welche nicht autoritär sich in einem beständigem Dialog vollzog. Beide, Mäeutik und Elenktik, stehen für Sokrates im Dienst der Sorge um die Seele und werden genährt aus der Liebe zu einer unbekannten Wahrheit.

Was Sokrates am Ende einer langen Entwicklungsgeschichte der Findung des „Ichs" in der griechischen Dichtung und nach Heraklit entdeckt hat, das war die Seele, deren Logos als ihr unsichtbarer „Sprecher" jeden Einzelnen zur Sorge um seine Seele mahnt. Diese „Sorge" darf nicht im christlichen Sinn als das subjektive Interesse des Menschen an seinem persönlichen Seelenheil gedeutet werden.

Die Sorge um die Seele als Selbstbezug steht vielmehr unter dem Gesichtspunkt normativer Ethik.

Die geheimnisvolle Kraft in Sokrates selbst, das so oft missverstandene Daimonion, war (nach Platon) Wink und Gabe des Gottes Apollon für den Augenblick, wenn der Logos der Seele in Gefahr stand, das für sie notwendige Gutwerden zu verfehlen.

Originell war Sokrates auch dadurch, dass er keine Schule gründete und keine „Lehre" hinterließ. Sein ganzes Leben gewinnt Gestalt im Gespräch. Was war nun das greifbare „Resultat" aus diesem Dialog? Aus den „sokratischen Dialogen" Platons erkennen wir, so sieht es Aristoteles (*Metaph.* 13, 4, 1078 b 17. 28–30), dass die Bewegung des Dialogs einem bestimmten Zweck dient, nämlich der Bestimmung dessen, was wir den Begriff nennen. Der Begriff, für den es in der griechischen Antike überhaupt noch kein Wort gibt, wird durch das „systematische" Fragen des Sokrates als das elementare Werkzeug des wissenschaftlichen Denkens „entdeckt". Er ist nicht gegeben, sondern wird auf dem „Weg" der Methode gewonnen. So wird nun z. B. in ganz neuer

Weise gefragt: Was ist das allen Tugenden gemeinsam zugrunde liegende Gute, das die jeweilige Einzeltugend in ihrer Teilhabe am Guten erst zu dem macht, was sie ihrem Anspruch nach ist. Der Logos im sokratischen Denken muss in seiner dynamischen Bewegtheit gedacht werden. Das durch ihn Gewonnene kann auch wieder verworfen werden, wenn festgestellt wird, dass es seinen wahren Zweck, die Erkenntnis der inneren Natur der ethischen Sphäre des Handelns, nicht erfüllt. Der Begriff ist noch nicht das Resultat einer logischen Abstraktion, sondern geht als Moment einer dialektischen Erörterung aus dem beständigen Kampf der Meinungen um die bessere Einsicht hervor. In diesem „Kampf", der in der bekannten Aporetik (Weglosigkeit) der sokratischen Dialoge endet, kommt den Teilnehmern des Gesprächs das zu Bewusstsein, was als die Tätigkeit des Geistes bezeichnet werden kann. Sokrates hat sie als dialogisches Prinzip als Erster in das Innere des Menschen verlagert: den Dialog der Seele mit sich selbst. Was die attische Tragödie als Dramatik menschlichen Handelns vom Moment der inneren Entscheidung aus deutet, wird von Sokrates ganz in das Innere des subjektiven Selbstbezugs verlagert.

Philosophie im Sinne des Sokrates steht mit ihrer Frage nach dem Schicksal der Seele zwischen Mythos und Logos. Sie ist „ein Versuch, in Gedanken zu fassen, was sich in letzter Konsequenz im Denken nicht mehr zeigt"[25].

4. Die Haltung gegenüber dem Tod

Der Ruhm des Sokrates in der Nachwelt ist mit seiner Haltung dem Tode gegenüber verbunden. Hier ist sein fast unfassliches „Vertrauen", jene religiöse Zuversicht, die in der *Apologie* an einer letzten Grenze, hinter der nur Dunkel und Schweigen liegt, eine Sprache gewinnt, die wohl jeden Denkenden deshalb tief berührt, weil sie ihn wie aus einer jenseitigen Ferne zu erreichen scheint:

Aber auch ihr sollt dem Tode gegenüber zuversichtlich sein, ihr Richter, und müsst vor allem das als wahr erkennen, dass es für einen guten Menschen kein Übel gibt, weder im Leben noch im Tod, und dass auch die Götter seinem Schicksal gegenüber nicht gleichgültig sind. (*Apologie*, 41 d)

Es folgen die für alle Zeit unvergesslichen Schlussworte des Sokrates in der *Apologie* (42 a):

Aber nunmehr ist es Zeit, dass wir gehen, ich, um zu sterben, ihr, um zu leben. Wem von uns das bessere Los wartet, das weiß niemand als der Gott allein.

Das sokratische Denken und seine Grundfrage nach dem Guten

Das Leben des Sokrates zeigt seine Stellung in einer Zeit, die durch die „Spannung von Traditionsverlust und auftrumpfendem Selbstvertrauen" (G. Figal) ebenso charakterisiert ist, wie durch den Übergang von der universal gewordenen griechischen Naturphilosophie zum Primat eines um sich selbst besorgten Lebens. Diesen Übergang, der den entscheidenden Wendepunkt in der Entwicklung der griechischen Philosophie anzeigt, dokumentiert ein vielzitiertes Wort Ciceros. Nach ihm hat Sokrates „als erster die Philosophie vom Himmel heruntergerufen, sie in den Städten angesiedelt, sie sogar in die

Häuser hineingeführt" (*Tusc.* V, 10). Die Wendung „in den Städten und Häusern der Menschen" bedeutet, dass es nun nicht mehr wie in der Philosophie der Vorsokratiker um eine Erklärung des von Natur aus Seienden geht, sondern darum, „mit Hilfe von vernünftigen Argumentationen das konkrete Individuum vor die Forderung zu stellen, über sich selbst und die Grundsätze seiner Lebensführung Rechenschaft zu geben"[26]. Der „Himmel", von dem nach Cicero die Philosophie durch Sokrates herabgerufen wurde, war der Kosmos, den die frühen ionischen Denker zum Gegenstand ihrer Anschauung und Forschung gemacht hatten. Die „Städte und Häuser der Menschen" hingegen stehen für jenes Grundproblem, dem des Sokrates einzige Sorge galt: Was ist das in allem Wollen, Streben und Sehnen ihrer Bewohner in Wahrheit Erstrebte? Was ist das, von dem die Menschen gemeinhin in ihrem Streben nach einem „richtigen" Leben immer schon eine Ahnung haben, aber letztlich niemals genau angeben können, was es ist? Die Antwort des Sokrates ist: Es ist das Gute. Dieses ist „das Endziel aller und jeglicher Handlung", also das, worumwillen alles Tun getan werden soll und auch getan wird (*Gorgias*, 499 e).

Das Gute als die sinnbestimmende Macht des menschlichen Lebens hat seine Wurzel in einem sinnhaft (teleologisch) gegliederten Ordnungszusammenhang, der Kosmos, Polis und Individuum umgreift. So gesehen, steht Sokrates noch auf dem Standpunkt der alten griechischen Kosmotheologie. Was ihn von ihr unterscheidet, ist, dass das Gute nicht mehr unmittelbar in der Anschauung des Kosmos gegeben ist, sondern nur vermittelt, d. h. über den Weg dialektischer Reflexion für die menschliche Praxis zugänglich gemacht werden kann. Die vom platonischen Sokrates begründete dialektische Methode besagt, dass nur im Dialog sich erkennen lässt, was „die Tüchtigkeit", „die Gerechtigkeit", „das Gute" ist. Das „Wissen", auf das die dialektische Methode zielt und durch das sie die Hybris des Rationalismus der Sophistik bekämpft, ist ein „nicht-propositionales Wissen" (W. Wieland), d. h. ein Wissen, das zwar genannt, aber nicht inhaltlich ausgesagt werden kann.

Das so oft missverstandene „Tugendwissen", das im Unterschied zu dem von den Sophisten proklamierten Ideal praktischer Lebenstüchtigkeit sich auf das allen „Tugenden" gemeinsame „Ziel" hin richtet, mündet in der „sonderbaren Lehre" (G. Krüger), wenn man das Gute erkenne, dann tue man es auch. Das ist im Unterschied zum neuzeitlichen Denken ganz und gar griechisch gedacht: Vom Seinsmächtigen wird der Mensch ergriffen. Das menschliche Tun und Streben, das für das neuzeitliche Denken willensbestimmt ist und von innen her zu kommen scheint, ist für Sokrates nur „Antwort" auf ein unverbrüchlich Seiendes, das Gute, das der Seele (im Sinne eines inneren Wissens) vor Augen steht. Dieses so erfahrene „Wissen" um das Gute kann nicht gelehrt werden, es kann nur in der Seele dessen, der sich mit Sokrates im Gespräch befindet, erweckt werden, gleich einem Funken, der ein Feuer entzündet, das sich selber nährt (siehe: Platon, *Siebenter Brief* 341 c).

„Wissendes" Nichtwissen

Die eigentümliche, schon seine Zeitgenossen irritierende Ironie des Sokrates besteht darin, dass er immer vorgibt, von dem Gesprächspartner etwas lernen zu wollen, um dann diesen entdecken zu lassen, dass er im Grunde darüber gar nichts weiß, worüber er vorgibt, etwas zu wissen. Ihre Wurzel hat sie in der Verschränkung des inhaltlichen

„Nichtwissens" des Sokrates hinsichtlich der Frage nach dem Wesen des Guten mit dem Wissen um seine das ganze Dasein verpflichtende Forderung. Nach dem Zeugnis der *Apologie* weiß Sokrates nicht, ob der Tod ein Übel oder nicht vielmehr das größte Gut für den Menschen ist, dass aber Unrecht tun und dem Besseren zu widerstehen, schlecht und hässlich ist, das weiß er, weil der, der ein Unrecht begeht, mit sich selbst in Unordnung gerät. Das wissende Nichtwissen des Sokrates wird so zum Stachel eines unablässigen Fragens nach jenem Wissen, auf das sich die Wahl des guten Lebens gründen muss. So zielt der sokratische nicht-propositionale Wissensentwurf auf ein Leben in der Polis, dem es primär um die Sorge für die Seele in ihrer schön geordneten „Verfassung" geht. Zeugnis hierfür sind die mahnend-eindringlichen Worte des Sokrates in der *Apologie* (29 d–e):

Mein Bester, du bist doch ein Athener, ein Bürger der größten und an Bildung und Macht berühmtesten Stadt. Schämst du dich nicht, dass du dich wohl darum bemühst, wie du zu möglichst viel Geld, zu Ruhm und Ehre kommst, um die Einsicht aber und um die Wahrheit und darum, dass deine Seele möglichst gut werde, dich weder sorgst noch kümmerst?

A. Patzer hat in seiner Studie *Die Platonische Apologie als philosophisches Meisterwerk* (2000) überzeugend dargelegt, dass in dieser Frühschrift Platons die größtmögliche Sokrates-Nähe in der Darstellung erreicht wird. Nach dem Zeugnis der *Apologie* hat Sokrates seine ganze Tätigkeit auf einen Orakelspruch des delphischen Gottes Apollon zurückgeführt.

Wenn dieses Zeugnis ernst genommen wird, dann ist das sokratische Denken „Dienst für den Gott" (*Apologie*, 23 c). Im Sinne des delphischen Gebots „Erkenne dich selbst" beruht es auf der Einsicht, dass „wissend in Wahrheit nur der Gott ist", der Mensch aber „hinsichtlich des Wissens in Wahrheit nichts taugt" (*Apologie*, 23 a). Weil Sokrates um den Unterschied zwischen menschlichem Nichtwissen und dem Wissen des Gottes weiß, ist er weise. In einem sokratischen Sinn ist Philosophie kein „Haben" des Wissens, sondern „Suche" nach dem Wissen, das heißt: sie ist philo-sophia, die sich durch die Einsicht in die Begrenztheit menschlicher Erkenntnisfähigkeit um das „Wozu" aller menschlichen Angelegenheiten ihrer „Unwissenheit" ständig bewusst ist. So bewahrt sie in diesem Selbstverständnis, das von dem platonischen Verständnis der Philosophie als Metaphysik zu unterscheiden ist, einen bleibenden Grundzug in dem verpflichtenden Anspruch „delphisch-sokratischer menschlicher Wissenshaltung" (W. Schadewaldt). Die Mahnung des delphischen Gottes „Erkenne dich selbst" lenkt im Licht der sokratischen Ironie den Blick auf das eigentümliche Selbstverhältnis des menschlichen Daseins, wie es sich als „Sorge um die Seele" in der Frage nach dem aktualisiert, was das Gute als der Sinn von Sein im Unterschied zu allen Gütern des Lebens ist.

Das sokratische Denken steht im Spannungsfeld von Logos und Mythos. Was sich rational dem Denken nicht beweisen lässt, wie die Unsterblichkeit der Seele oder die aus bloßer Welterfahrung niemals ableitbare Norm des Guten, auf das wird im Horizont vom Ideenerkenntnis, mythischer Eschatologie und ethischer Forderung durch die sokratische Deutung des „Schwanengesangs" im *Phaidon* und dem apollinischen Spruch in der *Apologie* lediglich hingezeigt.

Zusammenfassend lässt sich sagen: Die unvergleichliche Leistung des Sokrates bestand nicht zuletzt darin, auf einem Höhepunkt der Krise des allgemeinen Zeitbewusstseins nach einer ganz neuen Begründung menschlicher Praxis zu suchen. Sie löst die bereits durch die Sophistik erschütterte alte, auf Adelsethik und religiösen Mythos gestützte Tradition ab und verweist auf ein Reich der Ideen jenseits der sichtbaren Welt. Die Folge des sokratischen Unternehmens ist, dass der höchste Gegenstand der theoria bei Platon nicht länger mehr der Kosmos und die mit dem leiblichen Auge zu betrachtende Schönheit der Gestirne ist, sondern die nur mit den Augen der Seele zu betrachtende Transzendenz des Guten.

II. Die klassische Philosophie Athens

In seiner eindrucksvollen Studie *Athen. Ein Neubeginn in der Weltgeschichte* (1993) hat der Althistoriker Ch. Meier gezeigt, von welchen zufälligen Konstellationen in der Zeit des Perikles jene Entwicklung abhängig war, an deren Ende die erste Demokratie der Weltgeschichte steht, durch die Athen erst spät zu jener Stellung kam, die es in unserem geschichtlichen Bewusstsein einnimmt. Er schreibt: „Das Eigenartige am Athen des fünften Jahrhunderts ist, dass es in der großen Zeit seiner politischen und militärischen Dynamik zugleich die Tragödien, darunter um die Jahrhundertmitte Aischylos' Orestie und Sophokles' Antigone, hervorbrachte, (…) und dass in dieser Stadt jene radikale Wende des Fragens und Denkens sich anbahnte, die schließlich in die Philosophie Platons mündete."[1]

Vier Jahre vor Platons Geburt, im Jahre 431 v. Chr., lässt Euripides bei der Aufführung seiner *Medeia* (3. Stasimon, 835–845) in Athen den Chor zum Ruhm der Heimat Aphrodite preisen, die ihre „geflügelten Söhne", die Erosknaben, der Weisheit zur Hilfe schickt, die allen Gelingens „Bedinger" sind.

Über der höchsten Blüte der von Euripides gepriesenen Epoche lagen aber schon die Schatten des sich anbahnenden politischen Niedergangs Athens. Die ungemeine Dynamisierung des Politischen und Kulturellen im 5. Jahrhundert ist ein höchst ambivalenter Vorgang. Ihren schärfsten Ausdruck gewinnt diese „Ambivalenz von höchster Selbstgewissheit und tiefster Beunruhigung" (T. Hölscher) in jenem Zweizeiler des Sophokles:

Viel Ungeheures ist, doch nichts
ist ungeheurer als der Mensch. (*Antigone*, V. 332–33)

Nach der Niederlage Athens im Peloponnesischen Krieg im Jahre 404 v. Chr. erlangten Sparta und später Theben die Herrschaft über Griechenland. Bald darauf sollte mit Philipp von Makedonien und den Eroberungszügen Alexanders des Großen das Ende des griechischen Stadtstaates als politischer Lebensform kommen. Um diese Zeitenwende wurde durch Platon und seinen größten Schüler Aristoteles „ein Reich des Gedankens" errichtet, das gleichsam „die Summe des griechischen Lebens zog, die religiöse Tradition und die wissenschaftliche Erkenntnis auf neuem Grunde vereinigte und damit jene Gestalt des philosophischen Gedankens heraufführte, die als Metaphysik mehr als zwei Jahrtausende abendländische Geschichte geistig beherrscht hat".[2] Die klassische griechische Philosophie, wie wir sie mit Platon und Aristoteles verbinden, ist in der Zeit des historischen Niedergangs der Polis aus deren geistigem Raum entstanden und sie bleibt auch noch dort, wo sie „die Weltüberlegenheit" (H. Kuhn) des denkenden Subjekts thematisiert, stets auf ihn als Machtfaktor bezogen.

Platon

Platon ist der größte Sohn, den die griechische Philosophie hervorgebracht hat. Legitimer Erbe der vorsokratischen Tradition, der jenseitsorientierten orphisch-pythagoreischen Religiosität und der sokratischen Dialektik, ist er Schöpfer einer Ideen- und Prinzipienlehre, die als der gewichtigste Beitrag zur Geschichte der Metaphysik bezeichnet werden kann. Der philosophische Gedanke gewinnt bei Platon in der Form des Kunstwerks lebendige Gestalt. In ihr spiegelt sich die Bewegtheit des philosophischen Denkens in der Dramatik des Gesprächs. Nicht zuletzt begründet sich aus dieser an die griechische Tragödie anknüpfenden Kunst das Bezaubernde einer Platon-Lektüre, die im denkenden Nachvollzug eines unendlichen Gesprächs, welches die Wahrheit suchende Seele mit sich selbst führt, nie an ein Ende kommen kann.

1. Leben

Platon, geboren in Athen 427 v. Chr., entstammte einer wohlhabenden aristokratischen Familie. Über die Familie seines Vaters Ariston ist so gut wie nichts bekannt. Seine Mutter Periktione leitete ihr uraltes Geschlecht von einem Verwandten des Solon ab; Platons Stiefvater Pyrilampes war ein Freund des Perikles, zwei seiner Onkeln, Kritias und Charmides, spielten eine führende Rolle beim oligarchischen Umsturz im Jahre 404 und gehörten zu den Dreißig Tyrannen. Seine Kindheit und Jugend fiel in eine Zeit, in der Athen auf dem Zenit seines Glanzes im letzten Drittel des 5. Jahrhunderts v. Chr. mit Sparta um die Vorherrschaft unter den griechischen Stadtstaaten kämpfte und am Ende unterlag. Der geistig wie körperlich hochbegabte Knabe erhielt eine sorgfältige, auf die Ausübung höchster politischer Ämter ausgerichtete Ausbildung, die auch das Musische mit einschloss. In seiner Jugendzeit soll er sich dann selbst in verschiedenen Gattungen der Poesie versucht haben. Seine ursprüngliche Neigung, die er nie aufgegeben hat, galt aber der Politik und der Sorge um ihre Gestaltung. So schreibt er im Rückblick auf sein Leben: „Vor langer Zeit, als ich noch jung war, ging es mir, wie es wirklich vielen zu gehen pflegt: ich glaubte, ich würde mich, sobald ich volljährig geworden sei, sofort auf die Politik werfen" (*Siebenter Brief*, 324b).

Das entscheidende Ereignis im Leben Platons war seine Begegnung mit Sokrates. Er war zu der Zeit zwanzig Jahre alt. Als der engste „Schüler" des Sokrates pflegte er vertrauten Umgang mit dem großen „Erzieher", der seinem glänzend begabten Geist die ihm gemäße Bahn der Philosophie wies. Als Platon später auf seine Dialoge und die aus ihnen geborene wunderbare Gestalt des Sokrates zurückschaute, da konnte er mit tiefer Ironie schreiben:

Ich selbst habe nichts über Philosophie geschrieben, und von Platon gibt es weder noch wird es eine Schrift geben, denn alle Schriften, welche als meine bezeichnet werden, sind Werke des Sokrates, welcher jung und schön geworden ist. (*Zweiter Brief* 314c)

Es ist jedoch für das Verständnis der platonischen Philosophie nicht unerheblich, zu wissen, dass Platon schon vor seiner Begegnung mit Sokrates geistig vertraut war mit der Seinsphilosophie des Parmenides, die großen Einfluss auf seine spätere Prinzipienphilosophie hat, der Logos-Lehre Heraklits und der Naturphilosophie des Anaxagoras.

Die Hinrichtung seines Lehrers Sokrates im Jahre 399 v. Chr. bewirkte bei dem Achtundzwanzigjährigen einen unauslöschlichen Eindruck und die tiefste Erschütterung seines Lebens. Aus ihr erwuchs, wie der *Siebente Brief* erkennen lässt, der eigentliche Anstoß zu der endgültigen Entscheidung für ein philosophisch geführtes Leben im Zeichen einer ständigen „Apologie des Sokrates" (H.-G. Gadamer). Die leitende Fragestellung, unter der sie steht, war: Wodurch ist „der Gerechteste" der Menschen, nämlich Sokrates, in einer ganz und gar ungerechten Welt überhaupt möglich? Die auf sie gefundene Antwort Platons lautete: durch die in der menschlichen Seele behütete Idee wahrer Gerechtigkeit, die als höchste arete dem „Wissen" des Sokrates im Sinne einer unzerstörbaren Gewissheit vor Augen stand. Die Konsequenz aus dieser Einsicht war für Platon eine radikale Kritik an seiner Zeit und eine aus ihr resultierende Abwendung von der Politik seiner Vaterstadt, festgehalten in den berühmten Sätzen aus dem *Siebenten Brief* (326 b):

So sah ich mich gezwungen, (…) festzustellen, (…) dass wahrhaftig das Menschengeschlecht nicht aus dem Unglück herauskommen würde, bevor ein Schlag wahrer und echter Philosophen an die Staatsverwaltung gelangte, oder dann, bevor die regierenden Kreise in den Städten durch ein göttliches Wunder ernsthaft zu philosophieren begännen.

Platons Philosophieren hört allerdings nie auf, immer auch politische Philosophie zu sein. Nachdem ihm am Schicksal Athens deutlich wurde, zu welchem sittlichen und materiellen Ruin das Prinzip des hemmungslosen Eigennutzes in einer Gesellschaft führen kann, in der jeder nur das tut, was er für gut hält, niemand aber nach dem an sich Guten fragt, richtet sich seine intellektuelle Energie und sein politischer Erziehungswille auf den Erwerb eines Wissens, das, orientiert an dem geistigen Modell eines universalen Ordnungsprinzips des „von Natur Gerechten" (*Politeia* VI, 501 b 2), die Philosophenkönige befähigt, die Polis zu regieren.

Von seinen „Wanderjahren" wissen wir, dass Platon dreimal nach Sizilien reiste, dem bedeutenden Machtzentrum im Mittelmeerraum. Seine erste Sizilienreise (389/388 v. Chr.) führte ihn zu den pythagoreischen Schulen in Unteritalien. In Tarent trat er mit der dortigen Pythagoreergemeinde und ihrem Schulhaupt, dem Staatsmann und Philosophen Archytas, in freundschaftliche Verbindung. In Syrakus herrschte der Tyrann Dionysios I. (405–367 v. Chr.), einer der bedeutendsten Politiker seiner Zeit. Damals machte er die Bekanntschaft mit dessen jungem Schwager Dion, den er für seine philosophischen Ansichten gewann und mit dem ihn eine große Freundschaft, ja leidenschaftliche Liebe verband. Platons zweite Sizilienreise (367/66 v. Chr.) fällt mit dem Regierungsantritt Dionysios'II. zusammen. Sein Versuch, zusammen mit Dion den begabten jungen Tyrannen für seine Philosophie zu gewinnen, scheiterte. Dion wurde unter Bezichtigung des Hochverrats des Landes verwiesen, Platon selbst wurde interniert. 365 v. Chr. gelang ihm die Rückreise nach Athen. Auch die dritte Sizilienreise (361/360 v. Chr.) scheiterte restlos. Dion, auf den Platon seine Hoffnung gesetzt hatte, wurde im Jahre 353 ermordet. Das bewegende Dokument dieses Scheiterns ist Platons *Siebenter Brief*, ein politisch-philosophisches Sendschreiben an die Freunde Dions in Syrakus.

Etwa vierzigjährig gründete Platon im Jahre 387 in Athen seine berühmte Akademie im Hain des Heros Akademos. Die Akademie hat fast tausend Jahre lang bis zu ihrer Schließung durch Kaiser Justinian im Jahre 529 n. Chr. bestanden. Hier unterrichtete er, der große charismatische Erzieher, im Kreis einer erlesenen Schülerschaft über seine nicht-öffentliche „Lehre", auf die sein veröffentlichtes Dialogwerk nur andeutungsweise hinweist. Das eigentliche pädagogische Ziel seiner Lebensarbeit in der Akademie war es, in den jungen begabten Menschen den Eros für die Philosophie zu erwecken, ihren wachen Geist in der strengen Schule des dialektischen Denkens zu schärfen und ihre Seelen durch die Kraft der Philosophie zu jener „Reife" zu bringen, die im Wissen um das Gute besteht. Von diesem „Wissen" her, so seine Hoffnung, sollten seine Schüler einst den wahren Staat der Gerechtigkeit verwirklichen.

Einundachtzigjährig, im Jahre 347, ist Platon in Athen gestorben, „schreibend", das heißt wohl: ganz hingegeben an die Ausarbeitung seiner Philosophie.

2. Schriften

Überliefert sind unter dem Namen Platons 30 Dialoge und 13 (zum großen Teil gefälschte) Briefe aus dem Schülerkreis nach Platons Tod. Als echt einzustufen sind der 3., 7. und 8. Brief, wobei dem 7. Brief eine überragende Bedeutung für das Verständnis Platons zukommt, da Platon in ihm einen biographischen Rückblick auf sein Leben wie ganz zentrale Hinweise auf das eigene Selbstverständnis seines Philosophierens und einen vierseitigen erkenntnistheoretischen Exkurs gibt. Ich verweise auf die Abhandlung von H.-G. Gadamer *Dialektik und Sophistik im siebenten platonischen Brief* (1964).

Im Blick auf die Dialoge lassen sich sogenannte „chronologische Gruppen" bilden.

Eine 1. Gruppe bilden die sokratischen Dialoge. Sie thematisieren die geistige Gestalt des Sokrates (*Apologie, Kriton*). Zu ihnen gehören aber auch die sogenannten „Tugenddialoge", auch aporetische Defintionsdialoge genannt, welche einzelne „Tugenden" erörtern, so der *Laches* (Tapferkeit), der *Charmides* (Besonnenheit), *Euthyphron* (Frömmigkeit). Platon verfolgt in ihnen protreptische, erzieherische und ethische Ziele.

Eine 2. Gruppe zeigt Sokrates im Streit mit den Sophisten, sie umfaßt Programmdialoge der Akademie. Die bedeutendsten unter ihnen sind der *Protagoras* (Frage nach der Lehrbarkeit der Tugend) und der *Gorgias* (Frage nach der Rhetorik.)

Als 3. Gruppe stehen in der Mitte des Werkes jene Meisterdialoge, die mit der Ideenlehre verbunden sind: das Hauptwerk Platons, die aus 10 Büchern bestehende *Politeia*. Ferner der *Phaidon*, der von der Ideenlehre aus die Unsterblichkeit der Seele diskutiert, das *Symposion*, dessen Thema das Wesen des Eros ist, und der *Phaidros*, der die wahre Rhetorik erörtert.

Die 4. Gruppe umfaßt die späten Werke. Zu ihnen zählt der *Parmenides*, dessen erster Teil logische Probleme erörtert, die sich aus der Ideenlehre ergeben, und dessen zweiter Teil über die Teilhabe des Einen am Vielen diskutiert; der *Theaitetos*, welcher die Frage der Erkenntnis behandelt. Ferner der *Timaios*, der Platons Kosmologie darlegt und die 12 Bücher umfassenden *Nomoi* (Gesetze).

Bei allen Dialogen handelt es sich schon ihrer literarischen Form als Logos Sokratikos nach nicht um Lehrschriften, sondern um die Entfaltung eines Denkgeschehens, in dessen lebendige Bewegung der Zuhörer/Leser ständig mit einbezogen wird. Dies bedingt die Nähe des platonischen Dialogs zum attischen Drama. Sie geben nicht Platons vollendete Philosophie wider, wohl aber weisen sie den Weg zu dieser Philosophie.

Für eine erste Platon-Lektüre empfiehlt sich die repräsentative Textauswahl *Platon*, ausgewählt und vorgestellt von R. Ferber, 2. Aufl. München 1998 (dtv 30680).

3. Eros und Paideia

Paideia (Erziehung) im Sinne der „Selbstformung" des Menschen ist ein Grundwort auf der Gütertafel des griechischen Lebens und wurde zu einem Leitwort des klassischen Zeitalters. Worauf der Begriff der Paideia zielt, das ist das Ideal des „Wohlgefügten" und

„Schöngegliederten", das aus der Sphäre des Handwerks übernommen wird. Unter den Dichtern ist es vor allem Homer, welcher der große Erzieher der Griechen war. Das homerische Epos spiegelt die agonale Kultur einer Adelsgesellschaft und die durch ihre Heroen verkörperte Idee des ständigen Strebens nach Aristie wider: „Immer Bester zu sein und überlegen zu sein den anderen" (*Ilias*, 11. Gesang, V. 784). Das Ziel dieser Erziehungslehre ist „die Idee einer umfassenden Trefflichkeit" (F. Dirlmeier), jene Kalokagathia, die sittliche Tüchtigkeit im adeligen Verhaltenskodex wie jugendliche Schönheit des Körperbaus gleichermaßen umfasst. Die klassische Epoche pflegt die Verbindung von Knabenliebe und Pädagogik, deren erotischer Antrieb sich unter das altadelige Ideal zu stellen sucht: „Denn du wirst Edles nur lernen von Edlen" (Theognis). Von ihr aus entwickeln sich zwei Grundrichtungen der geistigen Erziehung: die philosophische und die rhetorische. Die Sophistik als Aufklärungsbewegung ist zugleich eine intellektuelle Bildungsbewegung. Ihre glänzendste Repräsentation gewinnt sie in der Schule des Isokrates (436–333 v. Chr.).

Durch Leiden Lernen

Für das Verständnis des platonischen Erziehungsgedankens ist nächst der Erfassung der Wesensbestimmung des Eros im *Symposion* vor allem die griechische Tragödie von Bedeutung. Im Zeus-Hymnos des Aischylos im *Agamemnon* hat Zeus den Sterblichen den Weg zur Einsicht gebahnt durch den ewig gültigen Spruch pathei mathos („durch Leiden Lernen"). Nur durch die negative Erfahrung des Leidens gewinnen die Menschen die positive Einsicht in das, was für sie heilsam ist. Der Zeus-Hymnus endet in einem großen „mythischen Bild":

Gewaltsam führen die Götter die Ruder,
Verleihen die Weisheit. (*Agamemnon*, 182–183)

Auch für Platon führt die Bahn des phronein, des richtigen Denkens, zu der Erkenntnis, was für den Menschen heilsam ist und was nicht. Wie für Aischylos, so ist auch für ihn diese Bahn mit Leiden verbunden. Im *Sophistes*, in dem Platon von der sophistischen Kunst spricht, durch bloßen Wortschwall einen Schein des Wissens zu erzeugen, gibt es jene Stelle (234 b–d), in welcher diskutiert wird, ob es für junge Menschen, die von „den Sachverhalten der Wahrheit" noch weit entfernt sind, nicht eine Kunst gibt, die durch die Zaubermacht der Worte die Illusion eines wirklichen Wissens erzeugt. Theaitetos ist der Ansicht, dass es durchaus eine derartige Kunst geben könne. Darauf antwortet ihm der Fremde aus Elea:

Ist es nicht unvermeidlich, Theaitetos, dass die Mehrzahl derer, (...) wenn eine genügende Zeit verstrichen ist und sie im Alter fortgeschritten sind, auf das Seiende in der Nähe anprallen und durch Leiden gezwungen werden, das Seiende in seiner Offenkundigkeit zu berühren? Und dass sie dann die damals erzeugten Meinungen umstürzen, so dass nun klein erscheint das Große, schwer das Leichte, und alle Scheingebilde in den Reden von Grund auf umgestürzt werden unter der Gewalt der Wirklichkeit, die ihnen in der Praxis begegnet? (234 d–e)

Um diese für den Erziehungsgedanken Platons in der Akademie wichtige Stelle zu verstehen, ist es notwendig, auf die Bedeutung der griechischen Worte zu achten. Das Wort, mit dem die Berührung des Seienden selbst bezeichnet wird, ephaptesthai (234 d 5), stammt aus der Mysteriensprache und bezeichnet die höchste Stufe der Erkenntnis.

Voraussetzung für sie ist, wie Platon sagt, dass Einer gezwungen ist, gleichsam auf das Sein „hinzustürzen". Die ganze Stelle spielt auch auf den Bereich des Politischen an. Es kann in der Politik heilsam sein, durch so leidvolle Erfahrungen, wie den Sturz Athens im Peloponnesischen Krieg, jene Einsicht zu gewinnen, dass das Große, der Glanz der Herrschaft Athens, in Wahrheit klein ist; und das Leichte, die rechte Ordnung in der Polis, schwer. So ist es heilsam, wenn die Trugbilder der großen Worte vor der Gewalt der realen Ereignisse zusammenstürzen, ermöglicht doch erst ein solcher Zusammenbruch, „das Seiende in seiner Offenkundigkeit" zu berühren. Eidos (Gestalt) gewinnt diese „Offenkundigkeit" im Licht einer von der Idee des Guten gelenkten Führung des menschlichen Daseins, wie sie für Platon paradigmatisch in Sokrates verkörpert ist. Es ist nicht die Masse der Menschen, sondern einzig der Philosoph, dem das wahre Wissen offenkundig geworden ist. In der Erziehung der Jugend bedenkt er im Dialog die Voraussetzungen für ein Leben, das erwachsen geworden ist, die Einsicht in das, was für die Seele heilsam ist, auf die Praxis des politischen Lebens zu übertragen. In diesem Tun zeigt sich, dass dem philosophischen Erziehungsgedanke Platons immer auch ein politisches Konzept zu Grunde liegt.

Der pädagogische Eros als „Zeugung im Schönen"

Inwiefern Eros und Paideia Geschwister sind, darüber gibt Platon in seinem um 380 v. Chr. verfassten *Symposion* (Das Trinkgelage) Auskunft. Den Höhepunkt dieses Dialogs bildet die sogenannte „Diotima-Rede", in welcher die Priesterin aus Mantineia den jungen Sokrates in das Mysterium des Eros einweiht. Wenn Eros bei Platon das Verlangen nach Unsterblichkeit bedeutet, wie sie sich in dem „dauernden Besitz des Guten" (K. Bormann) erfüllt, dann stellt sich die Frage, wie dieses Verlangen überhaupt erfüllt werden kann, da die Menschen doch sterblich sind. Die Rede der Diotima gibt als Antwort auf diese Frage Winke auf das hinter aller Zeugung stehende Streben des Eros. Was beim Tier blind und unbewusst sich abspielt, in die Welt ein Wesen von seiner eigenen Art zu bringen, damit sich seine Gattungsidentität erhält, dasselbe geschieht im Menschen, jedoch mit dem entscheidenden Unterschied, dass das Verlangen des geistigen Menschen durch die Begierde nach Zeugung im Schönen bestimmt ist. Die in der sexuellen Paarung gezeugten leiblichen Kinder garantieren den sterblich-unsterblichen Fortbestand des Lebens. Die „Kinder" hingegen, die aus der Schwangerschaft der liebenden Seele geboren werden, tragen die nie verlöschenden Namen „Einsicht" und „Gerechtigkeit". So gesehen, ist Sokrates selbst aus dem pädagogischen Eros der platonischen Philosophie hervorgegangen. Die Worte der Diotima charakterisieren ihn als einen Menschen „göttlicher Art" aus der Perspektive seiner Tätigkeit:

Wer nun als ein Mensch göttlicher Art (...) in die Jahre kommt, zu zeugen (...), der geht dann auch umher (...) und sucht das Schöne, in dem er zeugen könnte; denn im Hässlichen wird er nie zeugen. (...) und wenn er auf eine schöne und edle und wohlgestaltige Seele trifft, dann wird er das Zusammentreffen (...) durchaus begrüßen und zu einem Menschen wie diesem sofort von Reden überströmen, über die Tugend und darüber, wie ein trefflicher Mann sein und was er treiben soll, und wird versuchen, ihn zu bilden. Und wenn er (...) mit dem Schönen in Berührung tritt und verkehrt, so zeugt und schafft er, was er längst in sich trug (...) und das Erzeugte zieht er gemeinsam mit ihm auf, und so hegen solche Menschen eine weit engere Gemeinschaft (...) zueinander, weil sie schönere und unsterblichere Kinder miteinander haben. (*Symposion*, 209 b–c)

Der zitierte Text ist nicht nur eine Verklärung des Sokrates, er ist – das zeigt evident der Schluss – die Gründungsurkunde der platonischen Akademie. Mit ihren Worten sagt Diotima nichts anderes als das, was das geistige Leben innerhalb der Akademie ausmacht. Es besteht in einer Fortsetzung jener Dialektik, die im Dialog zwischen Diotima und Sokrates fortwährend angewandt wird, und Sokrates den Weg über alle Stufen des Seins hinaufführt, bis er zuletzt das Sein an sich, die Idee des göttlich Schönen, anschaut. Die „unsterblichen Kinder" sind die im Dialog gezeugten unsterblich „schönen Gedanken", die, wenn sie in der Gemeinschaft des Gesprächs groß geworden sind, sich zu „schönen Taten" wandeln. Das Streben „im Schönen" zu zeugen verbindet sich mit dem Erziehungsgedanken Platons, das „Kind" dieser Zeugung, den philosophischen Gedanken des Guten, zur höchsten Stufe der Reflexion zu bringen. Zugleich ist dieses „Kind" Symbol für die Tätigkeit des Geistes, wie sie in der bewusst gewählten Lebensform der philosophischen Existenz des Sokrates lebendige Gestalt gewinnt.

Ein „Seelenbild"

Im 9. Buch der *Politeia* (588 12 c–e) fasst Sokrates die Lehre von der Seele in einem „Bild" zusammen, das nach dem Abbild eines alten Fabelwesens zum Teil monströse Züge an sich trägt. Die Seele gleicht einer Chimäre. Zusammengewachsen ist sie aus Mensch und Tier. Ein Mensch (Vernunft), ein Löwe (Mut) und eine vielköpfige Bestie (Begierde), die drei Seelenteile, wie sie im 4. Buch (437 b ff.) dargelegt werden, sind durch eine menschenähnliche Gestalt umhüllt. Dieses Seelenbild, das von einem ethischen Ansatz her das Problem der Seele als Einheit und Vielheit vorstellt, verweist auf die Notwendigkeit kultureller Erziehung im Rahmen einer politischen Ethik. Weder die vielköpfige Bestie noch der Löwe sollen „den Menschen im Menschen" (H. Ottmann), die Vernunft, völlig in ihre Richtung ziehen. Vielmehr ist es die Aufgabe des logistikon (des vernünftigen Seelenteiles), sowohl die Bestien zu zähmen, als auch den „Löwen" im Menschen, den vernunftlosen Drang nach dem Schönen und Edlen, in rechter Weise zu kräftigen. Ihrem Wächteramt wird die Vernunft am besten gerecht, wenn der Mensch mit Hilfe des Löwen den Ansturm der vielköpfigen Bestie aus dem Archaikum der Seele in Schach hält. Das ethische Ziel der politischen Pädagogik im Sinne kultureller Arbeit und das ethische Motiv aller wahren Psychagogie im Sinne der „Befriedung" der Feindschaft gegen sich und Andere (Hobbes: homo homini lupus) im Raum der menschlichen Sozietät liegt für Platon in der Stärkung des „inneren Menschen" (des geistigen Selbst). Es liegt in den Worten des Sokrates (589 b) darin, „den inneren Menschen zum wirklichen Herrn über den ganzen Menschen zu machen. Er soll sich auch um das vielköpfige Tier kümmern wie ein Landwirt, der das Zahme nährt und veredelt, das Wilde aber am Wachstum hindert. Hierbei soll er sich der Kraft des Löwen bedienen und so für alle sorgen, sie untereinander und mit sich selbst befreunden und sie auf diese Weise pflegen." Die Humanität des Menschen ist als ein Akt der Zivilisierung die stets gefährdete Leistung einer kulturellen Pflege der menschlichen Wildnis. Inwiefern diese „Pflege" in das Konzept einer umfassenden philosophischen Paideia eingebunden ist, die auf die Formung des wahren Selbst durch eine Harmonisierung divergierender Seelen- und Lebensaspekte abzielt, kommt im 4. Buch der *Politeia* (443 c 4–444 a 2) prononciert zur Sprache. Danach verwirklicht sich Gerechtigkeit als größtmögliche Einheit zuerst in jener inneren Tätigkeit, die im Aufblick des Geistes auf das wohlgeordnete

Reich der Ideen sich zum Ziel setzt, die dem Menschen immanente Vielheit rationaler und emotional-affektiver Vermögen in eine Einheit zu bringen, deren reifste Frucht die innere Harmonie im Sinne der erkämpften vernünftigen Besonnenheit und schönen Wohlgefügtheit der Seele ist.

Der Mensch – ein „Spielzeug Gottes"

Im 1. Buch seines großen Alterswerkes, den *Nomoi*, stellt Platon poetisch im Sinne eines „reinen Bildbegriffs" (B. Kytzler) und geistig im Sinne der altgriechischen Tragödie den Menschen als Marionette Gottes, d. h. als ein paignion theou, ein Spielzeug Gottes dar (644 d–645 c). Als „Puppe der Götter" ist der Mensch von den eisernen Drähten seiner gewaltsamen Begehrungen hin- und hergezogen. Ihnen beigegeben ist ein „goldener Draht" (645 b), das Prinzip von Vernunft (logos) und Gesetz (nomos). Es ist Aufgabe des Menschen, dafür Sorge zu tragen, dass die eisernen Drähte in die Richtung gelenkt werden, in welche der „goldene Draht" ihn und die Polis zieht. Paideia als Achse des politischen Lebens wird verstanden als „ein Spiel der Spielzeuge Gottes" (H. Ottmann). Als „Gottesdienst" vereinigt sie in sich religiösen Ritus und Kunst: Opfer, Chorgesang, Tanz. Platon bedient sich hier eines schönen Wortspiels: Paideia (Bildung) und Paidia (Spiel), um die große Bedeutung des Zusammenhanges von Erziehung mit den Festtagen künstlerisch-sakraler Spiele für die Formung der für Rhythmus und Harmonie empfänglichen Seele der Jugend herauszustellen.

Es bleibt dem Alterspessimismus Platons zweifelhaft, ob die Götter den Menschen überhaupt zu einem „ernsteren Zwecke" gebildet haben oder ob er ihnen nicht als Spielzeug dient (644 d). Im 7. Buch der *Nomoi* (803 b) heißt es, dass der Mensch als ein „Spielzeug des Gottes" die „allerschönsten" kultischen Spiele spielen muss. Denn: „(...) die Angelegenheiten des Menschen sind des großen Ernstes nicht wert." Platon fährt in der sakralen Sprache der griechischen Tragödie fort (803 c): Nicht der Mensch, nur Gott ist „alles seligen Ernstes würdig".

H. Ottmann[3] hat im Blick auf diese Platon-Stelle auf den Aphorismus Nr. 628 aus Nietzsches *Menschliches, Allzumenschliches I* hingewiesen, in dem der große Platon-Gegner schreibt:

In Genua hörte ich zur Zeit der Abenddämmerung von einem Thurme her ein langes Glockenspiel: das wollte nicht enden und klang, wie unersättlich an sich selber, über das Geräusch der Gassen in den Abendhimmel und die Meerluft hinaus, so schauerlich, so kindisch zugleich, so wehmuthsvoll. Da gedachte ich der Worte Plato's und fühlte sie auf einmal im Herzen: alles Menschliche insgesammt ist des großen Ernstes nicht werth; trotzdem ...

Auf die Vorhaltung, das Wort von der „Marionette des Gottes" setze das Menschengeschlecht „völlig herab" (804 b), antwortet ihm „der Athener" (Platon), er habe solches „im Hinblick auf die Gottheit" gesagt. Und er fügt im Sinne von Nietzsches „trotzdem" hinzu:

Mag also unser Geschlecht nicht ganz bedeutungslos, sondern eines gewissen Ernstes wert sein! (804 b–c)

4. Die „Ideenlehre" oder die zweite Seefahrt

Für die Leser von Platons Schriften besteht in Hinsicht auf die Ideenlehre die Schwierigkeit, dass sie als „Lehre" von den wahren Grundgestalten alles Seienden dort nirgends definiert ist, vielmehr finden sich in ihnen immer nur vieldeutige Hinweise auf sie. Nach der Tübinger Schule der Platon-Deutung (Krämer/Gaiser) ist es zudem fraglich, ob die Ideenlehre überhaupt jene zentrale Mitte des Platonischen Denkens darstellt, wie sie die Philosophie des Deutschen Idealismus für Platon reklamiert hat. Unbestritten bleibt jedoch, dass sie ein Grundthema der Philosophie Platons ist. Anstoß dafür ist die pythagoreische Identität von Zahl und Sein wie auch „die wunderbare Unbeirrbarkeit" (H.-G. Gadamer), mit der Sokrates an der Idee der Gerechtigkeit festhielt, auch dann noch, als ihm von seiner Vaterstadt Athen das größte Unrecht widerfuhr. Inwiefern dann den Ideen eine ontologische, epistemologische und axiologische Funktion zukommt, darüber unterrichtet vor allem H. Görgemanns' *Platon* (1994).

Philosophie will erkennen, was ist. Daher ihre Frage: „Was ist das Seiende? Platon antwortet hierauf: Das Seiende ist das, was ist. In dieser Antwort liegt das Schwergewicht nicht auf dem „ist", sondern auf dem „was". (…) Wir nennen zum Beispiel einen Menschen „gerecht". Gerecht ist der Mensch nicht, insofern er Mensch ist. Denn wenn er ungerecht wird, bleibt er Mensch, aber seine Gerechtigkeit ist verschwunden. (…) Das Gerechte ist ganz identisch mit sich selbst (…). Es ist immer."[4]

Es kann als die zentrale, an den eleatischen Seinsgedanken anknüpfende und im Fortgang seiner Dialoge immer tiefer begründete Erkenntnis Platons angesehen werden, dass das im Denken Gedachte einen anderen „Seinsstatus" besitzt als das in der sinnlichen Wahrnehmung Wahrgenommene. Die „Idee" als der „Gegenstand" des Denkens ist das Seiende an sich selber, „das wandellos sich immer gleich Bleibende" (W. Bröcker) – das sinnliche Sein ist als das Werdende hingegen das Wandelbare in aller schwankenden menschlichen Welterfahrung. Die platonische Dialektik richtet sich auf das dem Denken zugängliche Reich der Ideen und stellt sich zuletzt die Frage, wodurch das Sein der Idee selbst bestimmt ist. Wir haben also hinsichtlich der „Ideenlehre" drei „Stufen" vor uns:
1.) die denkende Bestimmung des sinnlich Wahrgenommenen mittels der Idee. (Was ist das Schöne am sinnlich erscheinenden Schönen)
2.) die denkende Bestimmung besonderer Ideen (Was ist das Schöne selbst)
3.) die denkende Bestimmung der Idee als Idee (durch die „Prinzipienlehre")

Platons „Ideenlehre" ist von griechischem Weltdenken nicht abtrennbar. So wird oft genug verkannt, dass auch den sinnlichen „Qualitäten" an den vergänglichen Erscheinungen ein eidetischer Gehalt zukommt. (Erst die Phänomenologie E. Husserls hat wieder deutlich gemacht: auch die sinnlichen Qualitäten sind „zeitlos", d.h. empirisch und a-priori zugleich.) Dieses leuchtende Rot, das ich sehe, ist ein unvergängliches Eidos, zugehörig dem Ideenreich. Die einzelne Rose hingegen, die dieses Rot trägt, ist morgen verwelkt. So verstanden, ist Idee bei Platon dann das sich in allen wechselnden Erscheinungen durchhaltende Eidos im Sinne geistig geschauter Gestalt. Sie ist in den sittlichen Konkretionen der Polis nur ganz verschwommen erkennbar. So heißt es an exponierter Stelle im *Phaidros* (250 b):

Denn die irdischen Nachbilder der Gerechtigkeit und Besonnenheit und was sonst der Seele kostbar ist, haben keine Leuchtkraft und wenn wir mit unsern schwachen Sinnen an die Abbilder herantreten, erblicken nur wenige mit Mühe die Art des Urbildes.

Platon unterscheidet zwischen noetischem und dianoetischem Denken. Das dianoetische Denken ist begriffliches Denken in Form von Aussagen. Das noetische Denken hingegen ist die unmittelbare Einsicht in die Urgegebenheit der Idee. J. Disse verbindet[5] zu Recht noesis mit der „intuitiven Einsicht", so wie sie sich dem „Blick" des Eingeweihten in der Schau der Idee des Schönen im *Symposion* schenkt.

Eine Hinführung zu Platons „Ideenlehre" bietet die in der Reihe „Klostermann Texte Philosophie" erschienene Zusammenstellung *Plato – Texte zur Ideenlehre* (2. Aufl. 1986), die von H.-G. Gadamer herausgegeben, übersetzt und kommentiert wurde.

Die zweite Seefahrt des Sokrates

Der *Phaidon* gilt im Werk Platons als die eigentliche Einführung der Ideenlehre. In ihm wird „bewiesen", dass die psyche (Seele) als eidos tes zoes, Form des Lebens, das Totsein ausschließt (105 c–107 b). Als das „Todlose" ist sie unvergänglich und entweicht „woandershin", wenn der Tod kommt. Auf dem Hintergrund der Frage nach den Ursachen von Werden und Vergehen wird zuvor im „Bild" der zweiten Seefahrt die Ausrichtung auf die Ideen durch die Hinwendung zu den logoi unter dem Begriff der „Hypothesis" zum Gegenstand einer Erzählung des Sokrates (*Phaidon*, 96 a–102 a). Im Rahmen der Suche nach den wahren Ursachen der Weltwirklichkeit kommen in dieser Erzählung im Rahmen der ersten Seefahrt die großen Themen der griechischen Naturphilosophie zur Sprache: Woraus entstehen die Dinge, wohinein vergehen sie, warum sind sie. Platon sagt durch den Mund des Sokrates, dass er sich schon „in seiner Jugend" für diese grundsätzlichen Probleme interessiert und versucht habe, sich jene Wissenschaft anzueignen, die der „Erforschung der Natur" gilt. Die Antworten der Physiologen auf diese Fragen habe er wiederholt der Prüfung unterzogen. Besonders fasziniert habe ihn die Lehre des Anaxagoras vom nous als dem ordnenden Prinzip der Erscheinungen der physis. Er sei aber von ihr enttäuscht, da sie sich nur auf den Bereich der physischen Elemente bezöge, die der nous verbinde und zusammenhalte, nicht aber zur Erkenntnis jener „wahren Ursache" hinführe, die die Welt „zusammenbindet" und die der wahre Grund dafür ist, dass er, Sokrates, obwohl er hätte fliehen können, im Gefängnis sitze und sich dem Tod zum Opfer darbiete. Nun folgt jene Stelle, die der italienische Platon-Forscher G. Reale in seinem Buch *Zu einer neuen Interpretation Platons* (1993) als eine der „grandiosesten Stellen" bezeichnet hat, die Platon uns in seinem Werk hinterlassen hat. Sokrates sagt zu Kebes (99 d–100 a):

Nachdem ich mich also daraufhin von der Betrachtung der gegebenen Dinge losgesagt hatte, schien mir alle Vorsicht geboten, mich vor dem Schicksal derjenigen zu bewahren, die die Sonne bei ihrer Verfinsterung anschauen und beobachten; büßen doch manche das Augenlicht ein, wenn sie nicht das Bild derselben im Wasser oder sonst einer spiegelnden Fläche betrachten. So etwas ging auch mir durch den Kopf und ich fürchtete, ich möchte an der Seele völlig erblinden, wenn ich mit den Augen die Dinge betrachtete und sie mit den übrigen Sinnen alle zu erfassen versuchte. Es schien mir demnach notwendig, zu den Begriffen meine Zuflucht zu nehmen und an ihrer Hand das wahre Wesen der Dinge zu erforschen.

Die in der Rede des Sokrates gebrauchten Bilder stehen (nach G. Reale) für das Folgende:

a) Die Sonnenfinsternis bezeichnet die sinnliche Wirklichkeit. b) Die Augen werden als Symbol für alle Sinne bezeichnet. c) Das Spiegelbild im Wasser steht für das vernünftige Denken und die hypothetischen Annahmen, die viel sicherer sind als die Sinneswahrnehmungen. d) Das Blindwerden der Seele, das durch die direkte Schau der verfinsterten Sonne mit den Augen hervorgerufen wird, symbolisiert die täuschende Wirkung, welche die Sinne auf die Gewinnung der Erkenntnis ausüben.

Die zweite Seefahrt vollzieht sich in zwei Etappen: 1.) die Phase der Ideenannahme und 2.) die Phase des Aufstiegs zu den Prinzipien, auf die von Platon nurmehr anspielend hingewiesen wird.

Die „Botschaft" der Erzählung ist: Die sich auf die Sinne stützende Methode der griechischen Naturphilosophie verwickelt sich in Widersprüche und verdunkelt die wahre Erkenntnis. Erreicht wird diese durch die von Sokrates vertretene Hypothesis, wie sie von Platon im mythopoetischen Bild der zweiten Seefahrt beschrieben wird. Sie gründet sich auf logoi (Begriffe) und versucht, durch sie die „Wahrheit der Dinge" zu erreichen. In der Metaphorik der zweiten Seefahrt gesprochen: Es sind nicht die „Segel" im Wind, die Sinne und ihre Wahrnehmungen, die, wie es von naturphilosophisch-materialistischer Warte aus den Anschein hat, „das Schiff" auf rechte Weise dahingleiten lassen, sondern die „Ruder", die mühsame Arbeit des begrifflich-dialektischen Denkens, die es sicher der „Ankunft" im Reich des Übersinnlich-Ewigen entgegenführen. Führt die erste Seefahrt zu den physisch-sinnlichen Ursachen im Sinne der griechischen Naturphilosophie, so die zweite Seefahrt im Sinne der platonischen Metaphysik zu den übersinnlichen „Ursachen", den Ideen, und den höchsten Prinzipien. Sie sind das wahre Ziel der „idealen Fahrt, die der menschliche Geist unternehmen muss, wenn er die Wahrheit sucht".[6] Die Frage nach der Wahrheit der Dinge und ihrem letzten Grund markiert den Übergang von der sinnlichen Welt der Erscheinungen zu dem übersinnlichen Bereich der Ideen als den ewigen Urbildern des Seins. Sie sind nur dem Denken zugänglich. Als reine geistige Formen haben sie keinen Anteil an dem Schicksal der sinnlichen Formen, die dem Gesetz der Veränderung unterworfen sind. Der Begriff des Kreises ist unvergänglich, auch wenn ich sein „Symbol", den gemalten Kreis, auslösche. Die verschiedenen Zeichen für die Zahl Eins haben nichts mit dem „Wesen" der Zahl Eins zu tun. Und wenn Platon von der Zahl Eins zur Idee der Einheit übergeht, so ist diese keine sinnliche, sondern eine noetische Einheit. Ausgezeichnet ist sie durch die Identität mit sich selbst. Festzuhalten ist: Idee ist bei Platon immer durch Einheit bestimmt. Diese kann nur durch das Denken erfasst werden.

Methexis und Anamnesis

Es ist der bei Platon entscheidende Begriff der methexis (Teilhabe) des Sinnlichen am Übersinnlichen, der den Dingen ihre gleichsam doppelte Natur verleiht. Ein jedes Ding setzt sich zusammen aus Sinnlichem und einem Übersinnlichen. Die hierfür entscheidende Stelle im *Phaidon* (100 c) lautet:

Ich glaube nämlich, wenn es außer dem Schönen an sich noch etwas Schönes gibt, dann ist dies einzig deshalb schön, weil es an jenem Schönen teilhat; und das behaupte ich von allen Dingen.

Es ist demnach die methexis des sinnlich Schönen an einem übersinnlich Schönen „an sich", welches das sinnlich Schöne in seinem Glanz aufscheinen lässt. Darüber hinaus haben alle sichtbaren Dinge „Anteil" an den Ideen, welche ihrerseits die Ursache für ihr Erscheinen sind. Hinter diesem Gedanken steht das Problem des Verhältnisses zwischen dem Einzelnen und dem Allgemeinen, das dann als „Universalienproblem" ein Grundthema der Philosophie des Mittelalters ist.

Die methexis der Dinge an den Ideen besteht darin, dass sie „Abbilder" (eidola) der „Urbilder" (paradeigmata) der Ideen sind. Der reale „Zusammenhang" der Dinge ist selbst kein „materielles" Ding. Er ist ein logischer Funktions- und Gesetzeszusammenhang, der sich nur dem geistigen Verstehen öffnet. Das Sein der Dinge lässt sich nur durch ihre Idee verstehen, wobei die kopulative und existentielle Funktion des Wortes „sein" bei Platon „eine semantische Einheit" (H. Görgemanns) bilden.

Auch die psyche (Seele) kann sich selbst nicht als Einheit erfassen ohne die Seinseinheit der Idee. Die Idee der Einheit ist Grundlage für das Bewusstsein der Seele hinsichtlich ihres Seins als Selbstverhältnis. Die Beziehung Seele – Idee ist von Platon aber nicht nur logisch gedacht, sie besitzt auch eine mythische Dimension, wenn von der Seele gesagt wird, dass sie vor ihrem Eintritt in den Körper die Ideen angeschaut hat. Platons Lehre von der anamnesis (Wiedererinnerung) dient dazu, die reine Objektivität der Ideen zu betonen (*Menon* 80 d–86 c und *Phaidon* 72 e–77 a). Es sind die Ideen, welche in der Seele die Erinnerung an die ewigen Formen des Seins erwecken: die Gleichheit, die Schönheit, die Gerechtigkeit. So verstanden, ist die anamnesis „Symbol" für den Akt des Verstehens von Sein. Die Möglichkeit, dass wir etwas erkennen, ist an die Fähigkeit gebunden, dass der Erkenntnisakt an eine Wieder-Erinnerung rührt, die immer schon in uns „da" gewesen ist, und die geweckt wird, wenn wir die Frage stellen: „was ist das", von dem wir z.B. sagen: es ist ein Kreis und ihn durch eine mathematische Definition charakterisieren.

Die Schau des Schönen in Platons *Symposion*

Im *Symposion* wird die metaphysische Schau des Schönen selbst klar von der Erfahrung des sinnlich Schönen unterschieden. Das Schöne, das die Seele am Ende ihres von Eros geführten Liebesweges mit dem geistigen Auge plötzlich erblickt, ist ewig, es ist der Zeit enthoben, da es weder entsteht noch vergeht, es ist nicht nur in einer Hinsicht schön, es ist gestaltlos und nicht als eine Eigenschaft an etwas anderem schön (*Symposion*, 210 e 6–211 b 5).

Somit weist das Schöne bei Platon die grundlegenden Kennzeichen der Ideen auf. Sie sind (nach G. Reale):
1) Intelligibilität – die Idee ist der vorzüglichste Gegenstand des vernünftigen Denkens und nur durch dieses zu erfassen.
2) Unkörperlichkeit – die Idee gehört einer von der körperlich-sinnlichen Welt völlig verschiedenen Dimension an.
3) Sein im vollsten Sinne – die Ideen sind das Sein, das wahrhaftig ist.
4) Unveränderlichkeit – die Ideen sind jeder Form von Veränderung, nicht nur dem Entstehen und Vergehen, enthoben.
5) Perseität – die Ideen sind in und durch sich selbst, das heißt: sie sind absolut objektiv.
6) Finheit – die Ideen sind jede für sich eine Einheit, welche die Vielheit der an ihnen teilhabenden Dinge einheitlich gestaltet.

Der „dreifache" Sinn der Ideenlehre

Ewigkeit, Unwandelbarkeit, Dauer, Eingestaltigkeit, Unkörperlichkeit zeichnen als „Prädikate reiner Objektivität" (W. Schulz) die Ideen aus. Sie begründen den logischen Sinn der Ideenlehre. Das Verständnis der Ideen für die Praxis des Lebens kommt dann zustande, wenn der Mensch in der transzendierenden Bewegung der Dialektik die sinnliche Welt in Richtung auf die geistige Welt übersteigt, und seine Seele im Blick auf die ewigen Seinsgestalten der Ideen hin ordnet. In der *Politeia* wird die Frage nach der Idee des Guten unter dem ethischen Aspekt des Zusammenhangs von Seele und Staat gestellt. Das berühmte Sonnengleichnis im 6. Buch (508 ff.) dient nicht zuletzt dazu, den inneren Zusammenhang Idee – Seele – Staat zu verdeutlichen: So wie das Sehen und die Farbe zusammengehören, jedoch erst durch das Licht der Sonne zu einer Einheit zusammen gefügt werden, so kann auch der vernünftige Teil der Seele die Ideen als die mit dem Auge des Geistes zu schauenden ewigen Formen nur durch das Licht des Guten erblicken. In ihm gründen alle wahrhaft schön geordneten Verhältnisse der Seele und des Staates. Das ist der ethisch-politische Sinn von Platons Ideenlehre als Lichtmetaphysik. Ihr religiöser Sinn, der dann bei Plotin seine höchste Ausformung erfährt, wird im Sonnengleichnis (509 b 8–10) durch jene Worte deutlich, in denen die gesamte platonische Philosophie gipfelt:

Doch ist das Gute nicht das Sein, sondern ragt an Würde und Kraft noch über das Sein hinaus.

Der sich anschließende scherzende Ausruf des Glaukon: Apollon! (509 c 1) ist in einer etymologisierenden Anspielung (A-pollon = „Nicht-Vieles") ein Verweis auf die pythagoreische Symbolisierung der Einheit durch Apollon.

Worauf Platon in der *Politeia* in metaphorischer und andeutender Sprache nur hinweist, ist: Das Gute als das Eine ist als der Ursprung alles Seienden die höchste Erfüllung und Vollendung des Seins. Die Sonne ist die von Platon gebrauchte Metapher für die Jenseitigkeit des Guten. Sie ist Gleichnis für das Gute, nicht aber das Gute selbst. Als das „Mächtigste", jenseits des Seins stehend, entfaltet das Gute als der Inbegriff von Sinn sich in die Wahrheit, in das Maß, in die Schönheit und ist zugleich der Grund für die ontologische, kosmologische und ethische Einheit in der Vielheit der seienden Dinge. Als Bestimmungsgrund des Seienden ist das Gute selbst kein Seiendes, sondern das Eine, das als ontologisches Prinzip den Ideen Sein und Wahrheit verleiht.

Für Platon ist die Idee des Guten (*Politeia* VII 517 b 7–c 5) als „Herrscherin" die Ursache alles Richtigen und Schönen. Im Reich des Sichtbaren für die Sonne und das Licht, im Reich des Erkennbaren für Wahrheit und Vernunft.

Die Transzendenz des Guten entzündet in der Seele jenen Funken, der ihr im urteilenden Nachdenken den Weg zur Erfüllung und Vollkommenheit ihres Seins in der Endlichkeit des Menschenlebens erleuchtet. Wie in der Helle des griechischen Tages alle Dinge als lebendige Naturformen in ihrer Seinsprägung aufleuchten – „Wie wahr! Wie seiend!" (Goethe, *Italienische Reise*, 9. 10. 1786), so liegt im Licht des „überseienden" Guten das Gegründetsein aller Seinsdinge in ihm offen zu Tage. Dem geistigen Seelenauge ist auf Grund seiner Analogie zur „Sonne" als dem Prinzip der Sichtbarkeit und des Sehens die Unverborgenheit (aletheia) alles Seienden im Licht des Guten ansichtig. D. h. in der Sprache des *Symposions*: In dem Sinn „ansichtig", wie dem liebenden Erkennen am Ende seines Stufenweges das Sehen des Geliebten, das göttlich Schöne, „unmittelbar" gegenwärtig ist. Die Unmittelbarkeit dieser „Sichtbarkeit" entzieht sich der Möglichkeit ihrer adäquat sprachlichen und logischen Mitteilung. Auch ist sie weder aus der Erfahrung abzuleiten, noch kann sie a priori im Bewusstsein verankert werden. In der Lebenswirklichkeit ist sie für unsere sterblichen Augen in jenen seltenen Augenblicken gegenwärtig, in denen die Schönheit der Welt im Glanz ihrer Vollkommenheit ruht.

5. Das Nachdenken über den Tod – Platons *Phaidon*

Philosophische Nachdenklichkeit gilt dem Rätsel des Todes und dem Schicksal der Seele nach dem Tode. Es ist Platons *Phaidon*, dessen Unterredungen am Todestag des Sokrates sich diesen „letzten Dingen" zuwenden. Die Vereinheitlichung der Seelenvorstellung, ihrer „Tiefe" und ihrer „Ausdehnung" (Heraklit), ihre Verlagerung in das „Innere" des Menschen und die Rede von ihrem „Schicksal", sind für die griechische Religionsgeschichte zuerst im Horizont des 6. Jahrhunderts zu beobachten. Das Wissen um diese Entwicklung, das durch die Mysterienreligionen hervorgerufen wurde, die um die Mitte des 6. Jahrhunderts aus dem Orient nach Griechenland kamen, ist Vorbedingung für das mit Platon verbundene, die ganze abendländische Tradition prägende Verständnis von Tod und Unsterblichkeit. Für dieses Verständnis hat die Sterbestunde des Sokrates, wie sie im *Phaidon* geschildert wird, den Charakter eines geistigen Vermächtnisses, dessen Erbe und Verwalter die platonische Philosophie ist.

Psyche bei Homer und Platon

Um die Spannweite der Entwicklung dieser psyche- Vorstellungen auf dem Hintergrund unterschiedlicher historischer Kontexte zu verdeutlichen, sei zunächst an Homer erinnert. Seine um 730 v. Chr. entstandene *Ilias* beginnt mit den Worten:

Den Zorn singe, Göttin, des Peleus-Sohns Achilleus,
Den verderblichen, der zehntausend Schmerzen über die
Achaier brachte / Und viele kraftvolle Seelen dem Hades
vorwarf / Von Helden, sie selbst aber zur Beute schuf den
Hunden / Und den Vögeln zum Mahl (…)
(W. Schadewaldt)

Die „kraftvollen Seelen" der Helden werden in den Hades geworfen, „sie selbst" aber fallen im Tod „den Hunden und den Vögeln" anheim. Es gibt in der Welt Homers hinter der jedem Sterblichen gesetzten Grenze des Todes kein Nachleben: die Menschen „selber" sind ihre toten Körper, ihre „Seelen" hingegen sind nur verwehende „Schatten".

In Platons *Phaidon* (115 c–d) wird Sokrates, kurz bevor er den Schierlingsbecher trinkt, von Kriton vorsorglich gefragt, auf welche Weise er denn bestattet werden wolle. Die Antwort, die Sokrates gibt, ist ein Rätsel: „Wie ihr wollt, wenn ihr mich fangen könnt und ich euch nicht entwische." Und er fügt hinzu:

Liebe Freunde, ich kann den Kriton einfach nicht davon überzeugen, dass ich hier der Sokrates bin, der jetzt mit euch redet (…), sondern er hält mich für jenen anderen, den er in kurzem als Leichnam sehen wird, und fragt deshalb, wie er mich begraben soll. Meine ganze lange Rede, in der ich euch auseinandergesetzt habe, dass ich, wenn ich das Gift getrunken habe, nicht mehr bei euch bleiben, sondern entweichen und zum herrlichen Leben der Seligen eingehen werde – diese Rede halte ich offenbar für ihn vergeblich, als sagte ich das nur zum Trost für euch und für mich selbst.

Man sieht, wie die zitierte Textpassage die Gegenposition zur homerischen Vorstellungswelt aufgebaut und sich ironisch von ihr abgesetzt, wenn es heisst: „(…) Kriton (…) hält mich für jenen (…), den er in kurzem als Leichnam sehen wird." In gewissem Sinn ist gerade diese Stelle beeindruckend „modern": Da der Tod selbst kein Gegenstand unserer Erfahrung ist, er sich daher jedem Verstehen verschließt, ist seine fremde Gegenwärtigkeit nur im ängstigenden Anblick der zum Leichnam gewordenen Person des Toten anwesend. Das ausdruckslose Antlitz des Verstorbenen scheint jede Hoffnung auf eine „Unsterblichkeit" der Seele zu vernichten. Für Platon ist jedoch der Leichnam nur Hülle. Das geistige und unzerstörbare „Selbst" des Sokrates ist mit der psyche verbunden, die sich vom Leichnam entfernt und „zum herrlichen Leben der Seligen" geht. Mit der Vorstellung der psyche bei Homer und Platon verbinden sich zwei grundsätzlich verschiedene Verstehensmodelle. Bei Homer ist das „Selbst" an den Körper gebunden, für Platon ist das „okkulte Ich" des Philosophen die vom Körper trennbare, „unsterbliche" Seele. Auf Grund der Dynamis ihrer Selbstbewegung (*Phaidros*, 245 c) ist die Seele unsterblich, weil das immer Bewegte unsterblich ist.

Eidolon bei Homer und Platon

Bezeichnet in der Dichtung Homers das eidolon die Totenseele, die sich im Augenblick des Todes vom Körper als ein Schattenbild löst, um im Hades ein bewusstloses Leben zu führen – die Begegnung des Odysseus mit dem Phantom seiner toten, aus dem Hades heraufgestiegenen Mutter endet, als ihre Totenseele seinen Armen „entflog (…) einem Schatten gleich" (*Odyssee*, 11, 207) –, so wird bei Platon die psyche zu etwas Unsterblichem, während soma, der tote Körper, zum eidolon wird, ein Schattenbild des entflogenen unsterblichen geistigen „Selbst": eine ungeheure Revolution, die für Jahrhunderte das abendländische Todesverständnis bestimmt. Im 12. Buch seines Alterswerkes, in den *Nomoi*, in dem Regeln der Bestattung der Toten besprochen werden, redet Platon davon, dass die Körper der Toten eidola (bloße Abbilder) der Verstorbenen sind, während das wahre Selbst des Toten, das als unsterbliche psyche bezeichnet werde, zu den Göttern „enteilt" ist (959 b 1 ff.).

Schicksal der Seele

Vorbereitet ist diese Revolution Platons durch einen langen geschichtlichen Prozess zunehmender Individualisierung auf dem Hintergrund, dass trotz eines schon in ältester Zeit bezeugten Seelenkultes Hades und die übrigen Todesgottheiten kein Fortleben der Toten in einem „Jenseits" verbürgen. In der Religionsgeschichte dokumentieren die religiöse Anschauung des Todes eindrucksvoll die eleusinischen Mysterien mit ihrem Kultakt der Einweihung über das Schicksal der Seele nach dem Tod. Im homerischen *Demeterhymnus* (um 600 v. Chr.) heißt es (480–82): „Selig der Erde bewohnende Mensch, der solches gesehen. Doch wer die Opfer nicht darbringt oder sie meidet, wird niemals teilhaft solchen Glücks; er vergeht in modrigem Düster." Neben den eleusinischen Mysterien lassen sich seit dem 6. Jahrhundert zwei parallele religiöse Strömungen feststellen, die dem traditionellen Zusammenhang von Frömmigkeit und Gedeihen („Tun-Ergehen") einen neuen Zusammenhang von Schuld und Sühne entgegenstellen: Orphik und Pythagoreismus. Beide lehren als Mysterienreligionen die Unsterblichkeit der Seele. Nach orphischem Glauben setzt sich die „Doppelnatur" der Menschen aus der Asche der Titanen und einem göttlichen Funken des Dionysos zusammen. Die Seele, gefangen im Körper, ist göttlicher Herkunft. Als Formen einer gnostischen Erlösungslehre verkündigen beide Glaubenssekten eine Reinigungspraktik und die Seelenwanderung auf Grund von alter Schuld. In dem Bruchstück eines Threnos (Trauergesangs) Pindars (Fr. 133 Snell) ist zu lesen:

(...) Von welchem aber Persephone Sühne annehmen wird
für das alte (ihr angetane?) Leid, deren Seelen sendet sie
wieder empor zur Sonne im neunten Jahr.
Aus denen werden herrliche Könige und schnelle Läufer und große Dichter. Für die Zukunft aber werden sie heilige Heroen unter den Menschen genannt.

Die auf Mysterienvorstellungen zurückgreifende eschatologische Lehre eines Totengerichts (siehe: Platon, *Gorgias* 523 a–527 e) verändert dramatisch den Bewertungsrahmen von Leben und postmortaler Existenz durch die revolutionäre Konzeption der einen, den physischen Tod überdauernden, weil aus einem jenseitigen Reich stammenden psyche. Der Schwerpunkt der Sorge um die Seele richtet sich primär auf ihr Schicksal im Jenseits. Mit diesem Blickwechsel ist ein wachsendes Freiheitsbewusstseins gegenüber dem unmittelbaren Geltungsanspruch diesseitiger politischer und sozialer Welt verbunden. Der Reine und Geweihte weiß sich dem irdischen Kreislauf der Geburten enthoben und zu den Göttern erhoben, von denen er stammt. Die Kenntnis der skizzierten Entwicklungen sind für das Verständnis der im *Phaidon* geführten Gespräche über die Unsterblichkeit der Seele eine unerlässliche Voraussetzung. Diese machen es sich zur Aufgabe, unter der Voraussetzung des Ausschlusses konträrer Begriffe „logisch" zu „beweisen", dass die Seele als Träger des Lebens den Tod ausschließt und daher unzerstörbar und unsterblich ist.[7]

Unsterblichkeitsglaube und Apollonreligion

Als Simmias dem Sokrates gesteht, dass er und seine Freunde viele Zweifel über die Unsterblichkeit der Seele hegen, es aber nicht wagen würden, ihn in seiner schweren Stunde darüber zu befragen, da lacht Sokrates leise und sagt zu ihm jene Worte, welche die Verbindung seines Glaubens an das Schicksal der geweihten Seele mit der Apollon-Religion klar unter Beweis stellen:

Ach, Simmias, es dürfte mir wahrscheinlich schwer fallen, die anderen Menschen davon zu überzeugen, dass ich mein gegenwärtiges Schicksal nicht für ein Unglück halte, wenn ich nicht einmal euch davon überzeugen kann (...). Ihr glaubt offenbar, ich stehe mit meiner Seherkunst den Schwänen nach. Wenn diese nämlich spüren, dass sie sterben müssen, dann lassen sie, die auch in der Zeit vorher schon gesungen haben, ihre meisten und schönsten Lieder erklingen, vor Freude, dass sie zu dem Gotte abscheiden dürfen, dessen Diener sie sind. Weil sich die Menschen aber vor dem Tode fürchten, verleumden sie auch die Schwäne und behaupten, sie beklagten ihren Tod und stimmten vor Kummer ihren Gesang an, ohne dabei zu überlegen, dass kein einziger Vogel singt, wenn er Hunger hat oder friert oder wenn er sonst ein Leid hat (…). Aber sie und auch die Schwäne singen meiner Ansicht nach nicht vor Kummer; sondern ich glaube, weil sie als Vögel des Apollon die Gabe der Weissagung besitzen und daher zum voraus wissen, was für ein Glück im Hades sie erwartet, singen sie und freuen sich an jenem Tage wie nie zuvor. Ich meine aber, selbst auch im gleichen Dienst zu stehen wie die Schwäne; auch ich bin diesem Gotte geweiht und habe nicht weniger als jene Vögel die Gabe der Weissagung von meinem Herrn bekommen (…). (*Phaidon*, 84 d–85 b)

Die Schwäne sind Apollon heilig. Nach dem Mythos fliegen sie bei ihrem Tod in den Schoss des Gottes. Sie fliegen mit einem Sprachbild Nietzsches im *Zarathustra* in den „Lichtabgrund" des sonnendurchglühten Himmels. Und so ist ihr Singen Ausdruck der Sehnsucht der Seele nach ihrem Herrn. Wie sie, ist auch Sokrates dessen „Diener". Auch er besitzt die Gabe der Mantik, zu wissen, dass die Zeit gekommen ist, zu seinem „Herrn" zu gehen – nach einem langen Lebensdienst, der sich in „Reinigung" im Sinne einer sich auf das Denken konzentrierenden philosophischen Existenz und ihrem gesteigerten Wachsamsein auf das Eine Gute hin vollständig erfüllt hat.

Im *Phaidon* hat Platon einen Sokrates gezeichnet, dessen Seele ganz von dem Trachten nach der apollinischen Seinssphäre erfüllt ist. Von ihr her wird die tiefe Erregung verständlich, welche in den Reden von der Katharsis (Reinigung) spürbar ist. Sie führt über die Lösung vom Leiblichen hin zu jener noetisch-geistigen Welt, der die Seele ursprünglich angehört. Die Psyche steht, weil sie dieser Welt zugehörig ist, über der Welt des Körperlichen. Durch die Geburt ist sie mit dem Körper verbunden, aber diese Vereinigung bleibt ihr selbst wesensfremd. Daher muss sie sich schon in diesem Leben bemühen, sich vom Körperlichen zu lösen, das heißt zu „sterben". Der Augenblick des Todes ist Befreiung und Rückkehr zu ihrer ursprünglichen ewigen Heimat. In der orphischen Sprache des *Phaidon* gesprochen: Philosophieren ist die Einübung in die Kunst des Sterbens. Ihre Erfüllung sieht sie im Überschritt in den „Tod", der den Aufgang der wahren Erkenntnis bedeutet. So ist das, was die Menschen „Tod" nennen, nach dem Wort des Sokrates „die Erlösung und Befreiung der Seele vom Leib" (*Phaidon*, 67 a) und somit nicht Ende, sondern Anfang der wahren Erkenntnis.

Der ontologischen Trennung der Seinsbereiche Ideenwelt – Sinnenwelt entspricht im *Phaidon* die Trennung Seele – Leib. Während der Leib zusammengesetzt ist und im Tode zerfällt, ist die Seele einfach und ewig (78 b–84 b). Der Seele kommen somit Prädikate der Ideen zu: sie ist eingestaltig, sich gleichbleibend und unsterblich. Übersetzt in die Sprache der Apollonreligion: Apollon, der seinem Diener Sokrates den Weg der Reinigung weist, den dieser mit seiner Art des nachdenkenden Fragens nach der Wahrheit geht, ist Garant für die Aufrechterhaltung eines unzerstörbaren geistigen Selbst noch in der Jenseitigkeit des „Lebens" im weiten Haus des Hades. Vor dem Hintergrund einer Hinwendung zum Schicksal der individuellen Seele in einer politisch unsicher gewordenen Welt wird Apollon von Platon neu gedeutet und verstanden. War er in der klassischen Epoche ein Gott des Glanzes und des Lichtes, so wird er in der Philosophie Platons zum symbolischen Sinnbezug für das in ihr thematisierte theoretische Ideenwissen. Dabei darf nicht verkannt werden, dass dieser sich nicht zuletzt auch vor dem Hintergrund einer durch die griechische Aufklärung bereits erfolgten Zersetzung einer fraglosen Geltung der religiösen Tradition durch das gegen sie gestellte Bild des platonischen Sokrates zu legitimieren sucht. In jenem kritischen Augenblick im *Phaidon*, in welchen er und seine Freunde sich mit dem Gedanken konfrontiert sehen, dass im Tod auch die Seele untergeht (88 c–89 a), da greift Sokrates dem mädchenhaften Phaidon in sein noch ungeschnittenes Haar, ein wunderbares Bild für den lebendigen Logos (89 b–89 c), dem sie von nun an folgen wollen (89 c–91 c). Gerade die kreatürliche Angst vor dem Tod treibt den Logos über die uns in der sinnlichen Erfahrung gegebenen Welt hinaus. Auch die „wachsende wissenschaftliche Einsicht in die Ursachen von Werden und Vergehen und den Lauf des Naturgeschehens vermag das denkende Hinausfragen über das Hiesige nicht zu desavouieren und ist keine Instanz gegen die religiöse Zuversicht".[8]

6. Sein und Seele – Zur Bedeutung von Platons Mythen

Im 4. Jahrhundert v. Chr. ist die glanzvolle Zeit der griechischen Tragödie zu Ende. Um 406 v. Chr. sterben Sophokles und Euripides. Die großen Gestalten wie Pindar, gestorben nach 446 v. Chr., und Aischylos, gestorben um 456 v. Chr., sind bereits in die Ferne der Vergangenheit gerückt. Rhetorik und Philosophie treten in den Vordergrund des geistigen Lebens. Gleichwohl lebt die Kraft der Poesie in Griechenland fort, nicht zuletzt in den Mythen und Bildern Platons. – Inzwischen liegt eine Zusammenstellung der Mythen und Gleichnisse in Platons Werk in deutscher Übersetzung vor, eingeleitet und kommentiert von B. Kytzler: *Platons Mythen* (1997). Im Blick auf deren gedankliche Tiefe und künstlerische Schönheit bemerkt er in seinem Nachwort „Platon und die Bilder": „Ein Reichtum der Schattierungen eröffnet sich, ein Thesaurus an zusätzlichen Zügen, ergänzenden Einzelheiten, erweiternden Erwägungen und Entwicklungen. Was die Ratio verdichtet hat, das entfaltet das Mythische zu vollem Glanz. Zum Philosophen tritt der Poet hinzu, zum Erzieher der Erzähler, zum Logiker der Visionär."[9] – Zu dieser Textsammlung ist in der WBG ein von M. Janka und Ch. Schäfer herausgegebener Band erschienen, *Platon als Mythologe. Neue Interpretationen zu den Mythen in Platons Dialogen* (2002), der einen Überblick über den neuesten philologischen und philosophischen Forschungsstand vermittelt.

Das Spektrum von Platons mythischem Erzählgut reicht von den großen Kosmogonien im *Timaios* und *Politikos* bis hin zu den berühmten Jenseitsmythen im *Gorgias* und im *Phaidon*. Platons Mythen handeln vom Werden der Welt oder vom Los der Seele nach dem Tod. Hintergrund des Letzteren ist die den Mysterien entlehnte Lehre von der Präexistenz der Seele und ihrem Kreislauf der Reinkarnationen. Nun hat die griechische Philosophie, und mit ihr auch Platon, den Gegensatz zwischen Mythos und Logos zu einem „klassischen Begriffspaar" (Th. Kobusch) erhoben, dies aber erst nach der Mythenkritik der Sophistik, da ursprünglich von den Griechen die sprachlichen Ausdrücke Mythos und Logos zwar unterschieden, aber als Formen der Rede nicht antithetisch gebraucht wurden. Was besagt also bei Platon die „Paradoxie der Rückkehr zum Mythos" (G. Krüger), inwiefern ist dieser im spannungsreichen Verhältnis zum Logos „eine Gestalt der Wahrheit" (J. Pieper)?

Zur „Funktion" des Mythos im platonischen Denken

Zu Beginn des Platonischen *Phaidros*, an geweihtem Ort, am Ufer des Ilissos, kommt es zwischen dem jungen Phaidros und Sokrates zu einer Unterredung über die mit diesem Ort verbundenen Sage vom Raub der Oreithya durch Boreas. Auf die Frage des Phaidros, ob Sokrates an die Wahrheit dieses Mythos glaube, antwortet ihm dieser, dass er für derlei „nette Geschichten" gar keine Zeit zur Verfügung habe:

> Und zwar hat das folgende Ursache, mein Lieber: bis jetzt bin ich noch nicht imstande, gemäß der Inschrift in Delphi mich selbst zu erkennen. So kommt es mir denn lächerlich vor, solange ich dieses Wissen nicht besitze, mich mit anderen Dingen zu befassen. (*Phaidros*, 230 b)

Dem auf Selbsterkenntnis ausgerichteten sokratischen Intellektualismus ist der Glaube an einen Pluralismus mythischer Mächte weitgehend gleichgültig geworden, insofern dokumentiert er bereits den Verfall seiner an diese Mächte gebundenen Stellung des Menschen zur Realität. Auf der anderen Seite unterscheidet sich die den Sokrates treibende Leidenschaft, die Wahrheit über das Eine zu erforschen, was für das Dasein in seiner hiesigen- und in seiner postmortalen Lebensform entscheidend ist, grundsätzlich vom Typus neuzeitlicher Rationalität. Gerade im Blick auf die großen Fragen des Lebens und des Todes, angesichts derer dem Menschen Gewissheit durch ein auf rationale Beweisgründe sich stützendes Denken versagt bleibt, tritt für Platon der Mythos als eine andere Form des „Wissens" in sein Recht. Im *Phaidon*, in dem Sokrates mit seinen Schülern das Schicksal der Seele nach dem Tod des Körpers bespricht, sagt er am Ende seiner langen Erzählung über das Leben der Seele nach dem Tode:

> Dass freilich alles genau so sei, wie ich es geschildert habe, das dürfte ein verständiger Mensch wohl nicht behaupten. Dass sich aber die Sache mit unseren Seelen und mit ihren Wohnsitzen so oder doch ähnlich verhält, das dürfte (…) ein berechtigter Glaube sein und wert, dass man es wagt, sich ihn zu eigen zu machen; denn schön ist das Wagnis, und wir brauchen ja so etwas, gleichsam um uns damit zu bezaubern. (*Phaidon*, 114 d)

Die Worte des Sokrates, die ein sicheres Wissen über das Schicksal der Seele nach dem Tod mit der Wendung „so oder doch ähnlich" in scheinbarer Schwebe lassen, zielen auf eine symbolische Wahrheit, wie sie in der religiösen Sprache einer esoterischen Weisheit hinsichtlich des Mysteriums von Tod und Wiedergeburt Ausdruck gewinnt. („Sagt es niemand, nur den Weisen, Weil die Menge gleich verhöhnet" heißt es gleich zu Beginn des Goethe-Gedichtes „Selige Sehnsucht" aus dem *West-östlichen Divan*.) Im Verlauf der geschichtlichen Entwicklung wird sie einem Prozess fortlaufender Dogmatisierung unterworfen, an dessen Ende sie in der Orthodoxie untergeht. Platon hingegen hütet streng ihren esoterischen Sinn. Eine Theologisierung seiner Ideenlehre, wie sie im Mittelplatonismus und im Neuplatonismus zu verzeichnen ist, kann sich schon deshalb nicht umstandslos auf ihn berufen, weil sich in seinen Dialogen hinsichtlich einer „Lehre" über die höchsten Begriffe, Ideen und Prinzipien nirgends etwas finden lässt. Was die Idee des Guten ist, wird niemals schriftlich niedergelegt. Der auf sie bezogene systematische Horizont, in dem die jeweils einzelnen Weisen des Maßhaften und Geordneten in Bezug auf die Seele, den Staat und den Kosmos stehen, liegt jenseits der Dialoge. Die in ihnen von Platon literarisch bewusst eingesetzte Sprache des Mythos umspielt lediglich eine „Wahrheit", die über den Weg dialektischer Beweisbarkeit nicht erreichbar ist. So gesehen, dient die Funktion mythischen Sprechens einer anderen Form der Wahrheitsfindung. Platon der Künstler schafft mit seinen philosophischen Mythen Bildwelten einer überzeitlichen Wahrheit, deren Ferne sich hinter den vielfach gebrochenen Perspektiven menschlicher Rede abzeichnet. Es ist dieser Aspekt seines mythopoetischen Denkens, den Aristoteles im Blick hatte, als er schrieb: „Deswegen ist auch der Mythenliebhaber (philomythos) in gewisser Weise ein Weisheitsliebhaber (philosophos). Denn der Mythos setzt sich aus Staunenswertem zusammen" (*Metaphys.* 1, 982 b).

Aus der Vielzahl der platonischen Mythen möchte ich nur einen hoch bedeutsamen herausstellen. Er erzählt vom Schicksal der Seele und repräsentiert einen zentralen Grundzug in der Traditionsgestalt der platonischen Philosophie.

Seelenfahrt in Platons *Phaidros*

Der Weg des Geistes ist für Platon der Weg der Seele. Platon hat ihn im *Phaidros* in dem wunderbaren Mythos vom „Seelenwagen" gezeigt (246 a–257 a). Kaum ein anderer Mythos Platons hat durch den Reichtum seiner Bilder und Perspektiven ein größeres literarisches Wirkungspotential entwickelt, bis hin zu der im Jahre 1917 geschriebenen Erzählung *Ein Landarzt* von Franz Kafka, in der die Sprachformel „mit irdischem Wagen, unirdischen Pferden" steht.

Vor dem Mythos steht eine Belehrung (*Phaidros*, 245 c), die dialektisch bewiesen wird : „Alles, was Seele ist, ist unsterblich. Denn was ewig bewegt ist, ist unsterblich." Da die Seele Prinzip reiner Selbstbewegung ist, so folgt daraus, „dass die Seele nicht entsteht und nicht stirbt" (*Phaidros*, 246 a). Dieser Beweis verknüpft die Unsterblichkeit der Seele mit ihrer Unzerstörbarkeit im Wechsel von Leben und Tod im *Phaidon*. Wie aber nun das durch sich selbst Bewegtsein der Seele ihr „Sich-Emporheben" bewirkt, das kann nicht mehr der Logos, sondern nur der Mythos sagen:

(…) wie sie wirklich ist, das bedürfte in jeder Hinsicht einer ganz und gar göttlichen und langen Abhandlung; doch wem sie gleicht, das kann man mit einer menschlichen und kürzeren darstellen. (*Phaidros*, 246 a)

Die Seele gleicht „der vereinigten Kraft eines geflügelten Gespanns und seines geflügelten Lenkers". Als ein solches durchwandert sie „hoch oben" in wechselnden Gestalten den ganzen Himmel. Verliert sie jedoch ihr Gefieder, so stürzt sie ab und nimmt Wohnung in einem irdischen Körper (*Phaidros*, 246 c). Es ist die ihren Flügeln innewohnende Kraft, welche die Seele emporhebt zu dem hoch gebauten Wohnsitz der Götter. Dort nährt sich die Seele von der Speise des Göttlichen, das schön, klug und gut ist. Und diese Nahrung befördert das Wachstum ihres Gefieders. Ihr geistiges Auge schaut ein für Sterbliche unsichtbares wunderbares Festspiel: den glänzenden Götter- und Dämonenumzug am Himmelsgewölbe, angeführt von Zeus mit seinem geflügelten Vierergespann. Zum festlichen Mahl fahren die Götter mit ihren Wagen mühelos den steil ansteigenden Weg zum Zenit des Himmelsgewölbes (*Phaidros*, 247 a–b). Die Seele aber, vor deren sterblichen Wagen zwei Pferde gespannt sind, das eine gut und edel, das andere aber schlecht und missraten, gerät auf diesem Weg bei ihrem Aufschwung ins Stocken, „denn das Pferd mit der Schlechtigkeit belastet durch sein Gewicht, zieht zur Erde und drückt hinunter, sofern es nicht von seinem Lenker gut dressiert ist. Und da warten dann auf die Seele Mühe und Kampf bis zum Äußersten" (*Phaidros*, 247 b). Nur die Seelen, die unsterblich genannt werden dürfen, machen auf der Kuppe des Himmelsgewölbes Halt, und während sie dort halten, schwingt sie die Kreisbewegung dieses Gewölbes mit sich herum, und sie schauen, was ausserhalb des Himmels ist. Diesen „überhimmlischen Ort" hat noch kein irdischer Dichter je gebührend besungen und wird ihn auch nicht besingen. An diesem „Ort" lagert das Sein: farblos, gestaltlos, körperlos, sichtbar nur für den göttlichen nous (Vernunft), den Wagenlenker der Seele. Ihm kommt die Wissenschaft von der reinen Erkenntnis zu, von der sich auch der Geist der Götter nährt, und ebenso jede Seele, die darauf bedacht ist, das ihr Bekömmliche in rechter Weise aufzunehmen. Wenn nun die Seele endlich das Sein selber sieht, dann ist sie froh und sie labt sich an dem Anblick der Wahrheit, bis die Umdrehung des Himmelsgewölbes sie wieder zu ihrem Ausgangspunkt zurückführt. Für die Zeitdauer der Umdrehung sieht sie die Urbilder der Gerechtigkeit, der Besonnenheit und der Wissenschaft von dem wahrhaft Seienden. Und nachdem sie auch alles andere wahrhaft Seiende gesehen hat, taucht sie wieder hinab in das Innere der Himmelskugel und fährt nach Hause. Dort angekommen, führt der Wagenlenker des göttlichen Gespanns seine Seelenpferde an die Krippe, wirft ihnen Ambrosia vor und tränkt sie mit Nektar. Solcher Art ist das Leben der Götter. Von den anderen Seelen aber lässt nur die Seele, welche den Göttern am besten zu folgen vermag, den Kopf des Wagenlenkers ein wenig in den lichten Raum ausserhalb des Himmelsgewölbes sich emporheben, wie es ironisch heisst. Eine solche Seele sieht das Ewig-Seiende auch „nur mit Mühe" (*Phaidros*, 248 a). So erhascht sie nur einiges von dem, was die Götter sehen, anderes wiederum nicht. Alle Seelen streben zwar „nach oben", sie können aber den wahren Aufschwung von sich aus nicht schaffen. So gibt es ein wüstes Durcheinander und Gegeneinander. Durch das Gezerre der Pferde und das Ungeschick ihrer Lenker ermüden viele Seelen, ihre Gefieder zerbrechen und so „ziehen sie ab, ohne teilgehabt zu haben an der Schau des Seienden, und nach ihrem Weggang halten sie sich an die Nahrung, die der Schein liefert" (*Phaidros*, 248 b).

Eine begriffliche Übertragung dieses großen Seelendramas ist nur partiell möglich, darüber hinaus würde sie auch den seelischen Ausdrucksgehalt des Gleitens, Schwebens, Stürzens, Kreisens in der geradezu barocken Bildlichkeit des Mythos zerstören. Faszinierend wirkt an dem Seelenbild im *Phaidros* die religiöse Sprache, reich versehen mit Metaphern aus den Mysterien. In ihm fallen philosophische Erkenntnis und religiöse Schau zusammen. Daher nur einige erläuternde Anmerkungen. Sie folgen dem großen *Phaidros*-Kommentar von E. Heitsch (1993). Bei dem geflügelten Gespann, mit dem die Seele verglichen wird (246 a), ist zu beachten, dass die Bestandteile des Gespanns, Wagen – Pferde – Lenker, als eine in sich gespannte Einheit gedacht sind. „Nicht eine Gestalt mit ihren Teilen, sondern Kräfte, die in einer verkümmernden oder über sich hinauswachsenden Seele zur Wirkung kommen, werden dargestellt."[10] – Die Fahrt der Götter findet auf Vierergespannen statt. Bei den Menschen ist es ein Zweiergespann, wobei nur das eine Pferd tüchtig ist. Die nahe liegende Identifikation des Wagenlenkers mit dem logistikon (Vernunft), des tüchtigen Pferdes mit dem thymoeides (Mut) und des schlechten Pferdes mit dem epithymetikon (Begehren), also den drei Teilen der Seele in der *Politeia*, bleibt umstritten. Das Bild vom geflügelten Seelengespann selbst steht in einer reichen literarischen Tradition. Im Lehrgedicht des Parmenides bringt ein von Stuten gezogener und von göttlichen Mädchen begleiteter Wagen den Denkenden zu dem „Tor der Bahnen von Nacht und Tag", hinter dessen „steinerne Schwelle" eine Göttin ihn erwartet, die ihm verspricht, er werde alles erfahren. Seit der *Ilias*-Dichtung fahren Göttinnen und Götter auf Gespannen. Bei Sappho erscheint Aphrodite auf einem goldenen, von Sperlingen gezogenen Wagen; Demeter fährt auf einem Vierergespann, Athene auf einem Dreiergespann. Wie die Pferde „dahinfliegen", so auch die Götter. Bildliche Darstellungen geflügelter Seelen gibt es seit dem 6. vorchristlichen Jahrhundert. Zum „Himmelsgewölbe": uranos (Himmel/Kosmos) ist eine sich gleichmäßig um die Erde drehende Kugel. An ihrem Rand ist sie durchlässig. Die Schwierigkeit liegt in der Aufgabe, den steilen Anstieg zu bewältigen. Die göttlichen

Gespanne leisten ihn mühelos und lassen sich, auf dem höchsten Punkt der Oberfläche des Himmelsgewölbes angekommen, im Kreislauf mit herumführen (*Phaidros*, 247 b). Außerhalb der Kugel ruht das farb- und gestaltlose Sein. „Dort ist das Gefilde der Wahrheit, und die Nahrung, die für den besten Teil der Seele bestimmt ist, stammt von dieser Weide" (*Phaidros*, 284 b). Das Bild der Nahrung verweist auf eine höchste Erkenntnis des einen Seins, durch welche die Seele in ihrem Seinsbestand genährt und erhalten wird. Die Göttlichkeit der Götter beruht auf ihrer übernatürlichen Nähe zu diesem Sein. Jedoch ist dieser überhimmlische Ort nicht ihr eigentliches Zuhause, denn wenn sie sich an ihm, zu dem sie mühelos gelangen, satt gesehen haben, dann fahren sie zurück und tränken ihre Pferde an einer Krippe, deren Ort uns Platon verschweigt (*Phaidros*, 247e). Die Stelle spielt auf einen Vers der *Ilias* im 5. Gesang (367 ff.) an:

Schnell gelangten sie dann zum Sitz der Götter, dem steilen
Olympos. / Dort hielt die Pferde an die windfüssige schnelle
Iris, / Löste sie vom Wagen und warf ihnen hin ambrosische Speise.

Der Fortgang des Mythos spricht von dem ehernen Gesetz der Adrasteia (Göttin der Notwendigkeit), dass auch die nichtgöttlichen Seelen die Möglichkeit besitzen, von Sturz und Fall in einen Körper verschont zu werden und auf ewig im Gefolge der Götter zu leben. Es gelingt ihnen auf Grund der Schwäche des Lenkers und dem Ungestüm der Pferde zwar nicht einmal, für die Dauer eines Umlaufs mit den Göttern auf der Oberfläche der Himmelskugel stehend alles zu sehen, doch ist es für die Seelen der Sterblichen ein schon ausreichendes, ihr „Gefieder" kräftigendes Gut, den einen oder anderen Blick von dem jenseitigen Gefilde der Wahrheit erhaschen zu können. Denn:

Jede Seele, die im Gefolge eines Gottes etwas von den wahren Dingen sieht, bleibt bis zum folgenden Umlauf frei von Leid, und gelingt ihr das immer, so bleibt sie für immer unversehrt. (*Phaidros*, 248 c)

Nicht die Seelenwanderung ist also das Wesentliche, sondern, wie K. Reinhardt in seinem Beitrag *Platons Mythen* (1927) schreibt, Sturz und Aufstieg, die Stufung der Seele nach der Kraft des Flügels oder nach dem Zug der Schwere. Der Flügelwuchs der Seele schlingt sich wie ein Band durch die olympische Welt. Bewegt ist er vom göttlichen Wahnsinn des Eros, dessen alles belebender Funke die erinnerte Schönheit ist. Die folgenden Sätze Platons zielen auf das Pathische im philosophischen Leben, ohne das es keinen Aufschwung der Seele zu dem Ideenreich geben kann. Die kunstvolle Verbindung von Schönheitsmystik und geistiger Erotik im Geschehen des Seelenfluges verleihen dieser Passage, vorgetragen in der poetischen Sprache subtilster Konkretheit, in der philosophischen Literatur einen einzigartigen Rang:

(…) wenn man sich beim Anblick der Schönheit hienieden an jene wahre Schönheit erinnert, so bekommt man Flügel, und wenn man dann neu befiedert ist und auffliegen möchte, dazu aber nicht imstande ist, sondern wie ein Vogel hinaufschaut und sich um die Dinge hier unten nicht kümmert, so gibt das Anlass zu der Beschuldigung, man befinde sich in einem Zustand des Wahnsinns. Somit ist also dies unter allen Arten von göttlicher Besessenheit die beste und die mit der besten Herkunft, sowohl für den, der sie hat, als für den, der mit ihr in Berührung kommt. Und der Verliebte, der an dieser Art Wahnsinn teilhat, wird ein Liebhaber des Schönen genannt. (…) Denn indem er die Ausströmung der Schönheit durch die Augen aufnimmt, wird er durchwärmt, und dadurch wird das Gefieder befeuchtet. Die Erwärmung aber bewirkt, dass um den Keim des

Gefieders das wegschmilzt, was sich schon lange in Verhärtung um ihn zusammengeschlossen und ihn am Wachstum verhindert hat. Wenn ihm nun aber Nahrung zufließt, schwillt der Kiel der Federn und drängt, aus der Wurzel hervorzuwachsen, an der ganzen Gestalt der Seele, denn ehemals war sie ganz befiedert. (*Phaidros*, 249 d–251 c)

Die schon durch ihre Stilistik herausgehobene Textstelle belegt, dass es die übersinnliche Schönheit ist, von deren sinnlichen Anblick entflammt die Flügel der in den Leib gestürzten Seele sich zu neuem Wachstum regen. Vom Anschauen des Schönen ganz durchwärmt, probt die Seele den Flügelschlag zu einem neuen Aufschwung in ihre wahre Heimat. Im Sinne Platons ist es der Philosoph, dem dieses Wunder widerfährt, vom Aufleuchten des Schönen berührt, den Aufschwung der Seele zum Reich der Ideen zu leisten. Aus ihm wächst der Seele als ihr kostbarstes Gut die Aufgabe zu, im Denken ihr Wissen um die Ideen als Seinswissenschaft zu entfalten. Im Streben nach der Erkenntnis des immer Seienden gelangt die Seele, gereinigt von den Begierden des Körpers, zuletzt zu der Gemeinschaft mit dem Göttlichen.

7. Platonisches Denken als „philosophische Religion" – Der Aufstieg der Seele zum wahren Sein

Seit K. Alberts grundlegender Darstellung *Griechische Religion und platonische Philosophie* (1980) gewinnt die These an Gewicht, dass die Gestalt der platonischen Philosophie religiöse Züge trägt. Bereits W. Burkerts *Griechische Religion der archaischen und klassischen Epoche* (1977) hat den Platon-Teil unter das Stichwort „Philosophische Religion" gestellt. In seinem Platonbuch *Einsicht und Leidenschaft. Das Wesen des platonischen Denkens* schreibt G. Krüger: „Plato spricht in der Form der alten versinkenden Religion die Welt- und Selbsterkenntnis einer neuen Religion aus."[11]

Die Ergebnisse der Arbeiten von G. Krüger und K. Albert machen deutlich, dass in der Ideenlehre Platons zwar nicht mehr der altgriechische Mythos selbst lebendig ist, seine Destruktion durch die Sophistik ist eine auch für Platon geschichtlich nicht mehr hintergehbare Zäsur, wohl aber bewahrt sie Spuren seiner Denkstruktur. Platon überträgt sie mit bedeutsamen Korrekturen auf den philosophischen Logos. Nach Chr. Schefer (2001) offenbart sich im Demeter-Persephone-Mysterium, in welchem die in die Unterwelt entführte Persephone als Todesgöttin bei ihrer Rückkehr in die Oberwelt im Frühling ein neu geborenes Kind mitbringt, die heraklitische Einheit der Dimensionen Leben-Tod, während sich in der Philosophie Platons Apollon als Licht im Gegensatz zum Dunkel des Todes manifestiert. Sie schreibt: „Nicht die in der Nacht aufgehende Sonne wie in den Mysterien, sondern die immer scheinende Sonne (Apollon – W.R.) steht im Zentrum der Philosophie."[12]

Im *Symposion* wird die höchste menschliche Erkenntnis, zu welcher der auf dem Weg des Eros fortschreitende Mensch vordringen kann, als Erkenntnis und Schau des theion kalon (göttlich Schönen) geschildert. Von der Priesterin Diotima wird diese höchste Erkenntnis als ein „Anschauen" des göttlich Schönen und ein seliges „Zusammensein" mit ihm beschrieben.

Als ein rein geistiges Schauen ist die höchste philosophische Erkenntnis übersprachlich und überbegrifflich. Im Akt dieser Visio ist die Seele des Menschen nicht nur „gottgeliebt", sondern teilhabend am Unsterblichen selber unsterblich geworden. (*Symposion*, 212 a)

Der Dialog *Phaidros* steht im Glanz eines schönen Sommertages ganz unter der Schirmherrschaft des Hermes, des göttlichen Hermeneuten und Psychagogen. In dem in ihm erzählten Seelenmythos ist die Rede von einem „überhimmlischen Ort", an dem sich das „farblose, gestaltlose, unberührbare, wahrhaft seiende Sein", die ousia ontos ousa, aufhalte (*Phaidros*, 247 c). Von diesem wahrhaften Sein ernähren sich Götter und Seelen. Die beflügelte Seele des Philosophen bewirkt, dass er „mit seiner Erinnerung stets nach Kräften bei jenen Dingen ist, dank denen ein Gott eben göttlich ist, dadurch, dass er sich mit ihnen beschäftigt. Der Mensch allein, der nun von solchen Erinnerungen auf richtige Art Gebrauch macht und immer in vollkommenen Weihen geweiht ist, wird wahrhaft vollkommen. Indem er aber die menschlichen Bestrebungen aufgibt und mit den göttlichen umgeht, wird er von der Menge zurechtgewiesen, weil er verdreht sei; dass er aber gottbegeistert ist, das hat die Menge nicht gemerkt" (*Phaidros*, 249 c–d). Schon der griechische Sprachgebrauch für „mit vollkommener Weihung geweiht" – telous teletas teloumenos – deutet auf die Nähe zu Begriffen aus der Mysterienreligion. Die philosophische Erkenntnis ist hier verstanden als Umgang mit dem Göttlichen.

Im *Phaidon*, in dem nach K. Kerényis Studie *Unsterblichkeit und Apollonreligion* (1934) Sokrates sich der Mantik des delphischen Gottes verbunden weiß, versteht er seinen Tod aus dem Geist der orphischen Mysterienreligion als Katharsis. So sagt er im Anschluss an den bekannten Satz, Philosophieren sei eine Einübung in das Sterben:

Wenn sie (die Seele – W. R.) sich also in diesem Stande (der Trennung der Seele vom Körper – W. R.) befindet, dann gelangt sie doch gewiss zu dem, was ihr selber ähnlich ist, dem Unsichtbaren, dem Göttlichen und Unsterblichen und Vernünftigen. Und wenn sie dorthin gelangt, darf sie glücklich sein, frei von Irrtum und von Unvernunft und von Ängsten und wilden Liebesbegierden und den anderen menschlichen Übeln. Und so, wie man es von den Eingeweihten erzählt, verbringt sie dann in Wahrheit die übrige Zeit mit den Göttern. (*Phaidon*, 81 a)

Es ist der auf orphisches Gedankengut zurückgreifende Glaube des platonischen Sokrates, dass als Lohn für die vollzogene Trennung der Seele vom Körper dem wahrhaft Philosophierenden nach dem Tod ein Leben mit den Göttern geschenkt wird. Auf ein solches Leben bereitet sich der denkende Mensch schon in diesem Leben durch katharsis (Reinigung) und phronesis (wahre Einsicht) vor. In dieser nicht mehr orphischen, sondern philosophisch verstandenen Katharsis als periagoge tes psyches (Umwendung des Blickes der Seele) bewahrheitet sich Philosophie als die Hinwendung zu den Ideen und bewährt sich die Wahrheit des philosophisch geführten Lebens im Gewahrwerden der Ideen durch das geistige Seelenauge. Die Nähe und gleichzeitig die Konkurrenz der „neuen" Philosophen zu den Bakchen, deren wahres „von dem Gott Erfülltsein" (entheos) nunmehr sie verkörpern, wird deutlich in den Worten des Sokrates:

So mögen auch die bekannten Stifter der Geheimlehren keine geringen Leute gewesen sein, haben sie doch in Wirklichkeit schon lange angedeutet, dass, wer ohne die Weihen und ungeheiligt in die Unterwelt kommt, im Schlammstrom liegen muss, während der, der gereinigt und geweiht dorthin kommt, bei den Göttern wohnen wird. „Viele sind Thyrsosträger" – so sagen die in die Mysterien Eingeweihten –, „wenige aber sind echt Begeisterte" (entheoi). Dies sind aber nach meiner Meinung keine anderen als die echten Philosophen. (*Phaidon*, 69 c–d)

Auf dem Weg der Dialektik, den die denkende Seele geht, um das höchste Eine zu erkennen, in dessem Licht alles Seiende wächst und gedeiht, vollzieht sich die periagoge (Umlenkung) der Seele über eine gestufte Abfolge von Erkenntnisarten „aus einer Art nächtlichen Tages zum wahren Tag" (*Politeia* 7, 521 c). Darauf deutet Platons bekanntestes Gleichnis, das „Höhlengleichnis" im 7. Buch der *Politeia*.

Das Höhlengleichnis

„Stelle dir Menschen vor in einer unterirdischen, höhlenartigen Wohnstätte mit lang nach aufwärts gestrecktem Eingang (...)", so beginnt Platons berühmtestes Gleichnis im 7. Buch der *Politeia*. Seine kontradiktorische Struktur – Schein/Sein, Hades/Lichtwelt – vollzieht sich (nach Th. A. Szlezák[13]) in folgenden „Stufen":
1) Im Rücken der von Kindheit an gefesselten Menschen verläuft ein Weg, gesäumt von einer Mauer. Längs dieser tragen Menschen allerlei Figuren vorbei. Die Schatten dieser Figuren sind das einzige, was die Gefesselten auf der Rückwand der Höhle erblicken (515 c 1–2).
2) Einer der Gefangenen wir aus den Fesseln gelöst und zum Aufstieg aus der Höhle „gezwungen" (515 c 6).
3) „Erst ganz zuletzt" wird – nach einer Zeit der Gewöhnung – die Sonne an ihrem Ort im All gesehen, so wie sie wirklich ist (516 b 4–7).
4) Nach dieser „Schau" kehrt der zum Licht Aufgestiegene in die Höhle zurück (516 e 3–4).
5) Von oben kommend, sieht der Rückkehrer zunächst nichts (516 e ff.). Die Untengebliebenen beschuldigen ihn, der Aufstieg habe seine Augen „verdorben" (517 a 5).
6) Die Untengebliebenen töten den Rückkehrer, als er versucht, sie zu befreien (517 a 5–6).
Dem geschilderten Aufstiegs- und Erkenntnisweg liegen die folgende Intentionen und Ansichten Platons zugrunde:
a) Die für das Gutwerden der Seele gestellte Aufgabe, die an der sinnlichen Welt orientierte alltägliche Erkenntnishaltung zugunsten einer philosophisch begründeten Erkenntnis zu verlassen.
b) Die Ansicht, dass eine „Umwendung" des Menschen nicht unmittelbar zur höchsten Erkenntnismöglichkeit führt, sondern nur „mühsam" über eine gestufte Abfolge von Erkenntnis-„Phasen". Die 1. Phase ist die Erkenntnis, dass das von der Sinneswahrnehmung erfasste Seiende nur ein undeutliches Abbild der wahren Realität des Seienden ist. Die 2. Phase transzendiert den Bereich der niederen Wissenschaften (das später sogenannte Quadrivium: Arithmetik, Geometrie, Astronomie und Harmonielehre), die sich auf die Gründe der sinnlichen Erscheinungen richten, und bewirkt die Erkenntnis der intelligiblen Abbilder der Ideen, wie sie in den Gegenständen der reinen Mathematik gegeben sind. Die 3. und letzte Phase erfüllt sich mit der Sicht der Ideen und erreicht in der Schau des nicht mehr definierbaren Guten ihren höchsten Gipfel.
c) Die Ansicht, dass diese „Umwendung" nicht allein Sache des Verstandes ist, sondern den ganzen Menschen ergreift.
d) Der Glaube, dass die Erkenntnis der Idee des Guten die eigentliche Bestimmung für den Geist des Menschen ist.
Ziel des Aufstiegs im Sinne eines „rationalen Lernens" (Chr. Schefer) ist es, das Gute, dessen ontologischer „Ort" jenseits des Seins liegt, in seinem übersprachlichen und überbegrifflichen Wesen zu erkennen, und dieses Ziel wird auch zuletzt erreicht:

Zuletzt dann, denke ich, wird er imstande sein, die Sonne, nicht etwa bloß ihre Spiegelbilder im Wasser oder sonst irgendwo, sondern sie selbst in voller Wirklichkeit an ihrer eigenen Stelle zu schauen und ihre Beschaffenheit zu betrachten. (516 b 4–7)

Diese als zentral anzusehende Platon-Stelle bestätigt das Urteil Szlezáks: „Dass das Gute erkannt werden kann, ist das Ergebnis des Höhlengleichnisses und in gewissem Sinne auch seine Voraussetzung, denn ohne das würde der Aufstieg in der Tat nicht lohnen (wie die Höhlenbewohner meinen: 517 a 4) (…)."[14] Der aus der Höhle Aufgestiegene kann die Sonne nicht nur „erblicken", sondern auch „betrachten, wie sie (wirklich) ist" (516 b 6–7). In dem sokratischen „zuletzt dann" vollzieht sich der Übergang vom diskursiven Denken zum noetisch-intuitiven Erfassen. Dieses ist ein rein geistiges Sehen.

Der Weg der menschlichen Erkenntnis vollzieht sich zusammengefasst über vier Stufen: 1. eikasia (Abbilderkenntnis durch das Vernehmen wesenloser Wörter), 2. aisthesis (Wahrnehmung durch die Sinne), 3. dianoia (Verstandeserkenntnis durch Begriffe), 4. noesis (Vernunfterkenntnis durch die Einsicht in das Sein der Ideen).

Dem Übergang von der dianoia zur noesis entspricht eine entscheidende Passage aus der Diotima-Rede im *Symposion*. Nachdem in ihr der Liebende sich mit dem Schönen in den verschiedenen Weisen seines Aufscheinens, zuletzt noch in den Wissenschaften, in Verbindung gebracht hat, wird er „endlich am Ziel auf dem Weg der Liebe, plötzlich ein Schönes von wunderbarem Wesen erblicken – eben jenes, o Sokrates, dem auch all die früheren Mühen galten" (*Symposion*, 210 e 4–6). Das, was der aus der Höhle Aufsteigende zuletzt erblickt, die Idee des Guten, lässt sich durch den Methodenweg der philosophischen Dialektik allein nicht erzwingen. Wie die Sonne die Augen blendet, so blendet sie als reine Einheit das Denken. Nur nach langer Bemühung in der Dialektik geschieht ihre Erkenntnis „plötzlich wie ein Licht, das von einem springenden Funken entfacht wird, in der Seele und nährt sich dann weiter" (*Siebenter Brief* 341 d 3–5). Die Denkseele kann aber, nachdem sie ihr höchstes Ziel erreicht hat, das Schauen auf das intensiv Leuchtende der Sonne des Guten „aushalten" (518 c 10), d. h. sie vollzieht die Leistung des erkennenden Verweilens bei dem von ihr betrachteten höchsten Gut.

Nach seiner Betrachtung der Sonne, „wie sie ist", vermag der aus der Höhle Aufgestiegene zu erkennen, dass sie es ist, die den Umlauf der Jahreszeiten und das Gedeihen aller Dinge lenkt. Die Idee des Guten ist somit die Ursache „alles Rechten und Schönen" (517 c 2), im Bereich des Sichtbaren hat sie das Licht und dessen „Herrn" (die Sonne) erzeugt, im Bereich des Denkbaren gewährt sie selbst als „Herrin" Wahrheit und Einsicht (517 c 3–5). Die Idee des Guten ist letzte Ursache sowohl für die Gerechtigkeit der menschlichen Praxis als auch für die Ordnung der Seele und des Kosmos analog der „zielgerichteten Beherrschung der sichtbaren Welt durch die Sonne, die ja vom Guten abstammt"[15].

Nach vollzogener Schau sollen die Philosophen hinabsteigen zur „Höhle" (Welt der Praxis). Ihre Aufgabe ist (nach Szlezák) eine dreifache Arbeit ethischer Formgebung. Sie sollen a) die Polis, b) die Bürger der Polis und c) sich selber ordnen (kosmein), d. h., alle drei – Staat, Bürger, Seele – auf ein festes, einheitliches Lebensziel, das Gute, im Sinne der gerechten Ordnung, hin ausrichten, das für alle ihre Handlungen persönlicher wie öffentlicher Art maßgebend ist (519 c 3–4). Mit diesen Erwägungen vollzieht sich der Übergang des Höhlengleichnisses in politische Paideia. Nach C. F. von Weizsäcker (1970) durchläuft der zur höchsten Idee des Guten aufgestiegene Mensch bei seinem Abstieg alle Stufen des Aufstiegsweges wieder „rückwärts", bis er, in der Höhle erneut angekommen, „von neuem auf seinem Stuhle sitzend von neuem die Schatten an der

Wand sieht, nichts anderes sieht als alle anderen auch sehen, aber weiß; weiß, was das ist, was er hier sieht"[16]. Was er wie alle anderen in der Höhle sieht, das ist die sinnliche Welt. Sie umfasst auch die Welt des Politischen mit ihren endlosen Kämpfen um die Macht. Aber er allein weiß nun, was diese Welt ist: ein Spiel der Schatten vor dem alles überstrahlenden Licht der Idee des Guten, die sein geistiges Auge betrachtet hat. Er weiß ferner, dass sie es ist, die allem wahrhaft Seienden die Eigenschaften verleiht, seiend, gut und wahr zu sein. Im Unterschied zum neuzeitlichen Subjekt-Begriff, der als selbstbewusste Einheit aus sich heraus die Erkenntnis der Wirklichkeit konstituiert, empfängt bei Platon die denkende Seele ihre „Inhalte" durch das Gute selbst. So schreibt er im 6. Buch der *Politeia*, 508 d:

So denke es dir denn auch bei der Seele folgendermaßen: wenn sie fest gerichtet ist auf das, worauf das Licht der Wahrheit und des Seienden fällt, dann erfasst und erkennt sie es und scheint im Besitz der Vernunft zu sein. Wenn sie aber auf das mit Finsternis Gemischte, das Entstehende und Vergehende schaut, dann fällt sie dem bloßen Meinen anheim, wird stumpfsinnig, wirft die Meinungen herüber und hinüber und macht nunmehr den Eindruck, als sei sie aller Vernunft bar.

H. Hofmeister (1997) spricht im Blick auf diese Stelle zu Recht von einem „Moment des Seins", das in der Erkenntnis der denkenden Seele wirksam ist. Denn „was dem Erkannten Wahrheit verleiht und dem Erkennenden die Kraft zum Erkennen gibt, ist (...) die Idee des Guten" (*Politeia*, 6 508 e).[17]

Ein „alter Spruch" – Zum Bezug von „Theo-logie" und Politik

In seinem Beitrag *Platon, die irrationale Seele und das ererbte Konglomerat* (1970) hat E. R. Dodds in Platons Denken zwei Sichtweisen auf den Menschen zu erkennen geglaubt: Vertrauen und Stolz auf die menschliche Vernunft als Erbe des 5. Jahrhunderts, aber auch ein gründliches Misstrauen in die empirische „Natur" des Menschen, die durch Platons persönliches Erleben des zeitgenössischen Athen und Syrakus ihn zu der bitteren Erkenntnis der menschlichen Nichtswürdigkeit gebracht hatte. Gegen den von der Sophistik voran getriebenen Verlust des Glaubens an die tradierte religiöse Überlieferung stellt Platon drei strenge Axiome einer künftigen Staatsreligion: 1. Es gibt Götter. Sie sind Urheber alles Guten und aller Ordnung. 2. Sie kümmern sich um das Schicksal der Menschen. 3. Keinem äußeren Einfluss zugänglich, können sie nicht bestochen werden. Diese „Axiome" sind Voraussetzung, die Menschen zu dem zu bewegen, wozu sie von Natur aus die wenigste Neigung verspüren: Zum Gut-Werden. Welche grundlegende Intentionen Platons Entwurf eines „theokratischen Staates" (E. R. Dodds) leiten, zeigt die im 4. Buch seiner *Nomoi* (715 e f–716 b 7) stehende Rede des „Atheners" (Platon), die nach seinem Willen den Kolonisten in der neu begründeten Polis gehalten werden soll:

Ihr Männer, wollen wir also zu ihnen sagen, der Gott, der, wie auch der alte Spruch sagt, Anfang und Ende und Mitte hält von allem, was ist, fährt auf gerader Bahn, indem er der Natur gemäß seinen Umlauf nimmt. Ihm aber folgt immer Dike nach, die Rächerin derer, die vom göttlichen Nomos abweichen. An sie hält sich, wer ein glückliches Leben führen will, und folgt ihr bescheiden und geordnet. Wer sich aber in stolzem Brüsten erhebt, entweder durch Reichtümer geschwellt oder durch Ehren oder die schöne Gestalt seines Leibes, verbunden mit Jugend und Verblendung, und dann in der Seele von Übermut entbrennt, als bedürfte er keines Herren und keines Führers, sondern wäre sogar fähig, andere zu führen, der bleibt von Gott verlassen zurück;

zurückgelassen aber und noch Andere sich gesellend, die ihm gleichen, springt er, alles zugleich verwirrend, dahin. Vielen erscheint er als ein Mann von Bedeutung. Aber nach kurzer Zeit muss er der Dike Buße leisten, die er ihr nicht zum Vorwurf machen kann, und bringt sich selbst und sein Haus und seine Stadt gänzlich zum Umsturz.

Der „alte Spruch", auf den in dieser Rede angespielt wird, ist ein orphischer Hymnus. Seine Anfangsverse lauten:

Zeus trat als erster ans Licht.
Zeus, der hell Blitzende, ist der Letzte.
Zeus ist das Haupt, Zeus die Mitte,
aus Zeus aber wird alles vollendet.

In der Entwicklung der griechischen Philosophie wandelt sich der Name „Der Eine Zeus" in den Begriff des nous (bei Xenophanes und Parmenides). Auch bei Platon ist „der Eine Gott" der nous. Dem Umlauf des Gottes folgt Dike, wohl eine Anspielung auf Heraklits Fragment B 94, in dem kosmische Ordnung und Rechtsgedanke zusammenfallen:

Denn die Sonne wird nicht ihre Maße überschreiten – oder die Erynien, die Schergen der Dike, werden sie finden.

Nomos (das Gesetz) hat sein Maß durch die göttliche Bewegung des nous. Wer ihm Gehorsam erweist, der ist kekosmemenos, „schön und wohl geordnet". Die Bewegung seiner Seele folgt demselben Bewegungsgesetz wie die Gestirne: beide Abbild der Bewegung des göttlichen nous, der Anfang, Mitte und Ende alles Seienden zusammenhält. Es folgt in Anspielungen auf Pindar und altgriechische Spruchweisheit der Hinweis auf die Bestrafung menschlicher Hybris. Wer durch seine Einbildung auf nur äußerliche Güter und Vorzüge dem menschlichen Größenwahn verfällt und so das durch den nomos gesetzte Maß der wohlgeordneten Bewegung überschreitet, der wird von Gott verlassen. Er, der in seiner Gottverlassenheit sich selbst, sein Haus und seine Freunde in Verwirrung stürzt, verfällt dem Ruin. Und mit ihm geht eine ganze Stadt zugrunde. Es kann gar kein Zweifel sein, dass Platon hier auf Alkibiades anspielt, dessen politische Biographie nach dem großen Geschichtswerk des Thukydides der Schicksalskurve von Aufstieg, Hybris und Sturz folgt, wie sie die griechische Tragödie gezeichnet hat, und der, ebenso glänzend begabt wie maßlos ehrgeizig und machthungrig, mit seiner sizilischen Expedition im Jahre 415 v. Chr. den Anfang vom Ende Athens im peloponnesischen Krieg besiegelte. Es liegt aber auch nicht fern, an Perikles zu denken, dessen Gestalt an einigen Stellen der *Ödipus*-Tragödie des Sophokles durch die Maske des großen Königs hindurch sichtbar wird. Die ganze „Summe des griechischen Lebens" (H.-G. Gadamer) und seiner entscheidenden geistigen Erfahrungen von Homer über Heraklit, Pindar, die griechische Tragödie, Anaxagoras, Herodot und Thukydides hat in dieser Rede von nicht mehr als 15 Zeilen Eingang gefunden. Sie wird aber auf neuem Grunde mit dem philosophischen Denken vereinigt, wenn Platon den nomos, der das Leben des Einzelnen und das Leben der Polis bestimmen soll, an den göttlichen nous anbindet, dessen Ordnungsmacht die kosmische Umlaufbahn der Gestirne und die Bewegung der Seele in ein harmonisches Proportionsverhältnis zueinander stellt. Die „Harmonie" der Seele, aufgebaut aus den drei „Schichten", epithymetikon (begehrender Teil), thymoeides (das „Muthafte"), logistikon (das Denkende), und die Wohlgeordnetheit der Polis als der „Seele im Großen" sind streng aufeinander zugeordnet. So verstanden, bilden Kosmotheologie, Seelenlehre und politische Nomos-Lehre in Platons Philosophie eine untrennbare Einheit.

8. Der „sichtbare Gott" und die Seele – zu einigen Aspekten von Platons Spätwerk

Platons späte Philosophie gewinnt durch seine Prinzipienlehre vom Einen und der „unbestimmten Zweiheit" ihren bestimmten Eigencharakter. Verbunden ist sie mit einer Wende zu den Grundfragen der vorsokratischen Naturphilosophie: Woraus besteht den seienden Dingen ihr „Ursprung", und wie ist das Verhältnis der Vielheit der seienden Dinge in ihrem Werden und Vergehen zu der Einheit des sie begründenden „Seinsgrundes" zu denken? Schon der *Parmenides* hatte gezeigt, dass, wer das Eine zu denken versucht, dies nur kann, wenn er das Eine in der Bewegung von Einheit und Vielheit zu denken vermag.

Für die Anknüpfung Platons an die Ursprungsphilosophie der Vorsokratik im Sinne ihrer neuen Grundlegung erweisen sich in der Auseinandersetzung mit der eleatischen Seinsphilosophie „die Strukturbegriffe des Logos" (K. Oehler) Identität und Verschiedenheit auf dem Hintergrund einer pythagoreisch orientierten Elementenlehre als maßgebend. In seinem Beitrag *Der entmythologisierte Platon* (1965) hat K. Oehler diese „Wende" Platons mit den Worten charakterisiert: „Mit seiner Hinzufügung eines Gegenprinzips geht er über das hen (Eine) des Parmenides hinaus und ermöglicht so die dialektische Bewegung, die den Zusammenhang alles Seienden mit dem Seinsgrund herstellt."[18] Der von Oehler angeführte „Zusammenhang" besteht in der Verknüpfung von Sein, Wert und Maß. Das eine Gute ist Prinzip der Ordnung. Ordnung ist Einheit in der Vielheit. Insofern ist sie „die Eins". Als das Gute ist sie der „Seinsgrund" der Welt.

Zu Platons *Timaios*

Der dualistische Grundzug des platonischen Denkens wird von einer Einheitsphilosophie mehr und mehr abgelöst. „Die Religion der Transzendenz findet ihre Ergänzung im Wahrnehmbaren, in ‚sichtbaren Göttern': diese kühne Bezeichnung gilt für den Kosmos als ganzen und insbesondere für die Gestirne."[19] Nun wächst auch dem Seelenbegriff eine neue, kosmische Dimension zu, sie wird zur „Weltseele". Nach E. Hoffmann (1967) ist seit dem *Phaidros* der Philosophie Platons „ein neuer Naturbegriff" zugewachsen: „Die räumliche Bewegung am Firmament und die unräumliche im noetischen Leben geben Zeugnis vom Leben-selber."[20] Das literarische Zeugnis dieser Wende ist „ein Hymnus auf den göttlichen, beseelten Kosmos" (W. Burkert), Platons *Timaios*, in welchem nicht mehr Sokrates, sondern ein fiktiver Pythagoreer aus Unteritalien der Wortführer ist. Zu seiner Einordnung in die Philosophie Platons wie auch in die Geschichte der Naturwissenschaft verweise ich auf den maßgeblichen Beitrag von C. F. von Weizsäcker „Platonische Naturwissenschaft" im Laufe der Geschichte, in: *Ein Blick auf Platon* (1981).

In einer „glänzenden Mythopoie" (E. A. Wyller) ist der sichtbare Weltkörper frei verursachend geschaffen von einem göttlichen demiurgos (Handwerker) im Hinblick auf ein nur durch die Vernunft fassbares, sich immer gleichbleibendes reines Sein. Die

Rede, die Platon dem Pythagoreer Timaios in den Mund legt, beginnt mit einem feierlichen „Präludium" (G. Reale). Es enthält vier metaphysische „Axiome", welche als Fundamente für den Aufbau der gesamten Abhandlung des Timaios Geltung beanspruchen.

Es kommt also nach meinem Dafürhalten zunächst auf eine Unterscheidung folgender Dinge an: (1) Was ist das Immer-Seiende, welches kein Entstehen zulässt, und (2) was ist das Immer-Entstehende, welches niemals des Seins teilhaftig wird? (1) Das Erste ist durch vernünftiges Denken vermittelst des Verstandes erfassbar, denn es bleibt immerdar sich selbst gleich, (2) das Zweite ist (…) erfassbar vermittelst der Sinneswahrnehmung ohne Beteiligung des Verstandes, denn es ist in ständigem Werden und Vergehen begriffen, ohne je zum Sein zu gelangen. (3) Alles Werdende aber hat notwendig irgendeine Ursache zur Voraussetzung, denn ohne Ursache kann unmöglich etwas entstehen. (4) Jedes Ding nun, dessen Form und Wirkungsart der Werkmeister herstellt im beständigen Hinblick auf das sich immer Gleichbleibende, das ihm dabei zum Modell dient, muss auf diese Weise unbedingt in jeder Hinsicht auf das schönste gelingen; blickt er dabei aber auf das Gewordene hin und nimmt er sich dieses zum Modell, dann fällt das Werk nicht schön aus. (*Timaios*, 27 d 5–28 b 2)

Dem Demiurgen, einer „Personifikation der Vernunft" (H. Görgemanns), wird eine doppelte Aufgabe zuerkannt: 1.) eine poietische, die das nicht Seiende zum Seienden hinüberführt, und 2.) eine ordnende auf Grund eines ewigen „Modells", wie es z. B. in der Abfolge von Tag und Nacht im Sinne einer Rhythmisierung der Zeit sichtbar ist. Der *Timaios* greift auf die Ideenlehre zurück: Es existiert ein durch Vernunft fassbares reines Sein, auf das der Demiurg als sein Modell hinschaut, um die sinnliche Welt zu verwirklichen. Da der sinnlich anschaubare Kosmos schön geordnet ist, „muss auch der Vorblick auf das Schöne gehen" (H.-G. Gadamer), in dem Sinn, dass das Schöne das immer Bestand habende Sein ist. Der sinnliche Kosmos ist das vom Demiurgen verwirklichte eikon (Abbild) einer übersinnlichen Seinswirklichkeit. „Dies ist (…) der Dreh- und Angelpunkt der Metaphysik Platons" (G. Reale). Im Blick auf die Entstehung der Welt sagt der Text (29 a 6–b 2):

Steht es aber mit ihrer Entstehung so, dann ist sie nach dem Modell des dem Verstande und der Einsicht Erfassbaren und sich immer Gleichbleibenden geschaffen. Dies zugegeben, ist diese Welt notwendig ein Abbild von etwas.

Die Seinsart des Kosmos ist das Abbild dessen, was sich immer gleich bleibt und in seinem Seinsbestand ewig ist. Die Garantie für den ewigen Seinsbestand der Welt steht unter dem Zeichen metaphysischer Absicherung. Sie liegt bei Platon in dem Gutsein des Demiurgen. Die entscheidende Satzfolge im *Timaios* lautet:

Wir wollen es also aussprechen, weswegen der Gründer all dies Entstehen und das Ganze der Welt gegründet hat: weil er gut ist. Der Gute aber kennt keinerlei Missgunst wegen irgendetwas noch gegen irgendwen. So wollte er, frei von jeglichem Neide, dass alles ihm möglichst ähnlich sei. Dies vor allem ist der höchste Ursprung von Welt und Werden – wie weise Männer ihn auch den Einsichtigsten nennen. Weil also der Gott wollte, dass alles, soviel nur möglich, gut sei und nichts schlecht, darum hat er alles (…) aus der Unordnung in die Ordnung geführt. (29 d 5–30 a 5)

Im Unterschied zum alttestamentlichen Schöpfergott ist der Demiurg nicht allmächtig. Sein Schöpfung geschieht nicht aus dem Nichts durch sein Wort. Vielmehr sind ihm für seine Handwerkskunst „ewige Modelle" des Seins vorgegeben, auf die er schaut: der Seinsbereich der Ideen, und ferner die Chora, in der Aspekte des Raums und der

Materie zusammenfallen. Mit ihrer unregelmäßigen Bewegung setzt sie dem Ordnungswillen des Demiurgen Widerstand (ananke) entgegen. Die Chora als „Amme des Werdens" enthält als das rein Aufnehmende, d. h. als der reine Raum, in einer Art von Vorordnung Spuren der vier Elemente. Dabei sind, darauf hat Gadamer in seinem für das Verständnis des Werkes wichtigen Beitrag von 1974 *Idee und Wirklichkeit in Platos Timaios* hingewiesen, „sogar im Bereich des Notwendigen, wo alles wie in bloßem Geschoben und Gestoßenwerden (vgl. 46 e 1) sich bewegt, (…) die Ordnungsprinzipien von Gestalt und Zahl, die der Demiurg im Sinn hat, sozusagen entgegenkommenderweise (‚überredet') wirksam"[21]. Der Dualismus zwischen dem göttlichen Nous und kosmischer Ananke erweist sich durch dieses „Entgegenkommen" als abgeschwächt. Das Sinnlich-Körperliche ist die „Mischung aus einer Vereinigung von Notwendigkeit und Vernunft" (*Timaios*, 47 e 5–48 a 2). Die Weltseele, die vom Demiurgen dem Weltkörper, einer riesigen Kugel, eingepasst wird, ist als das Bewegungsprinzip des Lebendigen im All ein Zwischenwesen. Einer Sphärenkugel ähnlich, steht sie zwischen dem Reich des Intelligiblen und dem Reich des Sinnlichen. Der Demiurg, der die Weltvernunft erschaffen hat, setzt diese der Weltseele ein, die dadurch „das vollkommenste der Dinge, die entstanden sind" (37 a 2) ist. Daher haben wir „allen Grund zu behaupten, dies Weltall sei ein beseeltes und in Wahrheit vernünftiges Geschöpf, wozu es durch die Vorsehung Gottes geworden (ist)" (30 c 1).

Geschaffen ist die Weltseele nach (arithmetischen) Proportionen, wie sie der Astronomie und der Musik zugrunde liegen. Auf Grund ihrer ›mathematischen Struktur‹ ist sie der Ursprung der Dauerhaftigkeit und Regelmäßigkeit aller geordneten Bewegungen in der lunaren und sublunaren Welt. Als ein vernunftbegabtes Lebewesen ist der Kosmos ein „sichtbarer Gott" und eine für das menschliche Ohr unhörbare Harmonie mathematischer Zahlverhältnisse. Chronos (die Zeit) ist das „Abbild" des im Einen verharrenden aion (im Sinn erfüllter Zeitspanne). Das (zeitlich fortschreitende) Werden vollzieht sich in der nach dem Gesetz der Zahl sich bewegenden Zeit (*Timaios*, 37 d–38 b). Gemessen wird sie durch die Planetenumläufe. (Platon knüpft hier an die babylonische Lehre vom „großen Jahr" an.) Die Zeit muss also im Sinne Platons schon ihrer astronomischen Konstruktion nach zyklisch gedacht werden. Sie ist als Dauer in allem zeitlich Vorübergehenden das „abzählbar wandelnde ewige Abbild der in Einem bleibenden Ewigkeit" (*Timaios*, 37 d).

Bewohnt ist das große „Lebewesen" von den Sterngöttern (40 a ff.) und den olympischen Göttern (40 d ff.), von den Menschen (41 d ff.) und den übrigen Lebewesen (90 e ff.). Im Menschen, der nach dem Modell der Welt aufgebaut ist, vereinigen sich durch Mischung jeweils vorübergehend eine Seele, deren vernünftiger Teil unsterblich ist, und ein aus den vier Elementen aufgebauter zerstörbarer Körper. Wie in der *Politeia* so ist es dem Menschen auch im *Timaios* aufgegeben, dem unsterblichen Teil der Seele zur Herrschaft über den Körper zu verhelfen. Diese ethische Aufgabe erfüllt sich immer dann, wenn das geistige Seelenauge die Seinsordnung der Welt am Beispiel der geometrischen Figur des Kreises betrachtet und das Ohr der Seele die auf mathematischen Verhältnisse beruhende Harmonie der Welt vernimmt. Das letzte Ziel des Menschenlebens besteht darin, die Bewegung der Seele den Kreisbahnen der Weltseele anzugleichen und dadurch jene Harmonie zu gewinnen, wie sie sich in den schön geordneten Himmelsbewegungen kundgibt. Auf dem Hintergrund dieser Konzeption fordert die Leistung von Platons Freund Eudoxos von Knidos Beachtung, für die Planetenbahnen ein geometrisches Modell entwickelt zu haben. Verbunden ist es mit der sog.

Theorie der homozentrischen Sphären, aus der die Kurve der „Hippopede" abgeleitet wurde.

Die Vereinigung von Ontologie und Kosmologie, Mathematik und Mystik, Kosmologie und Ethik lassen Platons *Timaios* zu einem ganz und gar einzigartigen Werk in der Geschichte der griechischen Naturphilosophie werden. Es besitzt religions-bildende Kraft, zumal wenn bedacht wird, wie in ihm auf eine nie mehr erreichte Art „strenge Wissenschaft und religiöser Aufschwung" (W. Burkert) zusammenfallen. Es muss aber in Abwehr einer spinozistischen Lesart betont werden, dass Platon zwischen den Ideen und Prinzipien und dem göttlichen Demiurgen einen deutlichen Unterschied setzt, der die Konzeption der demiurgischen Tätigkeit als Ursache einer werdenden Weltwirklichkeit begründet. Auf diesen Sachverhalt verweist auch der ausgezeichnete Timaios-Kommentar von E. A. Taylor (1928), der daran erinnert, dass man bei Platon Gott und die Ideen auseinander halten muss. Die Tätigkeit Gottes als Hersteller einer den Ideen „ähnlichen" Welt ist die einzige Erklärung, die Platon für die Art und Weise liefert, wie sich die „Teilhabe" der Wirklichkeit an den Ideen vollzieht. Wenn also Gott mit den Ideen oder mit einer höchsten Idee identifiziert würde, bliebe es gänzlich rätselhaft, warum es ein Werden geben sollte.

Auf dem Hintergrund des in der griechischen Philosophie stets behandelten Problems des Verhältnisses des Einen und des Vielen ist der Demiurg derjenige, der auf vollkommene Weise das Eine mit dem Vielen in der hierarchisch gegliederten Struktur der Wirklichkeit vereint:

Gott hat die zulängliche Einsicht und Macht, das Viele zu Einem zusammenzumischen und es aus dem Einen wieder in Vieles aufzulösen, wogegen es keinen Menschen gibt, oder jemals geben wird, der imstande wäre, das eine oder andere zu vollbringen. (*Timaios*, 68 d 4–7)

Dem Menschen obliegt es, in Nachahmung des Gottes, soweit dies möglich ist, „die Einheit in die Vielheit zu bringen und auf diese Weise Ordnung und Harmonie in all den Dingen herzustellen, die vom Menschen abhängen: in der Ethik, der Politik (sowohl im privaten als auch im öffentlichen Bereich) sowie in allen technischen und künstlerischen Werken", schreibt G. Reale zum Schluss seines Platon-Buches.

In jüngster Zeit hat L. Schäfer, in: L. Schäfer und E. Ströker, *Naturauffassungen in Philosophie, Wissenschaft, Technik* (1993) den *Timaios* als eine verschlüsselte politische Schrift gelesen, als Darstellung einer vernünftigen Ordnung im „Gleichnisbild" (C. F. von Weizsäcker) der Natur.

9. Ein Blick auf Platons „ungeschriebene Lehre"

Seit der Zeit des Deutschen Idealismus gilt die „Ideenlehre" als der eigentliche Kern der platonischen Philosophie. Noch der Neukantianer P. Natorp betont in seinem einflussreichen Werk *Platos Ideenlehre* (1903) im Blick auf das Zentrum der platonischen Gedankenwelt die Lehre von den Ideen. Seit jüngerer Zeit steht aber nicht mehr sie im Mittelpunkt der Platonforschung, sondern seine sogenannte „ungeschriebene Lehre", von deren Existenz Aristoteles gesprochen hat. Bahnbrechend für diese Entwicklung waren die Arbeiten zweier Schüler W. Schadewaldts: H. J. Krämer *Arete bei Platon und Aristoteles. Zum Wesen der platonischen Ontologie* (1959) und die grundlegende Arbeit von K. Gaiser *Platons Ungeschriebene Lehre. Studien zur systematischen und geschicht-*

lichen Begründung der Wissenschaften in der Platonischen Schule (1963). Krämer und Gaiser begründeten die „Tübinger Schule", die sich um den Nachweis bemüht, dass hinter der Ideenlehre eine übergreifende Prinzipienlehre steht, die als der eigentliche Kern der platonischen Philosophie zu gelten habe. In jüngster Zeit hat dann, auf diesen Arbeiten fußend, der italienische Platon-Forscher G. Reale in seinem Buch *Per una nuova interpretazione di Platone* (1988) – deutsch: Zu einer neuen Interpretation Platons (1993) – die hermeneutische Relevanz der „ungeschriebenen Lehre" für eine umfassende Deutung der platonischen Schriften herausgearbeitet.

Antike Zeugnisse

Eine Stelle aus der Physikvorlesung des Aristoteles (4, 2, 209 b 15) spricht von den agrapha dogmata (ungeschriebenen Lehren) Platons in der Akademie. Im 1.Buch seiner *Metaphysik*, in welchem Aristoteles über die platonische Lehre von den Prinzipien referiert, berichtet er, die Ideen hätten teil am „Einen" (987 b 7–22), danach folgt die Stelle: „das Sosein (to ti en einai) geben jedem von den übrigen Dingen die Ideen, den Ideen aber (gibt es) das Eine" (988 b 4–6). Der Aristotelesschüler Aristoxenos von Tarent berichtet in seinen *Harmonika* von einem öffentlichen Vortrag Platons „Über das Gute". (Eine Nachschrift des Aristoteles ist verloren gegangen.) Die Zeugnisse von Aristoteles, Aristoxenos und anderen sind im Anhang des Buches von K. Gaiser unter dem Titel *Testimonia Platonica. Quellentexte zur Schule und mündlichen Lehre Platons* gesammelt. Sie sind für „die Tübinger" der Grund, Platon eine von den Dialogen unabhängige „ungeschriebene Lehre" vom Einen zuzuschreiben.

Zur systematischen Form der platonischen Philosophie

In der neueren Platon-Forschung gewinnt die Betrachtung der systematischen Form der platonischen Philosophie und die mit ihr verbundene Prinzipienlehre zunehmend an Bedeutung. Im Zentrum des Interesses steht jene „Lehre", mit der Platon „an die Tradition der Arche-Problematik der Vorsokratiker anknüpft und eine neue Grundlegung der Philosophie des Ursprungs vollzieht"[22]. In ihrem Mittelpunkt stehen zwei gegensätzliche „Prinzipien", die Platon „das Eine" und die „Unbestimmte Zweiheit" genannt hat. Aus der Verbindung dieser beiden „Prinzipien" geht dann die Gesamtheit des Seienden im Sinne eines hierarchisch gestuften Ableitungssystems hervor: a) die idealen Zahlen und die Ideen, b) die mathematischen Gegenstände, c) die sinnlich wahrnehmbaren Erscheinungen. Aus dieser Ableitung ergibt sich eine „Seinspyramide", wenn Platon die Einheit der vielen Ideen in einer höchsten Idee, der des Guten, bestimmt. Das Platonbuch von G. Reale entfaltet auf breiter Linie diese hierarchische Wirklichkeitsstruktur unter ständigem Rückgriff auf die platonischen Schriften.

Der Streit der „Schulen"

Der von der „Tübinger Schule" behaupteten Priorität der „ungeschriebenen Lehre" Platons vor seinem Dialogwerk ist von Seiten Gadamers und seines Schülerkreises energisch widersprochen worden. Die infinite Dynamik des platonischen Denkens und die im Zeichen delphischer Religiosität stehende Differenz zwischen göttlichem und menschlichen Wissen verweigere sich jeglicher Systembildung. Eine Ideenlehre habe Platon nirgends vertreten, vielmehr sei diese erst eine Rekonstruktionsleistung des Platonismus in den ersten nachchristlichen Jahrhunderten. Angesichts des Streites der „Schulen" tut man gut daran, sich an die Empfehlung von K. Albert zu halten, dreierlei streng zu trennen: „erstens die Dialoge, zweitens die nur mündlich weitergegebene Lehre vom Einen und der unbegrenzten Zweiheit (die den tragenden Grund der sich in den Dialogen andeutenden Ideenlehre bildet), drittens die davon noch zu unterscheidende und sie begründende unmittelbare Erkenntnis des Einen."[23] Dementsprechend hat K. Gaiser[24] die platonische Philosophie selbst in drei Stufen unterteilt: Dialoge, Lehrvorträge, intuitiv mystische Erkenntnis. Die Frage nach einem systematischen Geltungsanspruch der Platonischen „Wissenschaft" von den Ideen lässt sich nicht entscheiden. Es scheint mir hier vielmehr die Einsicht des platonischen Sokrates Beachtung zu beanspruchen, dass uns ein sicheres Wissen über das Eine, die Idee des Guten, auf Grund unserer immer nur endlichen Einsichtsfähigkeit verwehrt bleibt. Platon scheint aber die Suche nach ihm nicht für aussichtslos zu halten, wenn er im Blick auf ein Ahnungswissen hinsichtlich dieses Einen Sokrates im *Phaidon* sagen lässt:

(...) dass es freilich entweder dieses oder etwas von dieser Art wirklich giebt (...), das ist, wie mir scheint, angemessen, und es ist des Wagnisses wert, zu glauben, es verhalte sich so –. (*Phaidon*, 114 d)

Würdigung

Einen Nachfolger Platons, der wie er zu denken verstand, gab es in der Akademie nicht. Insofern ist dem Urteil E. Hoffmanns beizupflichten: „Die Geschichte des philosophisch genuinen Platonismus geht nicht etwa zeitlich parallel mit der literarischen Geschichte der Platontradition, sondern sie tritt nur da auf, wo Platons für alle Wissenschaften fundamentalen Problemstellungen in den Seelen großer Denker ihr renasci erleben."[25]

Wie Homer und Sophokles für sich eine „Welt" sind, so ist auch Platon ein Kosmos philosophischer Gedanken. In seiner Bedeutungsfülle und Wahrheitstiefe erscheint er unausschöpflich. Die Deutungsvielfalt der platonischen Philosophie ist allein schon durch die von Platon bewusst gewählte Vorläufigkeit der literarischen Form bedingt, in der er uns seine Texte hinterlassen hat. Erst nach Jahren intensiver Platon-Lektüre, in einem ständigen Dialog mit Platon nimmt das Verstehen seines Denkens zu und wird reicher. So wird uns zunehmend einsichtig, warum für Platon der beherrschende „Anfang" aller geistigen Ordnung das Gute ist. Es geht uns ferner auf, dass wir in Platons *Phaidon* wohl eine der bedeutendsten Schriften der griechischen Philosophie im Blick darauf besitzen, welche Erwartungen wir aus der Sichtweise der religiöser Überlieferung an Tod und Jenseits haben dürfen, auch wenn diese „Erwartungen" niemals für sich selbst ein „Wissen" beanspruchen können. „Höre denn", so ist im *Gorgias* (523 a) zu lesen, „einen sehr schönen Logos, den du zwar, wie ich meine, für einen Mythos halten wirst, ich aber für einen Logos; denn was ich dir jetzt sagen will, sage ich dir als etwas, das wahr ist" – und dann folgt die Geschichte vom gerechten Totengericht im Jenseits. Denkt man dem lange nach, so geht einem „plötzlich" auf, wie eitel die Hoffnung ist, das Rätsel des Todes unter Berufung auf Epikurs therapeutisch gut gemeintes

Diktum „solange wir sind ist der Tod nicht, und wenn der Tod ist, sind wir nicht mehr" aus der Welt zu schaffen. Gerade das Bewusstsein unseres eigenen unausweichlichen Todes zwingt zum philosophischen Hinausdenken über ihn, obschon wir wissen, dass sich über den Tod selbst nichts sagen lässt. Oder: Wir studieren das *Symposion* und entdecken nach intensiver Beschäftigung mit einmal, dass es das unfassbare Wunder des Schönen ist, das unsere Schritte auf den Weg des Eros lenkt. Lesen wir das *Symposion* erneut, entdecken wir ein andermal, dass Eros der große Hermeneut unseres eigenen Daseins ist. Und so geht es mit fast allen Dialogen Platons: nach langen Mühen springt „plötzlich" ein Funke des Verstehens auf uns über, um welche Sache des Denkens es sich bei ihnen handelt. Als die von Platon Beschenkten kehren wir erneut zu ihm zurück, ein wenig mehr darüber belehrt, wie wenig wir über die entscheidenden Dinge des Lebens wissen. Das Bewusstsein unseres Nichtwissens schließt aber keineswegs aus, dass wir durch das Gespräch mit Platon darüber belehrt werden, dass das Hinausblicken auf die Idee des Guten dazu zwingt, uns durch das unbeirrbare Fragen nach dem richtigen Leben Rechenschaft zu geben über die Führung und Gestaltung des Lebens in Staat und Gesellschaft, indem wir aus Gründen der prüfenden und entscheidenden Vernunft das jeweils „Bessere" für die Seele und die Polis wählen. Gerade auf dem Hintergrund der Diagnose Nietzsches, dass die europäische Geschichte in den Stand des vollendeten Nihilismus, die Entwertung ihrer obersten Werte, eingetreten ist, gewinnt die aus der Krise Athens gewonnene Überzeugung Platons an Gewicht, dass das Leben der Menschen scheitern muss, wenn es nicht mehr von dem inneren Wissen um die das menschliche Dasein unbedingt verpflichtende Idee des Guten geleitet ist. Dieses innere Wissen ist, da es „inhaltlich" nicht kodifiziert werden kann, vor jenen verhängnisvollen moralischen Dogmatisierungen geschützt, wie sie den Weg der Religionen in der Geschichte begleiten. Als philosophische Einsicht in die glanzvolle „Gefügehaftigkeit" (H. J. Krämer) der Idee des Guten gebiert es aus sich heraus das harmonische „Geordnetsein" der Seele. Dieses strebt zu einer Realisierung der an dem „göttlichen Vorbild" der Idee des Guten orientierten arete (Bestheit) in den Formen individueller und politischer Lebensgestaltung, so Platon im 6. Buch der *Politeia* (500 c 9–d 8).

Es ist nicht die Kausalität der „Knochen" und „Sehnen", die Sokrates dazu bewegt, im Gefängnis zu sitzen, obwohl er hätte fliehen können, sondern die von ihm entdeckte Geltung des Sittlichen, gestützt auf die geistige Einsicht in die inneren „wahren Gründe", die ihn bestärkt, es sei „gerechter und schöner", statt zu fliehen und wegzulaufen, „das Gericht der Stadt" auf sich zu nehmen (*Phaidon*, 98 c–99 b). Darüber hinaus aber – so der Hinweis Platons im *Kriton* auf „den Gott" – können wir uns in der Nachfolge des platonischen Sokrates entscheiden, den gerechten Weg der Seele zu gehen, indem wir mit Mühe lernen, auf das zu hören und dem zu folgen, „was derjenige sagt, der über Gerechtes und Ungerechtes Bescheid weiß, er als der einzige und mit ihm die Wahrheit selber." (*Kriton*, 48 a 6–7).

Aristoteles

Aristoteles steht am Ende der Epoche des klassischen Griechentums. Seine Lebenszeit fällt in die Zeit des Untergangs des griechischen Stadtstaates. Er ist nicht nur „der große Meister der begrifflichen Analyse" (H.-G. Gadamer), auf den die Tradition der abendländischen Metaphysik zurückgeht, sondern zugleich auch der universal gebildete Gelehrte und Empiriker, dessen freimütiger Blick sich auf alle Phänomene des Lebens richtet und der alles Seiende in seiner ihm jeweils zukommenden Seinsweise in einem an der Methode jeweiliger Fachwissenschaft orientierten Begriff wissenschaftlichen Philosophierens bedenkt. Sein deskriptiv-analytisches Denken ist gleichsam eine einzige „Apologie des theoretischen Lebensideals" (W. Wieland) im Sinne des nur um seiner selbst willen erstrebten Wissens. In dem methodischen Zugang zu einer Wissenschaft vom Lebendigen im Sinne einer an strenge Begrifflichkeit orientierten Betrachtung seiner grundlegenden Aspekte noesis (Denken), zoe (Leben) und kinesis (Bewegung) liegt der große Unterschied zu Platon. Raffaels berühmtes Bild „Die Schule von Athen" (um 1510) zeigt Platon, wie er mit dem Finger nach oben weist, Aristoteles hingegen, wie er die Hand parallel zur Erdoberfläche hält. „Die Wendung des Blicks, die Aristoteles mit seiner Philosophie vollzieht, ist damit treffend ins Bild gesetzt", kommentiert H. Ottmann.[26] Aristoteles, Sohn eines Arztes und größter Schüler Platons, steht als „Biologe" und „Physiker" in der Tradition des ionischen Weltdenkens, die er durch seine Leidenschaft der Beobachtung der natürlichen Weltphänomene zu einer „organischen Naturtheorie" (K. Gloy) weiterentwickelt. Sein Studium der kinesis (Bewegung) des Lebendigen führt ihn zu der These, dass das Prinzip der physis auf einer ihr immanenten Wirktätigkeit (energeia) beruht, die ihr Telos, „den Zustand der Reife" (H.-G. Gadamer), in sich selber trägt. Der von Aristoteles herausgearbeitete umfassende Seinsbegriff, der vom Sein des Göttlichen als reiner Gegenwart gekrönt wird, und der in seinen Schriften reich gegliederte Wissenskomos unter dem leitenden Begriff der theoria verbindet sich mit der von ihm vorgetragenen „praktischen" Philosophie, dessen grundlegende Gedanken und Begriffe als gelebte Formen der Vernunft größten Einfluss auf das Selbstverständnis der abendländischen Ethik und der politischen Philosophie hatten. Es ist diese Universalität der unvoreingenommenen Beobachtung von Welt und Mensch, von Aristoteles gestützt auf den anthropologischem Grundsatz eines mit der Natur des Menschen verbundenen unausrottbaren Triebes nach Wissen, wie die Kunst des unterscheidenden Denkens, welche den Stagiriten zu einer ganzen „Welt" für seine Bewunderer werden lässt. Es ist griechischer Geist und seine unstillbare Neugierde auf die im Licht des Tages liegende Welt, der in Aristoteles seine wohl schönste Verkörperung gefunden hat. Die im Leistungsvermögen des Denkens gründende Theoria überwindet die Schatten einer tragischen Sicht auf das Leben. Ihren treffendsten Ausdruck hat sie in einer erhaltenen Textpassage aus dem *Protreptikos*, B 108–110 gefunden:

So gibt es also für die Menschen nichts Göttliches oder Seliges außer jenem Einen, das allein der Mühe wert ist, nämlich das, was in uns an Verstand und Geisteskraft vorhanden ist. Von dem, was unser ist, scheint dies allein unvergänglich, dies allein göttlich zu sein. Kraft unseres Vermögens, an dieser Fähigkeit teilzuhaben, ist unser Leben, obwohl von Natur armselig und mühsam, so herrlich eingerichtet, dass der Mensch im Vergleich zu den anderen Lebewesen ein Gott zu sein scheint. Denn mit Recht sagen die Dichter: „Der nous ist der Gott in uns" und „Menschliches Leben birgt einen Teil eines Gottes in sich". Also soll man entweder philosophieren oder vom Leben Abschied nehmen und von hier weggehen; denn alles übrige scheint nur ein törichtes Geschwätz zu sein und ein leeres Gerede.

Der *Protreptikos* des Aristoteles wurde von Cicero in seinem *Hortensius* für das gebildete römische Publikum bearbeitet. Die Lektüre des *Hortensius* verwies den jungen Augustinus auf den Weg der Philosophie. Der *Protreptikos* des Neuplatonikers Jamblichos aus dem 4. nachchristlichen Jahrhundert ist ein Abbild der wichtigsten Gedankengänge dieser aristotelischen Schrift. Ein schönes Beispiel für die Wege der Rezeption in der Kontinuität der geistigen Überlieferung.

Die wesentliche Aufgabe des Denkens ist für Aristoteles, zur Wahrheit über Gott, Welt und Mensch zu gelangen. Die „Wahrheit" über das, was etwas ist, wird über den Weg des unterscheidenden und prüfenden Denkens kategorialer Seinsbestimmungen erreicht. Mit seiner Haltung der unvoreingenommenen, auf theoretische Durchdringung ausgerichteten Betrachtung aller Phänomene des Lebens steht Aristoteles am Beginn einer die europäische Geschichte prägenden „Verwissenschaftlichung der Welt" (E. Vollrath). Auch wenn sich seine Interpretation des Kosmos der natürlichen Welt von dem neuzeitlichen Entwurf eines mathematisch-konstruktiv vorgehenden Wissenschaftsbegriffes grundsätzlich unterscheidet, so ist es doch das unhintergehbare Ergebnis eines an Beobachtung, Erfahrung und Sachgemäßheit des logischen Urteils orientierten Denkens, dass die Herrschaft „dämonischer Mythologeme" (E. Vollrath) seit Aristoteles ihren Anspruch auf Geltung verloren hat.

1. Leben

Geboren wurde Aristoteles um das Jahr 384 v. Chr. in Stagiros in Thrakien. Sein Vater Nikomachos war Leibarzt des makedonischen Königs Amyntas III. Als Siebzehnjähriger trat er 367 v. Chr. in die Akademie Platons ein und gehörte ihr zwanzig Jahre lang an, in ständiger verehrender und kritischer Auseinandersetzung mit dem großen Lehrer. Nach dem Tode Platons im Jahre 347 folgen zwölf „Wanderjahre". Er geht zunächst für drei Jahre an den Hof des Hermeias in der kleinasiatischen Stadt Assos. Dort lernt er Theophrast von Eresos kennen, seinen späteren Mitarbeiter und Freund. Im Jahre 345 übersiedelte er nach Mytilene auf Lesbos, die Heimat Theophrasts. Im Jahre 347 wurde er als Erzieher des jungen Alexander nach Pella, die Hauptstadt Mazedoniens, berufen. 335 v. Chr. kehrte er nach Athen zurück. Dort gründet er das Lykeion, ein jedermann zugängliches Gymnasium, an dem er zwölf Jahre lang lehrt. In diesem Zeitraum verleiht er mit der Aufteilung des philosophischen Wissens in ein gegliedertes Gefüge verschiedener Erkenntnisdisziplinen seiner Philosophie jene Gestalt, die wir auch heute noch mit „Wissenschaft" verbinden. Im „national" gesinnten Athen blieb Aristoteles stets ein Fremder unter makedonischem Schutz. Nach dem Tode Alexanders im Jahre 323 verließ Aristoteles erneut die Stadt. Der Asebie (Gottlosigkeit) angeklagt, soll er von ihr in Anspielung auf das Schicksal des Sokrates mit den Worten geschieden sein, er werde es nicht gestatten, dass sich die Athener ein zweites Mal gegen die Philosophie versündigten (Aelian, *Varia historica* III 36). Er flieht nach Chalkis, wo er ein Jahr später, 322 v. Chr. stirbt. Sein Testament (Diogenes Laertius V 1, 11–16), eines der wichtigsten biographischen Zeugnisse, das mit den Worten beginnt „Möge alles gut gehen", zeigt einen liebenswerten, umsichtigen, um das Wohl seiner Nächsten besorgten Menschen. Die aus der römischen Kaiserzeit überlieferten Porträtbüsten, die auf ein griechisches Original des Lysipp zurückgehen, zeigen den etwa sechzigjährigen Aristoteles: einen etwas in sich versunkenen Philosophenkopf mit Bart, auffällig betonter Stirn und, wie es scheint, kleinem ironischen Zug um den Mund.

2. Schriften

Das riesige Schrifttum des Aristoteles, das 146 Titel aufführt, zerfällt in drei Gattungen. Hierzu gehören 1. die sogenannten enkyklischen Schriften, die sich an einen größeren Leserkreis (kyklos) wenden. Zu ihr zählt die Werbeschrift für die Philosophie, der *Protreptikos*, sowie viele (verloren gegangene) Dialoge; 2. die sogenannten *Pragmatien*, aus Kollegheften entstandene Lehrschriften, die sich an Schüler „innerhalb" der Schule richten. Man bezeichnet sie auch als akroamatische, das heißt für Hörer bestimmte Schriften. Zu ihnen gehören die 10 Bücher umfassende *Nikomachische Ethik*, die *Topik* und die *Analytiken*; 3. Sammlungen zu Forschungsmaterialien.

Im Gegensatz zu dem vollständig erhaltenen Werk Platons sind bis auf wenige Bruchstücke alle Schriften des Aristoteles von besonderem literarischen Rang schon in der Spätantike verloren gegangen. Ihr Stil wurde gerühmt, so spricht Cicero vom „goldenen Strom" seiner Rede (*Lucullus* 38, 119). Der Nachlass gelangte über Umwege erst im 1. Jahrhundert v. Chr. nach Athen und dann mit der Kriegsbeute Sullas nach Rom. Was wir besitzen, eine Ausgabe aus der Zeit Ciceros, sind die akroamatischen Schriften, die als Lehrvorträge im Sinne von Abhandlungen für den Schulgebrauch bestimmt sind. Redigiert wurden sie und als erste Gesamtedition herausgegeben durch Andronikos von Rhodos im ersten nachchristlichen Jahrhundert. Die erhaltenen Briefe sind in ihrer Echtheit umstritten. Erhalten sind ferner auch einige Gedichte. Unter ihnen auch ein Kultlied auf den von den Persern ermordeten Hermeias.

Eine der Schwierigkeiten im Hinblick auf die erhaltenen Schriften liegt in der Frage der „Einheit" ihrer Anordnung und ihrer mehrfachen „Redaktion". So bilden, um ein Beispiel zu nennen, die 14 Bücher der aristotelischen *Metaphysik* keine buchtechnische Einheit. Sie sind erst nach dem Tod des Aristoteles in der Reihenfolge, die uns heute vorliegt, kompiliert. Der Titel „Metaphysik" ist eine bibliothekarische Bezeichnung: Diese Bücher fanden durch Andronikos von Rhodos ihren Anschluss an die Bücher zur Naturphilosophie, der Physik. Auf Grund philologischer Analyse in dem grundlegenden Werk von W. Jaeger *Aristoteles. Grundlegung einer Geschichte seiner Entwicklung* (1922) sind die Bücher der *Metaphysik* Zeugnisse der Entwicklung des aristotelischen Denkens.

Die heutige Forschung neigt dazu, verschiedene Schichten seiner Schriften als Entwicklungsstufen des aristotelischen Denkens anzusehen. Die systematische Anordnung des Corpus Aristotelicum stammt nicht von Aristoteles selbst, sondern von seinem Herausgeber Andronikos. Die erste gedruckte Gesamtausgabe wird zwischen 1495 und 1498 in Venedig von Aldus Manutius veranstaltet. Die für die moderne Aristoteles-Forschung grundlegende kritische Gesamtausgabe, nach der zitiert wird, wird zwischen 1831 und 1837 von I. Bekker erstellt.

Für Studierende des Faches Philosophie empfiehlt sich die in der WBG (2003) erschienene 6-bändige Leseausgabe: *Aristoteles Philosophische Schriften*. Eine repräsentative Textauswahl vermittelt: *Aristoteles*. Ausgewählt und vorgestellt von A. Pieper. München 1997 (dtv 30682).

Grundzüge der Philosophie des Aristoteles

Formen und Strukturen des Wirklichen – zu *Physik* und *Metaphysik*

1. Physis als Prozessualität

Aristoteles vertieft in seinem deskriptiv-analytischen Denken Weise eine Grundfrage der griechischen Philosophie: Was sind die ontologischen Grundstrukturen, die den dynamischen Prozessen der Natur und dem organischen Bau der erscheinenden Welt zugrunde liegen und in der Bewegtheit des Lebens das Seiende zu dem machen, was es ist? Diese Fragen stehen im Zentrum der aus der Vortragstätigkeit des Aristoteles hervorgegangenen *Physike akroasis*. Die Physik hat das Sein der Bewegtheit zum Thema. Als Wissenschaft von der Natur besitzt sie den Status einer Grunddisziplin im Blick auf die aller Naturerfahrung zu Grunde liegenden Begrifflichkeiten. Die Analyse von Begriffen wie Bewegung, Zweckmäßigkeit, Zeit, Kontinuum beschreiben eine diese Erfahrung auslegende Theorie. Bestimmt ist sie von der gegen die eleatische Schule gerichtete, an der Erfahrung orientierte Grundthese, dass Natur kinesis, d. h. Bewegung, Wandel, Prozessualität ist.

Ch. Rapp hat in seiner Einführung zu Aristoteles (2001) darauf hingewiesen, dass dem griechischen Begriff kinesis, der Bewegung und Veränderung umfasst, eine weit gefasste Bedeutung zukommt. Und zwar in dem Sinn, dass alles, was sich verändert, von einem Zustand der Möglichkeit in Hinsicht auf dasjenige, wozu es möglich ist, in einen Zustand der Wirklichkeit übergeht. Die Physik des Aristoteles beruht hier auf seiner *Metaphysik*, genauer: dem Verhältnis von dynamis und energeia, aus dem sich die mittelalterlichen Akt-Potenz-Lehren entwickeln werden.

Die unterschiedlichen Weisen von Veränderung im Hinblick auf den Seinsstatus einer Sache sind: 1. die qualitative Veränderung (im Blick auf das „Was" eines Seienden), 2. die quantitative Veränderung (abnehmen/zunehmen), 3. Existenz/Nichtexistenz im Sinne von Entstehen und Vergehen, 4. Veränderung der Bewegung selbst (Ortsbewegung). Jede Veränderung muss aber durch drei Dinge bezeichnet werden: seinem „Woraus", seinem „Wozu" und durch das aller Veränderung „Zugrundeliegende". Ein jedes Ding besteht aus seinen Bestandteilen: aus dem „Zugrundeliegenden" und aus der „Form". Das „Zugrundeliegende" (die hyle) und das eidos (die Form) sind also die beiden allgemeinen Prinzipien des Werdens. In der problemgeschichtlich orientierten Auseinandersetzung mit der Tradition (ionische Naturphilosophie/Parmenides) arbeitet Aristoteles Bewegung und Veränderung als Seinsweisen der natürlichen Welt heraus und verbindet sie mit einer Theorie des Verhältnisses der Prinzipien von Form (eidos) und Materie (hyle).

Unter Rückgriff auf seine Feststellung (*Metaph*. I 3), die Denkanstrengungen der Vorsokratiker hätten sich darauf beschränkt, die hyle („Holz", Materie) festzustellen, aus der alles Seiende entstehe und die hinein es wieder vergehe, erweitert Aristoteles diesen Denkansatz, indem er ausführt, dass die Form immer schon ein konstitutiver Bestandteil der von Natur aus seienden Dinge ist. Das dem Werden des Seienden Zugrundeliegende ist der Stoff als „Mutter" des Werdenden. Aristoteles selbst versteht hyle wesentlich als einen Relationsbegriff. So ist, um eine Beispiel zu nennen, das Holz Materie für einen Stuhl. Die Formprägung der hyle verleiht dann dem Seienden seine jeweilige Bestimmtheit. Das eidos (Form) bewirkt das tode ti, das, was ein jeweiliges Seiendes in seiner bestimmten Art ist.

2. Zum Verhältnis von Form und Stoff

In kritischer Absetzung von der vorausgegangenen ionischen Naturphilosophie mit ihrer Grundfrage nach der arche (Ursprung/Herrschaft) der erscheinenden Physis (Natur), aber auch der platonischen Dialektik, die zur Ideenlehre hin leitet, führt Aristoteles „ein differenziertes Verständnis von Wissenschaft" (O. Höffe) ein: die sogenannte Vier-Ursachen-Lehre. Der aristotelische Begriff des aition (Ursächliches) ist aber von unserem Verständnis des Begriffs „Ursache" verschieden. Er zielt bei Aristoteles auf die Explikation der Frage, „warum" (dia ti) eine Sache in ihrem jeweiligen „So-Sein" des Erscheinens ist. Um eine Sache einsichtig zu erfassen, bedarf es der Erkenntnis ihres Grundes, ihres „warum", d.h. ihrer Ursächlichkeit. Diese sind (in der hier üblich gewordenen lateinischen Terminologie): die causa materialis (Materialursache), die causa formalis (Formursache), die causa efficiens (Wirkursache) und die causa finalis (Zweck- oder Zielursache). Die Materialursache erklärt, woraus ein Ding entstanden ist, „wie zum Beispiel das Erz Ursache für die Statue und das Silber für die Schale (...) ist" (*Physik* II,194 b 23 ff.). Sie gibt die hyle an, an der etwas geschieht. Die Formursache zeigt an, worin das gestaltete Sein einer Sache besteht. Die Wirkursache, die den Prozess der Gestaltung der hyle in Gang bringt, erklärt, worin der „Anlass für Bewegung und Ruhe" besteht „und wie überhaupt das Bewirkende das Bewirkte und das Verändernde das Veränderte verursacht" (*Physik* II, 194 b 29 ff.). (So ist die Arbeit des Bildhauers die „Bewegungsursache" für das Sein der Statue.) Die Zweck- oder Zielursache erklärt das to hou heneka (Worumwillen) beziehungsweise das „um zu" einer Sache (*Physik* II,194 b 32 ff.). Sie verleiht dem Werdeprozess die Richtung auf die zu verwirklichende Gestalt. (So ist das fertige Haus Finalursache des Bauens.) Erst die Berücksichtigung dieser vier Ursachen in ihrer Gesamtheit gewährt Einsicht in die vollständige Bestimmtheit eines Dinges. Während in den „Naturdingen" (z.B. dem Samen) als materiellen Möglichkeiten Verwirklichungskraft und Zweckbestimmung gleichsam zusammenfallen, bedarf es bei den Artefakten auf Grund des Formmangels (steresis) ihres Materials der von außen kommenden handwerklichen Tätigkeit der techne (Kunst). Hinsichtlich der Zweckursache ist aber die Differenz zwischen Natur- und Kunstdingen unerheblich (siehe: *Physik* II, 199 b 26 f.). Generell gilt: Jedes Ding ist, was immer es im einzelnen sein mag, als geformter Stoff anzusehen, der durch die Natur bewirkt und auf einen Zweck hin ausgerichtet ist. Im Bedenken des Verhältnisses von Stoff-, Form-, Wirk- und Zweckursache vollzieht Aristoteles eine entscheidende Analyse von dynamischen Strukturen im Wirklichkeitsaufbau der Welt. Er denkt physis nicht als ein statisches, sondern als ein dynamisches Gefüge von ihrem inneren Richtungssinn (entelecheia) her. Für eine Philosophie des Organismus hat sich vor allem die Annahme einer inneren „Zweck- Ursache", der sogenannten „Entelechie", im Sinne eines Organisationsprinzips organischer Evolutionsprozesse als fruchtbar erwiesen. Jede Phase des Wachstums trägt in sich einen Teil der Verwirklichung der im Organismus angelegten Formbestimmungen. Zur Geschichte dieses eminent wichtigen Gedankens vgl. J. König, *Der Begriff der Intuition* (1922) sowie A. O. Lovejoy, *The Great Chain of Being* (1936). Darin besteht das Werk der Natur, die hinsichtlich ihres Gestaltenreichtums ihr eigener Baumeister ist. Physis ist primär nicht durch ihre stoffliche Grundlage, sondern durch ihren ewigen Gestaltwandel bestimmt. Das entscheidende Problem hierbei ist: Wie lässt sich bei einem lebendig Seienden die Verbindung von Bewegung in der Zeit und zeitloser Identität seiner Struktur denken? Wie ist die Verbindung von „Werden zum Sein" (Platon) und „Sein des Werdens" (Aristoteles) zu bestimmen? In seinen Heidelberger Vorlesungen (1971–1972) über die Schrift des Aristoteles *De anima* hat G. Picht hierzu einige grundsätzliche Einsichten über die *Physik* formuliert, die ich zitieren möchte, weil sie auf diese Fragen die Möglichkeit einer Antwort zur Diskussion stellen: „Die Gestalt ist das in der Materie als Möglichkeit enthaltene Telos. Der Begriff entelecheia erklärt, auf welche Weise das Telos in der Materie enthalten ist. Es ist in der Materie nicht als ein ihr äußerliches Ziel, es ist in ihr erst recht nicht als ein ihr vorgestellter Zweck, sondern es ist in ihr als die Grundstruktur der Bewegung des Beweglichen enthalten. Bewegung ist nicht ein in sich richtungsloser Transport von Materie-Teilen, Bewegung ist immer die Ausbildung oder der Zerfall von strukturierten Zuständen. Sie ist also immer Entstehen oder Vergehen. Und Entstehen oder Vergehen können wir nur definieren durch die Strukturen, die dabei zur Erscheinung kommen oder sich auflösen. Ousia ist (…) die in der Bewegung der Materie zum Vorschein kommende Struktur, aus der in ihrer Verbindung mit der bewegten Materie das Seiend-Sein in jener Einheit, die es zu einem Ganzen macht, im Logos aufgewiesen wird."[27]

Die aristotelische Theorie der Erfahrung von physis als einem bewegt organischen Ganzen ist durch eine immanente Teleologie charakterisiert, welche die energeia (Tätigkeit) eines Lebewesens in der dynamis (Verwirklichungskraft) des in ihm als Möglichkeit angelegten telos (Reifseins) sieht. Die Selbstbewegung des Lebens ist durch das Streben alles Lebendigen nach der Entwicklung der in ihm angelegten „Gestalt" bestimmt. Der Aristoteles-Forscher I. Düring hat in seiner Monographie *Aristoteles. Darstellung und Interpretation seines Denkens* (1966) in der zentralen dynamis-energeia-Lehre einen Brückenschlag zwischen Platons Lehre von den transzendenten Formen des Seins und der Lehre des Aristoteles von den verwirklichten Formen des Seienden verstanden: „(…) ‚das Eins', bei Platon Prinzip des Seins, erscheint nun als organische, funktionelle Einheit, ‚das Gute' als das Endziel aller Naturprozesse, die Weltseele als das Erste Bewegende, dem auch göttliche Vernunft zugeteilt wird, die Ideen erscheinen als die Struktur der Dinge, (…) wo das Seiende als eigentliches Sein, als ousia, bestimmt wird, wird dieses Sein als Dasein, energeia, verstanden."[28] Das Begriffspaar Form/Materie und die teleologische Erklärung der Naturprozesse wird in der Philosophie der Neuzeit durch eine kausal-mechanische Naturerklärung ersetzt. Darin vollzieht sie einen entscheidenden Bruch mit dem aristotelischen Denken.

3. Das 12. Buch der Metaphysik

Das von Andronikos redigierte Sammelwerk, die aus 14 Büchern bestehende *Metaphysik* des Aristoteles, gehört zu den „exemplarischen Werken" (A. Graeser) der antiken Philosophie. Eine gute Inhaltsübersicht über die 14 Bücher gibt H. Seidl in seiner „Einleitung" der in der Philosophischen Bibliothek bei Meiner erschienenen Ausgabe der *Metaphysik* (griech.-dt.), 3. Aufl. 1989. Thema der Metaphysik ist die betrachtende Wissenschaft von den ersten, göttlichen Prinzipien (archai, aitiai, prota) des Seienden:

Es gibt eine Wissenschaft (episteme), welche das Seiende als solches (to on he on) untersucht und das demselben an sich Zukommende. (*Metaph.* IV,1003 a 20f.).

Diese Wissenschaft als „Erste Philosophie" untersucht gemäß dem Wissen von den ersten Ursachen (aitiai) und Prinzipien (archai) welche Bestimmungen dem Seienden qua Seiendem im Licht der aletheia (Wahrheit) zukommen. Darin unterscheidet sie sich von einer auf die Erkenntnis bestimmter Seinsbereiche ausgerichteten Wissenschaftsdisziplin. Als Wissenschaft vom Seienden bezieht sich die Metaphysik auf drei Gegenstandsbereiche: a) die sinnlich wahrnehmbaren und veränderlichen Dinge auf der Erde, b) die sinnlich wahrnehmbaren ewigen Dinge am Himmel, c) das unsichtbare göttliche Vernunftprinzip, den unbewegten Beweger als den Urgrund aller Bewegung. Platons Formel im *Philebos* (28 d 8) „Werden zum Sein" wird gleichsam umgekehrt, wenn Aristoteles im Zuge seiner „materialen Prinzipienwissenschaft" (A. Pieper) das Sein des Werdens in den Blick bringt, indem er die ihm immanenten Formgebungen zum Thema seiner Untersuchungen erhebt. In deren Umkreis finden sich grundlegende Begriffsworte seiner Philosophie wie nous und noesis, ousia und energeia, die in jedem Akt unseres Verstehens immer schon „gegenwärtig" sind. Wir verdanken H.-G. Gadamer (1992) den Wink für ein vertieftes Verstehen des von Aristoteles geschaffenen Wortes energeia. Er verweist darauf, dass wir uns mit diesem Begriffswort nicht im Bereich der „Satzwahrheit" aufhalten. Energeia zielt als dynamischer Vollzug auf „Lebendigkeit" als solche, auf ein „Ganzes, das da gegenwärtig ist, im Sehen, im Nachdenken, im Betrachten, in das man versunken ist – oder hören wir lieber auf die Weisheit der Sprache und sagen: ‚in dem man aufgeht'"[29]. Es ist daher von großer Wichtigkeit, im Blick auf die wesentlichen aristotelischen Begriffsschöpfungen ein Gespür für die ihnen zugrunde liegende Dynamik zu entwickeln, nur so gewinnen sie ihre von einem starren scholastischen Begriffsschematismus überformte Lebendigkeit zurück. Mit anderen Worten: Über die aristotelische Begrifflichkeit öffnet sich der Blick auf das „Leben" in seinem auf Formgebung angelegten Bewegungsvollzug.

Dem aristotelischen Begriffswort ousia (Seiendheit), das im vorphilosophischen Sprachgebrauch die Bedeutung von bodenständigem „Anwesen/Grundbesitz" hat, kommt bei Aristoteles der Sinn des „Anwesens" von jeweils untereinander differenzierten Seins- oder Wirklichkeitsbestimmungen zu. Das also, was sich an jedem Seienden in der Bewegung seines Werdens erhält und in allem Wandel immer gleich bleibt, ist bei Aristoteles die ousia.

Für das Studium verweise ich auf: Aristoteles, *Metaphysik*. Neu übersetzt, mit Einleitung und profunden Anmerkungen versehen von H. G. Zekl (2003).

Schon immer ist gesehen worden, dass dem 12. Buch der *Metaphysik* als einem in sich abgeschlossenen Lehrvortrag über die Philosophie der Ersten Dinge eine besondere Bedeutung zukommt. Sie erweist sich auch daran, dass es, wenn auch nur als ein schmales Teilstück der *Metaphysik*, die „Philosophische Theologie" des Aristoteles enthält, seine Aussagen über das göttliche Sein als reines Tätigsein, die für die Geschichte des abendländischen Denkens von geradezu überragender Bedeutung geworden sind und die ihn für die mittelalterliche Philosophie zur wichtigsten philosophischen Autorität haben werden lassen. In einem engeren Sinn thematisiert es den Aufstieg aus der Physis zum Unbewegten Beweger als dem Ursprung und dem Ziel aller Weltbewegung.

Empfehlenswert für Studierende des Faches Philosophie ist die in der Reihe „Klostermann Texte Philosophie" erschienene Sonderausgabe des Textes der *Metaphysik XII* (griech.-dt.) in der Übersetzung und Kommentierung von H.-G. Gadamer (4. Aufl. Frankfurt a.M. 1984).

Der erste Satz des 1. Abschnittes Buch XII (1069 a) formuliert das Thema der Untersuchung: „Über das Sein (ousia) geht die Untersuchung." Gegenstand der Frage ist das Sein, wie es in einem ursprünglichen Sinn „für sich" und „an sich" selber ist. Aristoteles unterscheidet drei ousiai (Seinsbereiche): 1. das unbewegt Bewegende, 2. die translunaren ewigen Himmelskörper, die Gestirne und 3. die sublunaren vergänglichen Dinge der Natur. Die beiden zuletzt genannten Seinsbereiche werden durch das erste unbewegt Bewegende in Bewegung gesetzt. Den drei Seinsbereichen entsprechen „drei betrachtende philosophische Wissenschaften": Mathematik, Physik, Theologie.

Aus der Sicht des Aristoteles ist das Ganze der Natur ein einheitlicher Bewegungsvorgang. Als ein solcher verweist er auf ein erstes Bewegendes. Wenn nun die Zeit ein Prädikat der Ewigkeit ist, sinnlich fassbar an der gleichförmig kontinuierlichen Kreisbewegung des Fixsternhimmels, so muss es ein immer tätiges und bewegendes immaterielles Sein geben. Dieses ist seinem Wesen nach, nicht seiner Möglichkeit nach, reine Tätigkeit. Die Ordnung der ewig seienden Welt muss demnach sowohl von einem immer sich gleich bleibenden Bewegenden (Geist) als auch von einem sich stets ändernden Bewegten (Natur) her gedacht werden. Erst die Verbindung beider erklärt die zyklische Periodik des natürlichen Wechsels von Werden/Vergehen und die Umlaufbewegung des Fixsternhimmels, der als äußerste Schale alles Seiende umfasst.

Aristoteles stellt die Frage, wie ein höchstes Sein bewegend ist. Die Antwort, die er gibt: dadurch, dass ihm der Charakter der Selbstbewegung zukommt. Wenn nun der Himmel gemäß der Vorstellung des griechischen Denkens das Bestgeordnete ist, so ist es für Aristoteles das „Denken" des Geistes, das ihn in dieser Seinsverfassung erhält. Die Seinsweise des ersten Bewegers ist der denkende Geist. Als solche ist sie energeia im Sinne reiner Tätigkeit, welche die ständige Bewegung des Himmels garantiert. Es ist die „Bewegung" des Denkens, der lebendige Geist, der sich im Vollzug seiner selbst erfüllt und in reiner theoria (geistiger Schau) seiner Werke „welthaltig" ist. Die entscheidenden Sätze, zugleich der Höhepunkt des Buches XII (1072 b 25ff.), lauten:

> Denn die Tätigkeit des Geistes ist Leben, und jener ist die Tätigkeit. Seine Tätigkeit ist an ihm selbst vollkommenes und ewiges Leben. Wir behaupten also, dass der Gott ein lebendiges Wesen, ewig und vollkommen ist, so dass Leben und beständiges ewiges Dasein dem Gotte zukommt, denn dies ist das Wesen des Gottes.

Denn die Tätigkeit des Geistes ist Leben – diese Worte lassen die Macht der geschichtlichen Wirkung einsichtig werden, die von dem aristotelischen Grundgedanken des lebendigen Geistes vor allem auf Hegels Auffassung des Denkens als des Lebens des Geistes und auf Goethes Sicht des Geistes als tätiger Liebe ausgeht. Hegels Philosophie des Geistes begreift sich selbst als eine explizierte Theorie der „ersten Philosophie" des Aristoteles. In dem Kapitel „Der Mensch als Spiegel der Idee – das Sein als Wahrheit" seiner Arbeit *Theorie und Praxis im Denken Hegels. Interpretationen zu Grundstellungen der neuzeitlichen Subjektivität* (1965) hat M. Riedel das Fortwirken der aristotelischen Wesensbestimmung der Philosophie in Hegels Theorie des Seins überzeugend nachgewiesen.

Die weltabgehobene Erhabenheit des im Sich-selbst-Denken seligen Gottes wird bei Aristoteles gleichsam zum „symbolischen Leitbild" (Th. A. Szlezák) für die anzustrebende Existenzform einer autarken Stellung zur Welt:

Sein Leben aber ist das trefflichste (ariste), und wie es bei uns nur kurze Zeit stattfindet, da beständige Dauer uns unmöglich ist, so ist es bei ihm immerwährend. (1072 b 15 f.)

Der abschließende Abschnitt richtet sich auf die Frage, ob das Ganze des von Natur aus Seienden in einem obersten Seienden oder in der Immanenz des Seins in der sinnlichen Welt gründet. Aristoteles löst diese Alternative in der Weise auf, dass er den in ihr impliziten Widerspruch negiert. Der einheitlichen Ordnung des Seinszusammenhanges widerspricht nicht die hierarchisch gestufte Seinsvalenz seiner einzelnen Glieder und deren liebendes „Hingeordnetsein" auf „das Eine". Er verdeutlicht diesen Gedanken durch einen Vergleich zwischen Liebendem und Geliebten (1072 b 3). Das Geliebte, das in der Vollendung seiner Schönheit in sich selber ruht, ist dasjenige, was den Liebenden auf sich hinzieht und in Bewegung bringt.

O. Höffe hat in seiner Darstellung *Aristoteles* (1999) darauf aufmerksam gemacht, dass sein philosophischer Gottesbegriff mit der überlieferten griechischen „Theologie" bricht. An die Stelle der Vielzahl der olympischen Götter tritt ein apersonales und immaterielles Weltprinzip: das Unbewegt Bewegende. Als noeseos noesis (*Met.* XII 1074 b 34), sich selber denkendes Denken, steht es in reiner Selbstbezogenheit der Welt der menschlichen Angelegenheiten und dem Kosmos fremd gegenüber. Der Gedanke eines geistigen Energieprinzips, dessen Anziehungskraft die ganze Natur in Stufungen durchwirkt, die Konzeption eines Erstbewegenden, dessen Aristie ebenso „Vorbild" für die sie nachahmende ewige Kreisbewegung des Fixsternhimmels ist, wie sie das Ziel für alles ruhelose Streben und Begehren in der sublunaren Welt abgibt, schließt den jüdisch-christlichen Schöpfungsgedanken ebenso aus wie den Glauben an einen Liebes- und Strafgott.

Die aristotelische „Physik" im Sinne einer umfassenden kosmologischen Ontologie gipfelt in einer natürlichen Onto-Theologie. Im Unterschied zu Platons *Timaios* kann aus dem „Gott" der aristotelischen Philosophie die Existenz der sinnlichen Welt nicht abgeleitet werden. In ihm als dem Einheit stiftenden Prinzip für alles Seiende denkt Aristoteles die Einheit der ewig aus sich heraus bestehenden natürlichen Welt, wenn das unbewegt Bewegende die Vielheit der Dinge zu ihrer einheitlichen Ordnung fügt, weil alle Bewegung der vom Fixsternhimmel umfassten physis in ihm als dem proton kinoun (ersten Bewegenden) seinen Ursprung besitzt. Auf die Frage, wie die Natur des Ganzen das Gute enthält, ob als selbstständig an sich Existierendes oder als Seinsordnung, oder in beiden, gibt Aristoteles die Antwort (*Metaph.* XII, 1075 a 12–16):

Doch wohl auf beide Arten zugleich, wie dies bei dem Heer der Fall ist; denn für dieses liegt das Gute (to eu) sowohl in der Ordnung als auch im Feldherrn, und mehr noch in diesem. Denn nicht er ist durch die Ordnung, sondern die Ordnung durch ihn.

Die Theorie des unbewegt Bewegenden hat zu ihrer Voraussetzung die Sicht auf einen hierarchisch gestuften und in sich bewegten Ordnungszusammenhang des Kosmos, dessen Träger und Herrscher Gott als das selbstständig aus sich bestehende, keiner Einwirkung unterworfene, um sich kreisende Ordnungsprinzip ist. Alles Sein steht unter seiner Obhut, ist auf dieses eine Geistprinzip hin geordnet. Nach H. Hofmeister (1997) ist die Gleichsetzung des unbewegt Bewegenden mit dem nous durch die Absicht bestimmt, in ihm den einheitlichen Grund aller Dinge zu denken. „Durch den NOUS tritt das Seiende ins Offene des Erscheinens und durch ihn wird es in seiner Ordnung (TAXIS) gehalten, sofern alle Bewegung in ihm ihren einheitlichen Ursprung hat."[30] Die Kosmotheologie des Aristoteles, die auf Grund der Kontinuität von Weltbewegung und

Zeit die Denknotwendigkeit eines seinsbeständigen göttlichen Wesens ableitet, zielt, „griechisch" gedacht, auf den Erhalt und ewigen Bestand der Welt.[31] Sie ist, von einem sie bereits systematisierenden Interpretationsansatz her verstanden, Ontotheologie. Als Metaphysik gipfelt sie in einem ersten Seienden, das von allem Mangel des Bewegten frei ist. Prädikationen dieses ersten Seienden sind Ewigkeit, Substantialität und Wirktätigkeit. Der dieser Ersten Philosophie zu Grunde liegende fünffache Argumentationsschritt ist (nach J. Disse):

1. Im Kosmos ist alles ewige Bewegung.
2. Auf Grund der ewigen Bewegung der Himmelskörper ist der Komos in ewiger Bewegung.
3. Die ewige Kreisbewegung der Himmelskörper wird aber notwendig von etwas anderem bewegt.
4. Die Reihe der „Beweger" kann nicht ins Unendliche gehen.
5. Es gibt einen ewigen, unbewegten, „ersten Beweger" der ewigen Bewegungen der Himmelskörper. Dieser ist „der Gott".

Es soll jedoch dem Bedenken H. J. Krämers (1959) gegenüber der Rede von einer „Ontotheologie" durch den Hinweis Rechnung getragen werden, dass der Erste Beweger in seinem spezifisch ontologischen Verhältnis zur Welt bei Aristoteles unbegreiflich bleibt. „Er hat – von der passiv veranlassten Bewegung des Kosmos unberührt – seine Wirklichkeit in der theoria seiner selbst, ohne unmittelbar als Seinsprinzip (…) in Erscheinung zu treten."[32]

Kategorienlehre

I. Düring hat in seinem Aristoteles-Buch (1966) darauf hingewiesen, dass in der philosophischen Diskussion zwischen 370 und 350 v. Chr. die Unterscheidung von dem „an sich Seienden" (kat hauta) – bei Platon sind es die Ideen und bei Aristoteles die ousia – und der Relationskategorie „im Verhältnis zu" (pros ti) eine bedeutende Rolle gespielt hat. Vor dem Hintergrund dieser Diskussion gewinnt die Lehre des Aristoteles von den Kategorien ihr besonderes Gewicht. Als mehrfach überarbeitete Textgrundlage für die Diskussionen in der Akademie vollzieht seine Kategorienschrift eine entscheidende Wende von der Ontologie zur „Semantik der Begriffe" (I. Dühring).

Für Studierende der Philosophie verweise ich auf den von I. W. Rath übersetzten und herausgegebenen Text *Aristoteles, Die Kategorien* (griechisch/deutsch) bei Reclam 1998.

Die hin- und aufzeigende Rede einer Anklage, durch welche das Sein einer Sache zum Vorschein kommen soll, heisst in der griechischen Gerichtssprache kategoria, „Kategorie". In terminologisch-abstraktem Sinn bezeichnet das griechische Wort kategoria eine prädikative Aussageform. Aristoteles verbindet seine einer sprachlich-semantischen Analyse verpflichtete Lehre von den Kategorien mit Aussagesätzen, in denen das Sein einer Sache in unterschiedlicher Weise zum Vorschein kommt. Ein jedes Ding ist ein bestimmtes „etwas" (ousia), es ist so oder so beschaffen, es steht in einem Verhältnis zu etwas, es ist in Raum und Zeit. Innerhalb von Aussagesätzen sind Kategorien weder wahr noch falsch, sondern reine Reflexionsbegriffe, die, ausgehend von einem bestimmten individuellen Sein, Aussageformen bezeichnen. Nach Aristoteles werden alle Aussagen über die konkrete Wirklichkeit im Sinne einer Klassifikation alles Seienden in 10 Kategorien ausgedrückt (siehe: *Von den Kategorien* 1 b 25 ff.). Sie umfassen: das Wesen (ousia), das Wieviel (poson), das Wie-beschaffen (poion), das In-Bezug-auf (pros ti), das Wo (pou), das Wann (pote), das Liegen (keisthai), das Haben (echein), das Tun (poiein), und das Widerfahren (paschein).

Man muss die Kategorienlehre des Aristoteles in Verbindung mit seiner Logik, Sprachphilosophie und Metaphysik sehen. Die Logik bezeichnet man auch als Syllogistik. Aus heutiger Sicht betrachtet, handelt es sich um eine sog. Term- oder Begriffslogik, d. h. es werden Beziehungen des Einschlusses, des Ausschlusses und der Überschneidung von Begriffsumfängen betrachtet. Die Kategorien ihrerseits sind Aussageformen, unter denen von einem Seienden etwas ausgesagt werden kann. Dieser Aussagegegenstand erscheint unter dem Gesichtspunkt der Kategorienlehre (und *Metaphysik*) als Substanz. Durch sie wird die Reihe der Kategorien eröffnet. Die Kategorien sind im Unterschied zu den stets zusammengesetzten Aussagen nicht wahrheitsdefinit, sondern bilden allgemeinste Bestimmungen einer „deskriptiven Ontologie" (O. Höffe). Sein wird in ihr in einer vielfachen Weise des Sinnes von Sein ausgesagt und nicht wie bei Parmenides und Platon „in einer einheitlich-einfachen Weise" (E. Vollrath).

Zusammenfassung: Die sich selber denkende Vernunft ist von ihrem einheitsbildenden Sinn her betrachtet, die höchste Aufgipfelung der aristotelischen Metaphysik. Auf welche Weise sie an eine rationalen Auffassung des Logos gebunden ist, das hat in überzeugender Weise O. Höffe in seinem Aristoteles-Beitrag (1981) dargelegt, der unsere Darlegungen in den Worten zusammenfasst: „Aristoteles sieht das Seiende von vornherein in Bezug auf den Logos, der gleichermassen die Vernunft, ihre Artikulation, die Sprache, und deren Sinn, die Erhellung der Grundstrukturen der Wirklichkeit, meint. Der Logos hat ganz allgemein das Seiende als das anzusprechen, was es ist und warum es ist. Seine Aufgabe liegt in der Wahrheit: im angemessenen Zur-Erscheinung-Bringen des Seienden und seiner Gründe (aletheuein: Nik. Eth. VI 3, 1193 b 15). So wie der Logos die Offenbarkeit des Seienden leistet, ist umgekehrt das Seiende von vornherein auf die Wahrheit und ihre wissenschaftliche Erforschung orientiert (vgl. Met. IX 10), wo in einer weiteren Bedeutung das Sein als das Wahre im Sinne des Wissbaren bestimmt wird). Nur aus diesem Zusammenhang – und nicht als naiver Realismus – kann man jene Passage richtig verstehen, auf die die Korrespondenztheorie (Adäquationstheorie) der Wahrheit mit ihrer Behauptung zurückgeht, die Wahrheit sei die Übereinstimmung von Denken und Sache: Wahr ist es, vom Seienden zu sagen, es sei, und vom Nichtseienden, es sei nicht (Met. IV 7, 1011 b 27). Wegen der Entsprechung von Wirklichkeit und Sprache ist es möglich, aus der Beobachtung unseres Sprechens von den Dingen einen Aufschluss über deren wirkliche Strukturen zu erlangen. Weil der Logos seinerschliessenden Charakter hat, betrifft die Aristotelische Ontologie die Wirklichkeit und die sie darstellende Sprache zugleich."[33]

Der Mensch im Vollzug seines Daseins – Aspekte praktischer Philosophie bei Aristoteles

1. Ethik

Aristoteles gilt als der eigentliche Begründer der praktischen Philosophie. Sie umfasst den weiten Bereich menschlichen Handelns im privaten, sozialen und politischen Bereich, das heißt: sie bezeichnet sich von ihrem pragmatischen Selbstverständnis her als eine „Philosophie der menschlichen Angelegenheiten" (*Nikomach. Ethik*, X 10, 1181 b

15). In bewusster Abgrenzung von der metaphysisch begründeten Ethik Platons und von ihrem anthropologischen Ansatz her zeigt sie starke Züge einer universalistischen „Lebensweltethik" (W. Schulz), in der Normen als Konventionen des politischen Zusammenlebens den sprachlich vermittelten Kommunikationsprozess über Spielräume menschlichen Verhaltens definieren und die Maßstäbe einer sachbezogenen Güterordnung zur Diskussion gestellt werden. Die gezielt pragmatische Formulierung der Intention einer solchen „Ethik ohne Metaphysik" (O. Höffe), die aus der gelebten sozialen Wirklichkeit hervorgeht, stammt von Aristoteles selbst und steht im 2. Buch seiner *Nikomach. Ethik* (1103 b 2 ff.):

> Der Teil, mit dem wir es hier zu tun haben, ist nicht wie die anderen rein theoretisch – wir philosophieren nämlich nicht um zu erfahren, was ethische Werthaftigkeit sei, sondern um wertvolle Menschen zu werden. Sonst wäre dieses Philosophieren ja nutzlos.

Zu der praktischen Philosophie des Aristoteles, die keine Individualethik, sondern eine politische Ethik ist, die gleichsam das Lebensgesetz und die Werte der griechischen Staatenwelt zusammenfasst, zählen drei Schriftentwürfe: *Ethika Nikomacheia, Ethika Eudemeia* und *Ethika megala*. Für die gegenwärtige Aristoteles-Lektüre steht die *Nikomachische Ethik* als „reifste Zusammenfassung hellenischer Sittlichkeit" (F. Dirlmeier) im Mittelpunkt des philosophischen Interesses. Zu ihr ist in der Reihe „Werkinterpretationen" in der WBG der ausgezeichnete Kommentar von U. Wolf (2002) erschienen. Ferner liegt in der Reihe „Klassiker Auslegen" ein von O. Höffe im Akademie Verlag herausgegebener Aufsatzsammelband (1995) zu ihr vor. Die von mir zitierten Textabschnitte stammen aus der von F. Dirlmeier vorgelegten Übersetzung (Bd. 6 der in der WBG erschienenen großen Werkausgabe.)

Eudaimonia und menschliches Dasein als Selbstverhältnis
Es gehört zum griechischen Selbstverständnis, dass der Mensch in seinem Handeln nicht determiniert, sondern weltoffen ist. Gleichwohl gehört er als Lebewesen in den großen Seinszusammenhang der Natur. Als ein Natur- und Geistwesen ist ihm ein inneres telos eigentümlich, dem er in seinem Handeln entgegenstrebt und das sich im Lauf des Lebens verwirklicht. Dieses Endziel ist das Glück. Die leitende Fragestellung der *Nikomachischen Ethik* ist eine doppelte: In welcher Weise kann ich von dem „Wesen" des Guten etwas wissen? Und: Welche Gestalt trägt eine Lebensführung, die sich zu diesem Guten in das rechte Verhältnis zu setzen weiß?

> Hat nun nicht auch für die Lebensführung die Erkenntnis dieses Gutes ein entscheidendes Gewicht und können wir dann nicht wie Bogenschützen, die ihr Ziel haben, leichter das Richtige treffen? Wenn ja, so müssen wir versuchen, wenigstens umrisshaft das Wesen des obersten Gutes zu fassen (…) (*Nikomach. Ethik* I, 1094 a 23 f.)

Das Ziel ist nicht das Gute in jenem von Platon verstandenen Sinn, dass im Gedanken des agathon die ganze Welt menschlicher Erfahrung auf die Idee des Guten hin überschritten wird. Vielmehr ist dieses telos das höchste im Menschen als Geistnatur selbst angelegte- und von ihm erstrebte Gut „in" der Welt. In der im „sittlichen Wissen" (H.-G. Gadamer) geleisteten Realisierung des Guten, die ihren Sitz im Leben hat, ist dieses Ziel verwirklichte eudaimonia. Sie ist, „griechisch" gedacht, im Reflexionsvollzug des je eigenen Daseins ein in sich selbst vollendetes Glück. Eudaimonia als das um seiner selbst willen gesuchte Gut fällt für Aristoteles unter den Begriff des „für sich allein Genügenden". In der *Nikomachischen Ethik* (I, 1097 b 19) lesen wir:

Unter dem Begriff „für sich allein genügend" verstehen wir das, was rein für sich genommen das Leben begehrenswert macht und nirgends einen Mangel offen lässt.

In der Sinnautarkie der eudaimonia ist der Mensch sich selber und dem Leben gleichsam „gut" geworden. Wie die Natur, so ist auch das menschliche Leben auf Erfüllung angelegt. Auf Grund dieser Intentionalität bestimmt sich das menschliche Dasein in seinem Selbstverhältnis als beständige Sorge um sich selbst. Diese „Sorge" steht aber bei Aristoteles nicht mehr wie bei Platon unter dem religiösen Aspekt der Sorge für das Schicksal der Seele in dieser und der jenseitigen Welt, sondern ist im Sinne der Besorgnis um das faktische Leben im Raum der Polis rein diesseitig. In der praktischen Philosophie des Aristoteles finden wir den groß angelegten Entwurf einer Philosophie der Endlichkeit. Dem Menschen ist durch seine konkreten Lebens- und Handlungsvollzüge – techne (praktisches Können), prohairesis (im Sinne ethischer Wahl) und phronesis (praktische Vernünftigkeit) – im Rahmen seiner Selbstverantwortlichkeit aufgegeben, die „Erfüllung" des menschlich Guten im Sinn eines Gelungenseins des im Lebensentwurf angelegten- und vor Augen stehenden telos der besten Trefflichkeit für sich selbst zu verwirklichen, gleich dem „Bogenschützen", der, sein Ziel vor Augen, „leichter das Richtige treffen" kann. Dies ist auch der Sinn der bekannten Grundsätze im 1. Buch (1098 a 6, 27):

(…) nehmen wir an, dass alles seine vollkommene Form gewinnt, wenn es sich im Sinne seines eigentümlichen Wesensvorzuges entfaltet, so gewinnen wir schließlich das Ergebnis: das oberste dem Menschen erreichbare Gut stellt sich dar als ein Tätigsein der Seele im Sinne der ihr wesenhaften Tüchtigkeit.

Der aristotelische Gedanke einer „Selbstherstellung" des Menschen durch die Form eines Selbstverhaltens des menschlichen Daseins hinsichtlich der Verwirklichung des in ihm angelegten eidos (Wesensgestalt) seines Menschseins hat im Rahmen einer Verantwortungsethik vor allem auf die Ideen Kants, aber auch auf die Experimentalphilosophie Nietzsches entscheidend Einfluss genommen. Im Unterschied zu Platon beschränkt sich Aristoteles in seiner am individuellen Leben in der Polis orientierten Ethik auf das in allen Lebensvollzügen aufscheinende menschlich Gute. Dieses ist kein „Gegenstand" der Wissenschaft (episteme), die sich auf das unveränderliche Sein richtet. Verwirklicht wird es nicht so sehr durch ein bestimmtes „technisches" Wissen um das, was Einer in einem handwerklichen Sinn (techne) kann, sondern in jenem inneren Sinn, der im lebensdienlichen Wissen um das „Richtige", „das Treffliche", „das Tunliche" mit dem eigenen Ethos praktischer Vernünftigkeit (phronesis) in einem geglückten Zusammenhang steht. Was bei Aristoteles praktische Philosophie genannt wird, reflektiert als die begriffliche Form einer Lebenswelt-Ethik auf diesen Zusammenhang, in welchem es primär nicht um eine Anwendung von Wissen, sondern um den richtigen Lebensvollzug im Wissen geht. Gelingt er, so vereinigen sich in ihm das auf die Haltung „sittlicher Werthaftigkeit" (arete) auszurichtende seelische Strebevermögen mit einer an gelebter Vernunft (phronesis) orientierten Wahl des je eigenen Daseinsentwurfes.

2. Seelenlehre

Im 13. Kapitel des 1. Buches der *Nikomachischen Ethik* thematisiert Aristoteles grundlegende Aspekte seiner Seelenlehre. Da die „Tüchtigkeit des Menschen" (arete) ein Tätigsein der Seele besagt, muss aus ihr gefolgert werden, was arete ihrem Wesen nach ist. Die Seele steht für Aristoteles in einem Spannungsgefüge von Kräften. Sie umfasst in sich einen vernunftlosen und einen vernünftigen Teil. Ihr vernunftloser Teil, das threptikon hat als der vegetative Seelenteil im Menschen an der arete keinen Anteil. Jener triebhafte Teil in der Seele aber, den Aristoteles als das epithymetikon (Strebevermögen) bezeichnet, kann, obschon vernunftlos, sich auf den vernünftigen Seelenteil und seinen Herrschaftsanspruch hin ausrichten, d.h. er kann auf ihn „hören". Es gibt demnach nicht nur eine Tüchtigkeit des vernünftigen Seelenteils, die als das Vermögen der dianoia die dianoetischen Tugenden sophia (Weisheit) und phronesis (praktische Vernünftigkeit) umfasst, sondern auch eine Tüchtigkeit des begierdehaften Seelenteils, die Aristoteles als ethike arete (sittliche Tugend) bezeichnet. Diese wird großgezogen durch beständige Einübung mittels Erziehung. Der vernünftige Seelenteil umfasst nach Aristoteles wiederum zwei Vermögen: to epistemonikon im Sinne des rein logischen Denkens und to logistikon im Sinne des praktischen Denkens. Die hier vorgestellte „Psychologie" ist Teil einer umfassenden, biologisch fundierten Phänomenologie des Lebens. Wie das 1. Buch der Seelenschrift des Aristoteles zeigt, ist die Seele mit dem Körper verbunden und ist als ein ihn Bewegendes sein organisches Gestaltungsprinzip.

Dem Menschen wohnen grundsätzlich drei Leistungsvermögen inne: aisthesis im Sinne einer intuitiven Empfänglichkeit für den Glanz großer Welteindrücke, orexis im Sinne eines grundsätzlich intentionalen Weltverhaltens und nous im Sinne der denkenden Hinwendung zu einem zeitlos Ewigen: den unwandelbaren ontologischen Strukturen der physis und den nicht minder unwandelbaren Gesetzen in den Kreislaufbahnen des Himmels.

3. Handlungslehre

Aristoteles unterscheidet drei Formen menschlicher Tätigkeit: poiesis (Machen/Herstellen), praxis (Handeln) und theoria (wissenschaftliche Betrachtung). Das Gute resultiert aus einer durch Vernunft (logos) geleiteten praktischen Tätigkeit. Als eine dem Menschen zukommende spezifische arete (Tüchtigkeit) wird sie von ihm auf dem Hintergrund der in drei Bereiche gegliederten Seele – einen vegetativen, einen vernünftigen und einen aus beiden Teilen gemischten als „Strebevermögen" bezeichneten Teil (siehe: *Nikomach. Ethik* I, 13) – in ethische und dianoetische Tüchtigkeit unterteilt. Letzterer kommt sophia (Weisheit) und phronesis (praktische Vernünftigkeit) zu. Die ethische arete äußert sich gemäß den vernünftigen Teilen der Seele – dem epistemonikon (theoretischen) und dem logistikon (praktisch reflektierenden) Anteil – in der Weise von hexeis (Verhaltensweisen), wie sie sich am Habitus (Charakter) eines Menschen zeigen. Aristoteles definiert in seiner Theorie des Handelns ethische arete „weder als dynamis, als natürliche Anlage oder Fähigkeit, noch als epistämä, theoretisches, durch intellektuelle Anstrengung erlerntes Wissen, sondern als hexis, Disposition oder Verhaltensweise der Seele (*Nik. Ethik* 1103 a 14ff.)", kommentiert A. Dihle.[34] Der grundlegend rationale Ansatz der aristotelischen Ethik wird an der Intention sichtbar, dem vernünftigen Seelenanteil im Menschen die Aufgabe zuzuteilen, unkontrolliert irrationale Handlungsanteile, die durch ein „Zuviel" oder „Zuwenig" bestimmt sind, zur Mitte hin zu ordnen. (Das an dieser Stelle immer zitierte Beispiel: die Tapferkeit ist die Mitte zwischen Tollkühnheit und Feigheit.) Dies ist auch der Sinn der bekannten Mesotes-Lehre im 2. Buch der *Nikomachischen Ethik*. Sie steht in der Tradition der griechischen Abneigung gegenüber allem Maß- und Grenzenlosen und der aus ihr erwachsenden Liebe zu schön geordneter und angemessener Begrenzung. In enger Nähe zu dieser Tradition steht in der *Nikomachischen Ethik* (II, 1106 b) auch die Definition ethischer „Werthaftigkeit":

So ist also sittliche Werthaftigkeit eine feste, auf Entscheidung hingeordnete Haltung; sie liegt in jener Mitte, die die Mitte in bezug auf uns ist, jener Mitte, die durch den richtigen Plan festgelegt ist, d. h. durch jenen, mit dessen Hilfe der Einsichtige (die Mitte) festlegen würde.

Formen praktischer Vernunft: Prohairesis und Phronesis
Entscheidend für das Gelingen dieses „Plans" ist die prohairesis (Wahl), welche der vernünftige Seelenanteil für das Handeln zu treffen hat. Nach dem Beitrag von H. Kuhn *Der Begriff der Prohairesis in der Nikomachischen Ethik* (1960) vereinigt sich in ihr das Licht der Vernunft mit dem aus dem Dunkel des Nicht-Vernünftigen stammenden Strebenscharakter des menschlichen Willens zur „richtigen" Wahl. In dieser prohairesis zeigt sich ein Wesenszug wahrer eudaimonia. Was die „Wahl" des Wählenden betrifft, so verdient es Beachtung, dass Aristoteles „das Willenselement nicht isoliert, sondern als Funktion der kognitiven Erfassung des Handlungszieles mit dieser zusammen wiedergibt"[35]. Das Steuerruder der prohairesis ist die phronesis (praktische Vernünftigkeit). Sie besteht nach Aristoteles darin, mit sich über das für einen selbst Zuträgliche und Gute im Hinblick auf das zu Rate zu gehen, was im ganzen Leben gut und glücklich macht (*Nikomach. Ethik* VI, 1140 a 26–28). Phronesis als eine bestimmte sich in allem Handeln zeigende verständige Klugheit ist der leitende hermeneutische Gesichtspunkt, unter dem die *Nikomachische Ethik* zu interpretieren ist. Sie ist der am Höchsten entwickelte politische Instinkt bei den Griechen, ein wacher Orientierungssinn angesichts der im praktischen Leben vorhandenen Erscheinungsformen des Guten und des Schlechten. Von ihr als Form praktischen Wissens schreibt H.-G. Gadamer: „Als das Wesentliche an der Vollzugsweise dieses praktischen Wissens ist (…) festzuhalten, dass es sich hier um so etwas wie Richtigkeit handelt. Richtigkeit meint Richtung, Einhaltung einer Sinnrichtung, auf die das praktische Wissen in Klarheit wie in Wahrheit gerichtet ist. Nur wer das kann, den nennen wir ‚handlungsfähig', und diese Handlungsfähigkeit besteht nicht in bloßer Klugheit und Sachwissen allein, sondern auch in Verantwortlichkeit, deren man sich bewusst ist."[36]

Die von Gadamer angesprochene „Verantwortlichkeit" ist im aristotelischen Sinn Selbstverantwortlichkeit für die eigene Lebensführung. Insofern ist phronesis die bevorzugte Weise der „menschlichen Selbstbekümmerung" (E. Fink). Nach U. Wolf (2002) bezieht sich die phronesis als intellektuelle hexis „im Unterschied zur sophia, die sich mit dem Notwendigen und Ewigen befasst (…) auf das Mögliche, auf die Dinge, die durch menschliches Handeln getan werden können (1140 a 31–b 4)"[37]. Phronesis besteht für Aristoteles als eine in der Bewegtheit des tätigen Lebensvollzuges artikulierte Verständigkeit – so die berühmte Definition im 1. Buch (Kapitel 6, 1098 a 7ff.) der *Nikomachischen Ethik* – in einem fortwährenden „Tätigsein der Seele" gemäß dem in ihr wirkenden „rationalen Element". So verstanden, gleicht phronesis dem in aller menschlichen Tätigkeit wirkenden inneren Richtungssinn praktischer Vernunft für das durch sie jeweils zu verwirklichende Treffliche und Schöne.

Die phronesis als euboulia (Wohlberatenheit) findet ihre ideale Verkörperung im phronimos, einem Menschen, der versteht, über das für ihn „Richtige" im Hinblick auf die Erreichung seiner am Guten orientierten Zielvorstellung mit sich angemessen zu

Rate zu gehen (bouleuesthai). Das ist nur ein Schritt weit entfernt von dem sokratischen Gedanken, dass sich phronesis im Dialog über die Ziele der richtigen Lebensführung erfüllt. Im 6. Buch der *Nikomachischen Ethik*, einem Grunddokument praktischer Philosophie in der Antike, findet sich eine scharfsinnige Analyse der einzelnen rationalen Tugenden der Seele unter dem Gesichtspunkt ihrer gegenseitigen Abgrenzung. Vorrangig ist die Tugend der wissenschaftlichen Erkenntnis. Ihr höchster Gegenstand ist das Notwendige und Ewige. Sie kann durch die Methode der Induktion und des syllogistischen Schlussverfahrens gelehrt werden. Die Tugenden der phronesis (Klugheit) und der poiesis (Kunstfertigkeit im Sinne des technischen Wissens) unterscheiden sich von der wissenschaftlichen Erkenntnis dadurch, dass ihr Gegenstandsbereich sich auf Zeitliches und Veränderliches bezieht. Während sich die poiesis als praktisches Können auf die handwerkliche Herstellung von Gegenständen bezieht, versteht sich die phronesis als überlegende und vorausschauende hexis (Haltung) auf das in allem Handeln zu bevorzugende, aber auch zu besorgende politisch Richtige und ethisch Werthafte, auf das, was im Griechischen prepon (das Schickliche) heißt. Sie ist höchste Ausprägung des attischen Geistes im perikleischen Zeitalter. Vor dem Hintergrund der vorangegangenen Ausführungen zur phronesis soll die Definition des Aristoteles selbst zu Wort kommen:

Nachdem also wissenschaftliche Erkenntnis auf zwingendem Schlussverfahren beruht, es aber bei Dingen, deren Grundvoraussetzungen veränderlich sind, ein zwingendes Schlussverfahren nicht gibt (…), so kann die sittliche Einsicht (phronesis) nicht wissenschaftliche Erkenntnis sein und auch nicht praktisches Können: wissenschaftliche Erkenntnis nicht, weil das Gebiet des Handelns veränderlich ist; praktisches Können nicht, weil Handeln und Hervorbringen der Gattung nach verschieden sind. So bleibt denn als Ergebnis, dass sie eine mit richtigem Planen verbundene, zur Grundhaltung verfestigte Fähigkeit des Handelns ist, des Handelns im Bereiche dessen, was für den Menschen wertvoll oder nicht wertvoll ist. Denn das Hervorbringen hat ein Endziel außerhalb seiner selbst, beim Handeln aber kann dies nicht so sein, denn wertvolles Handeln ist selbst Endziel. (*Nikomach. Ethik* VI 5, 1140 b ff.)

Es ist immer bemerkt worden, dass im 6. Buch der *Nikomachischen Ethik* eine gewisse Spannung zwischen phronesis und sophia (Weisheit) besteht. Denn sophia als Krönung des Wissens steht noch über der phronesis als praktische Vernünftigkeit. So heißt es im 7. Kapitel des 6. Buches (1141 a 24 ff.):

Somit ist (…) Weisheit die vollendeste Form von Erkenntnis. (…) So dürfen wir (…) in der philosophischen Weisheit eine Verbindung von intuitivem Verstand (nous) und diskursiver Erkenntnis (episteme) erblicken. Sie ist die Wissenschaft von den erhabensten Seinsformen, Wissenschaft sozusagen „in Vollendung".

Die „erhabensten Seinsformen" sind nicht die wechselnden pragmata der Menschenwelt, sondern die sich immer gleich bleibenden Abläufe der physis, die das Prinzip der Bewegung in sich selber haben, und die unveränderlich kreisförmigen Bewegungsumläufe der Gestirne am Himmel.

4. Drei Lebensformen

Aristoteles ist nicht nur der bedeutende Logiker, sondern auch der grosse Empiriker auf dem Gebiet einer menschenkundlich scharfen Beobachtung von Grundformen der Lebensführung. Dies beweist seine Beschreibung der drei Lebensformen im zweiten Kapitel des 1. Buches seiner *Nikomachischen Ethik*, die er mit einer Differenzierung der natürlichen menschlichen Antriebskräfte im Blick auf das Glück verbindet. Das vorherrschend deskriptive Element in seiner wissenschaftlichen Prosa gewinnt an dieser Stelle rhetorischen Glanz.

Eine Meinung darüber, was der oberste Wert und was Glück sei, gewinnt man wohl nicht ohne Grund aus den bekannten Lebensformen. In der Mehrzahl entscheiden sich die Leute, d.h. die besonders grobschlächtigen Naturen, für den Genuss und finden deshalb ihr Genügen an dem Leben des Genusses.
(...)
(a) Die Vielen also bekunden ganz und gar ihren knechtischen Sinn, da sie sich ein animalisches Dasein aussuchen. (...)
(b) Edle und aktive Naturen entscheiden sich für die Ehre. Denn das ist im ganzen gesehen das Ziel eines Lebens für den Staat. Doch ist dieses Ziel wohl etwas äußerlich und kann nicht als das gelten, was wir suchen. (...)
(c) Die dritte Lebensform ist die Hingabe an die Philosophie. (...) (*Nikomach. Ethik* I, 1095 b 5 ff.)

Die drei Lebensformen, die Aristoteles in gestufter Werthaftigkeit voneinander unterscheidet, sind:
A) Der bios apolaustikos – das genießende Dasein. Bestimmt ist es durch die Abhängigkeit von der hedone, der Lust.
B) Der bios politikos – das tätige Dasein in der Polis. Ausgerichtet ist es in seiner ethischen arete auf den altadeligen Wert der time, der Ehre, zu der die Anerkennung der Leistung im öffentlichen Leben zählt. Das politische Leben, das um dieses Wertes wegen gewählt wird, hat seinen Wert nicht in sich selbst.
C) Der bios theoretikos – das der theoria als Denken verpflichtete Dasein philosophischer Existenz. Ihr geht es um die aletheia, die Wahrheit, die ihr telos in sich selbst trägt.

In der Lebensform des bios theoretikos liegt für Aristoteles das höchste mögliche Glück für den Menschen, da es seinen Wert in sich selber trägt. Bios theoretikos ist realisierte Souveränität. Ihm kommt die wahre sophia (Weisheit) zu. Und so ist der sophos, der Philosoph, der am meisten Glückliche. Seine Autarkie darf aber nicht dahingehend missverstanden werden, dass das philosophisch geführte Leben über die Bereiche des realen Lebens gleichsam „hinwegsieht". Im Gegenteil. W. Schneider hat in seinem Buch *Ousia und Eudaimonia. Die Verflechtung von Metaphysik und Ethik bei Aristoteles* (2001) zu Recht darauf hingewiesen, dass „sich gerade die Eudaimonia des bios theoretikos als diejenige Lebensform erweist, die das Werdende zum Wahrnehmbaren, Denkbaren, zum Staunenswerten macht, mit dem sie es als ihr Anderes begehrt: mit einer Begierde, einem Eros, dessen Zweck nicht in seiner Erledigung liegt (...) Die Eudaimonia des bios theoretikos ist nicht deshalb autark, weil sie ohne Bedürfnis, ohne Mangel wäre, sondern weil ihr der Mangel ein Stachel ist, der alles andere als abgetötet werden soll."[38] Dieser „Stachel" ist das jedem pragmatischen Zweck enthobene Wissen-Wollen, die theoretische Neugierde, was es mit jedem Seienden im Ganzen der Welt auf sich hat, woraus ihm sein Werden und wohinein ihm sein Vergehen zukommt und welche gesetzliche Strukturen des Lebens ihm innewohnen. Von dem inneren Sinn des aristotelischen Denkens her formuliert: nichts genügt einem dem Geist verpflichteten Leben als das zweckfreie Studium der organischen Gesetze in allem Lebendigen und der Aufblick zu den immer währenden, schön geordneten Gestirnumläufen am Himmel. Die sublunare Welt der Veränderlichkeit und des Todes hingegen ist nur der zweitbesten Betrachtung wert.

5. Lob auf die vita contemplativa

Es ist eine umstrittene Frage, inwieweit Aristoteles trotz seiner Platon-Kritik „Platoniker" geblieben ist. Aus der hier vorgelegten Aristoteles-Darstellung ergibt sich, dass der für Platon so maßgebliche Hintergrund orphischer Religiosität und der Zusammenhang seines Denkens mit der Apollon-Religion für Aristoteles, den Empiriker und Phänomenologen des Lebens, keine Rolle spielt. Gleichwohl zeigen sich in seiner Philosophie stark platonische Züge. Wie für Platon so ist auch für Aristoteles das höchste Glück ein geistiges Schauen (siehe: *Nikomach. Ethik* 10, 1178 b ff.). Wie bei Platon trägt auch bei Aristoteles das Tierwesen Mensch ein Göttliches in sich, den lebendigen Geist, den nous (siehe: *Protreptikos* B 108). Am Ende seines Beitrages *Aristoteles* (1950) hat F. Dirlmeier die Diskussion in zwei Punkten zusammengefasst: „Erstens: Aristoteles ist Empiriker am Anfang und am Ende. Er ist derselbe im Dialog Eudemos und in der Phänomenologie der Nikomachischen Ethik. Zweitens: Aristoteles ist Platoniker am Anfang und am Ende: die Unsterblichkeitslehre des Eudemos und der Griff nach dem göttlichen, autonomen Leben im Schlussteil der Nikomachischen Ethik stehen auf gleicher Stufe. In dem athenischen und dem echt ionischen Horizont seiner Persönlichkeit sind die beiden Wesenheiten stets vereint (…)."[39] Dirlmeier bezieht sich mit dieser Bilanz auf das 10. Buch der *Nikomachischen Ethik*. In ihm findet sich die These, dass das „vollkommene Glück" ein Leben in der theoria ist. Die entscheidende, geschichtlich erheblich fortwirkende- und stilistisch hinreißend formulierte Passage über den bios theoretikos lautet:

> Wer aber ein aktives Leben des Geistes führt und den Geist pflegt, von dem darf man sagen, sein Leben sei aufs beste geordnet und er werde von den Göttern am meisten geliebt. Denn wenn die Götter, wie man glaubt, sich irgendwie um menschliches Tun und Treiben kümmern, so darf man mit Grund annehmen, dass sie sich nicht nur über das freuen, was den höchsten Wert darstellt und ihnen am verwandtesten ist – das aber ist der Geist –, sondern auch dass sie dem Menschen, der dieses Höchste am meisten liebt und schätzt, mit Gutem vergelten, weil er sich um das bemüht, was ihnen, den Göttern, nahe steht und weil sein Handeln richtig und wertvoll ist. Dass dies aber im höchsten Grad bei dem Philosophen zu finden ist, darüber besteht kein Zweifel. Und so wird er von den Göttern am meisten geliebt. Als Liebling der Götter aber geniesst er auch das höchste Glück. Und so ist also der philosophische Mensch auch von dieser Seite her in höchstem Maße glücklich. (*Nikomach. Ethik* X, 1179 a 9 35ff.)

6. Politische Philosophie

Für Aristoteles ist der Mensch primär ein zoon politikon, ein „politisches Lebewesen" (*Politik* I, 1253 a ff.), d.h. ein „gemeinschaftsbildendes Wesen", das in der Polis und dem in ihren Mauern beheimateten Ethos, seine Wurzeln findet. Von da her ist die Ethik des Aristoteles eine politische Ethik. Sie ist, wie J. Ritter (1969) gezeigt hat, auch eine Antwort auf die von den Sophisten vorangetriebene Legitimitätskrise der Institutionen.

Aristoteles zählt zu den Klassikern des politischen Denkens, dessen Anfänge bis zu Homer zurückreichen. Sein Werk, die *Politika*, sind in der Zeit zwischen 345 und 325 v. Chr. entstanden. Er untersucht in 8 Büchern, „was die Stadt angeht", so die wörtliche Übersetzung des Titels. Es liegen mehrfache Überarbeitungen vor, die jeweilige zeitliche Entstehung der Bücher ist umstritten, unstrittig ist, dass die Bücher VII und VIII die ältesten Teile der *Politik* darstellen. Die Gliederung der *Politik* umfasst nach H. Ottmann[40] die folgenden Themenstellungen:

Buch I behandelt Stadtentstehung und Grundzüge einer politischen Anthropologie, das Buch II beinhaltet die Kritik bekannter Verfassungen und Buch III enthält politische Grundbegriffe. Die Bücher IV–VI thematisieren die Grundarten der Verfassung, ihre Erhaltung und ihren Wandel (metabole). Die letzten Bücher VII und VIII widmen sich der besten Stadt und der für sie nötigen Erziehung.

Für Studierende des Faches Philosophie verweise ich auf den in der Reihe „Klassiker Auslegen" von O. Höffe herausgegebenen und im Akademie Verlag erschienenen Aufsatzsammelband: *Aristoteles, Politik* (2001).

Wie ein jeder bedeutender Text beruht auch die *Politik* des Aristoteles auf Voraussetzungen, deren Kenntnis eine Vorbedingung für deren Verständnis ist. Das Buch, welches die reichste Information bietet, welche in der *Politik* den Hintergrund für die in ihr entfaltete Thematik gibt, ist die Darstellung von Ch. Meier *Die Entstehung des Politischen bei den Griechen* (1980). Sie dokumentiert die enge Verbindung von Polis und deren Bürgern (politai). Der Begriff der Bürgerschaft (politeia) ist dabei gleich zu setzten mit einem bestimmten Begriff von Verfassung, an welchem sich der normative Sinn von „politisch" orientiert. Das berührt sich mit den unmittelbaren Fragestellungen des Aristoteles: Was ist das gemeinsame Band der Polis und was verleiht ihrer Bürgerschaft dauerhaften Bestand? Von ihrem pragmatischen Interesse her stehen die Eingangssätze der Politik (1252 a 1–5) in engster Nachbarschaft zur *Nikomachischen Ethik*:

(…) jede Gemeinschaft bildet sich und besteht zu dem Zweck, irgendein Gut (agathon) zu erlangen. Denn um dessentwillen, was ihnen ein Gut zu sein scheint, tun überhaupt alle alles, was sie tun. Wenn nun aber sonach eine jede Gemeinschaft irgendein Gut zu erreichen strebt, so tut dies offenbar ganz vorzugsweise und trachtet nach den vornehmsten aller Güter diejenige Gemeinschaft, welche die vornehmste von allen ist und alle anderen in sich schliesst. Dies ist aber der sogenannte Staat und die staatliche Gemeinschaft (politike koinonia).

Die von Aristoteles vorgelegte Definition von staatlicher Gemeinschaft ist mit Grundsätzen einer in der *Politik* vorfindlichen politischen Anthropologie verbunden, wie er sie im zweiten Kapitel seines 1. Buches entwickelt. Ihr Grundsatz ist, „dass der Mensch von Natur ein nach der staatlichen Gemeinschaft strebendes Wesen (zoon politikon) ist" (I, 2, 1253 a 2f.).

Der Ausdruck „von Natur aus" deutet auf eine Analogie zur *Physik* im Rahmen biologischer Prozesse. Alle staatliche Gemeinschaft dient primär dem Nutzen menschlicher Selbsterhaltung und ist in ihrer Organisation von dem Interesse der Gefahrenabwehr bestimmt. Darüber hinaus besagt diese Analogie, dass der Mensch in seinem elementaren Angewiesensein auf andere Menschen erst in dem für sein Menschsein konstitutiven Bezug zur Polis und ihren Institutionen die Möglichkeit realisiert, den normativen Begriff des eu zen, des gelingenden Lebens, durch die in der Polis vollzogene kommunikative Selbstorganisation des Gesellschaftlichen auszufüllen. Er vermag dies im Unterschied zu biologisch fundierten Organisationsformen im Tierreich, weil er den Logos als Sprache besitzt, die seine Sonderstellung im Ganzen des von Natur aus Seienden ausmacht. Soziale- und politische Selbstorganisation vollzieht sich primär über sprachliche Formen der Kommunikation, eine These, die bis in die philosophische Diskussion der Gegenwart ihre hermeneutische Fruchtbarkeit erweist. In der Handhabung der Sprache besteht die Kunst des Politischen, „und der logos erlangt zuerst über seine politische Funktion ein Bewusstsein seiner selbst, seiner Regeln und seiner Wirksamkeit" (J.-P. Vernant). Die entscheidende Stelle, die Geschichte geschrieben hat, lautet:

Der Mensch ist aber das einzige Lebewesen, das Sprache (logos) besitzt. (...) die Sprache (...) ist dazu bestimmt, das Nützliche und Schädliche deutlich kundzutun und also auch das Gerechte (dikaion) und Ungerechte (adikon). (I, 2, 1253 a 9–15)

O. Höffe hat in seinem Beitrag zur politischen Anthropologie des Aristoteles (2001) auf den Zusammenhang zwischen drei Stufen praktischer Rationalität und der ihnen jeweils zugeordneten sprachlichen Kompetenz im zweiten Kapitel des 1. Buches der *Politik* zu Recht besonders hingewiesen. Die erste und niedrigste Stufe bewegt sich auf der Ebene lautlicher Signale (phone) als Reaktion auf aussenweltliche Reize und ihrer Einordnung im Dienst des Überlebens. Die zweite Stufe bildet sich aus dem reflexiven Urteilsvermögen hinsichtlich von Nützlichem und Schädlichem und der kommunikativen Verständigung darüber im Verband sozialer Gruppen. Die dritte Stufe transzendiert partikulare Interessenfestsetzung hinsichtlich von Nutzen und Schaden, Gut und Schlecht auf den normativen Stand von Recht und Unrecht, wobei dikaion sowohl geltendes Recht wie auch den „moralischen Rechtsbegriff" (O. Höffe) der Gerechtigkeit bezeichnet.

Aristoteles, der in seinem Denken auf alles Seiende stets den Aspekt der Genese (Entwicklung) bedenkt, betrachtet die Entwicklung der Polis unter dem Aspekt dreier maßgeblicher Faktoren: 1. Die Angewiesenheit des Menschen auf den Menschen. Sie ist zunächst biologisch programmiert durch das Grundphänomen der Sexualität, die Mann und Frau verbindet; 2. die in der Natur verankerte Differenz zwischen Stärkeren und Schwächeren, im sozialen Kosmos sichtbar auch als sprachlich-kognitiver Rangunterschied zwischen Herren (Freien) und Sklaven (Unfreien); 3. die naturgegebene Eltern-Kind-Beziehung. Auf diesen drei Faktoren gründet „die biologisch-ökonomische Grundeinheit" (O. Höffe), das Haus (oikos), auf das sich die Hausgemeinschaft der Polis aufbaut.

Die entscheidende Debatte im politischen Denken des Aristoteles geht um die Polis und ihre zentrale Bedeutung für das menschliche Leben. Der Hintergrund dieser Debatte ist die Tatsache, dass die Entstehung der Philosophie in Griechenland vor allem mit der Polis als dem Raum der öffentlichen Debatte und des Arguments verbunden ist, worauf vor allem J.-P. Vernant in seinen Studien zur *Entstehung des griechischen Denkens* (1982) hingewiesen hat. In diesem Zusammenhang ist es eine tiefe Einsicht der politischen Philosophie des Aristoteles, dass der Grund aller Gemeinschaftsbildung in der Tatsache zu sehen ist, dass das Individuum sein gefährdetes Leben nur im Raum von Gemeinschaft und Vergesellschaftung zu sichern vermag.

Die Bürgerschaft als Gemeinschaft von Freien und Gleichen ist eingebettet in das organische Gebilde der Polis. Innerhalb ihrer heimatlichen Grenzen werden alle wichtigen Kompetenzen und Tüchtigkeiten im Rahmen des Möglichen und im Blick auf die gemeinschaftsförderliche Praxis eingeübt. Ein Ziel aller liberalen Paideia ist hierbei aber auch die Ausbildung in der Kunst der eigenen Lebensführung im Sinne der Realisierung jeweils eigener „Vernunftchancen" (O. Höffe). Menschsein im Sinne von Bürgerseins liegt für Aristoteles ausschließlich im Raum des Politischen, jedoch geht für ihn Humanität nicht in der politischen Natur des Menschen auf. Höffe betont in seinem Beitrag *Aristoteles' Politische Anthropologie* (2001) die „Weite" des Begriffs des Politischen bei diesem Denker, die in sich Wirtschafts- und Verwandtschaftsbeziehungen ebenso umfasst wie Kult- und Kulturgemeinschaft. Die Stärke eines liberalen Gemeinwesens liegt für Aristoteles in einem durch diese kommunikativen Beziehungen ermöglichten Konsens über Recht und Gerechtigkeit. Hierbei kommt der Freundschaft eine wichtige Funktion zu. Ist Freundschaft in allen ethischen Schriften des Aristoteles eine der schönsten und wertvollsten Tugenden, so mildert sie die innerhalb des Stadtstaates bestehenden natürlichen Spannungen durch die Bande der Solidarität und Sympathie innerhalb der Bürgerschaft.

Die griechische Polis ist nicht, wie die politischen Gebilde der Neuzeit, ein Territorialstaat, sondern ein Personenverband freier, von der Sorge um das unmittelbar „Lebensnotwendige" und den Gelderwerb befreiter Bürger (III, 5, 1278 a 11). Die Polis ruht nach Aristoteles auf zwei Säulen: der Bürgerschaft und der jeweiligen Verfassung. Polis – Verfassung – Bürgerschaft sind komplementäre Größen. Ihr Verbund macht das politische Leben der Stadt aus, nicht aber ihre „bloßen Mauern" (III, 3, 1276 a 26 f.). Mit klarem Blick für die in ihnen wirksamen Kräfte untersucht Aristoteles Grundformen politischer Gemeinschaft: die Monarchie, die Aristokratie, die Demokratie. Er analysiert ihre Stärken und Schwächen sowie ihre Tendenz, in die Diktatur, die Herrschaft einzelner Interessengruppen oder in die Anarchie abzugleiten.

Im 3. Buch der *Politik* zeichnet sich der entscheidende Gedanke der Polis als einer sittlichen Lebensform ab:

Und hieraus ist denn ersichtlich, dass der Staat nicht eine blosse Gemeinschaft des Wohnorts ist oder nur zur Verhütung gegenseitiger ungerechter Beeinträchtigungen und zur Förderung des Tauschverkehrs da ist, sondern dass zwar dies alles vorhanden sein muss, wenn ein Staat entstehen soll, aber wenn es auch alles da ist, hiermit doch kein Staat vorhanden, sondern dass ein solcher erst die Gemeinschaft von Familien und Geschlechtern in einem guten Leben ist, zum Zweck eines vollendeten und sich selbst genügenden Lebens. (…) Dies alles aber ist ein Werk der Freundschaft, denn Freundschaft ist nichts anderes als die freie Entscheidung, miteinander zu leben. Das Endziel des Staates jedoch ist die Vollkommenheit des Lebens, und jenes alles sind nur Mittel zum Zweck. (…) Als eine Gemeinschaft in guten Handlungen müssen wir mithin die staatliche Gemeinschaft bezeichnen und nicht im blossen Zusammenleben. (III, 9, 1281 a 29 ff.)

Die staatliche Gemeinschaft in der Polis als der „grössten handlungsfähigen Einheit" (P. Weber-Schäfer) ist für Aristoteles unerlässliche Rahmenbedingung für die Verwirklichung der durch die Rationalität des Menschen gegebenen Möglichkeit eines geglückten Lebens in Freiheit. Sie besitzt ihr Ideal in der Einheit von gutem Leben (eu zen) und gutem Handeln (eu prattein). Die schönste Frucht, die aus dem Leben in der Polis im bios politikos heranreift, ist das ergon (Werk) ihrer höchsten aretai (Tüchtigkeiten): Recht und Gerechtigkeit. Zu beachten ist hier der Unterschied zur politischen Philosophie der Neuzeit. Der neuzeitliche Konventionalismus und das auf Vertragstheorien sich stützende neuzeitliche Staatsdenken substituieren die durch Gemeinschaft legitimierte sittliche Form der Polis durch ein gewandeltes Verständnis staatlichen Zusammenlebens. Sie konstituieren unterschiedliche Formen von Gesellschaft, nicht aber Gemeinschaft als „ein Werk der Freundschaft". Auf dem Hintergrund der Polis als Bürgergemeinschaft plädiert Aristoteles für eine „Mischverfassung" aus Demokratie und Oligarchie, wie sie sich schon in Thukydides' *Geschichte des Peloponnesischen Krieges* dort ankündigt, wo die Verfassungsentwicklung des Jahres 411 v. Chr. geschildert wird (VIII 47 f., 63 ff. und 89 ff.). Wirkungsgeschichtlich bedeutsam wurde die Lehre von den drei guten und den drei entarteten Staatsformen (III 6–8). Als gut gilt eine Verfassung, die dem Gemeinwohl verpflichtet ist, als schlecht hingegen jene, die einseitig den Interessen der Herrschenden dient. Die seit Ephialtes und Perikles eingeführte radikale Demokratie lehnt Aristoteles (wie Platon) ab.

Man muss dem liberalen Grundansatz in der politischen Philosophie des Aristoteles genügende Geltung zukommen lassen, der eine „Totalsetzung" (H. Ottmann) des Politischen abwehrt. Hier sei auf die Arbeit von D. Sternberger *Drei Wurzeln der Politik* (1978) und auf die Ausführungen von H. Arendt in *Vita activa* (1958) besonders hingewiesen. Eine Gegenüberstellung der politischen Philosophie von Platon und Aristoteles, die auch Parallelen und Kontraste zum neuzeitlichen Denken (Hobbes, Spinoza, Locke, Rousseau, Kant und Hegel) herausarbeitet, gibt P. Weiss in *Toward a Perfected State* (1986). Der liberale Ansatz der aristotelischen *Politik*, dokumentiert in dem Satz: „Eine Vielheit ist ihrer Natur nach die Stadt" (II, 2, 1261 a 18), zeigt sich auch darin, dass der „Staat" als eine Bürgergemeinschaft nur die jeweiligen institutionellen Rahmenbedingungen abgibt, innerhalb derer jeder Bürger aus der Vielheit gleichberechtigter Lebensformen seine Lebensführung selbst zu wählen und selbstverantwortlich zu gestalten hat. Das staatliche Zusammenleben in Freiheit und Gleichheit bringt mittels der Anwendung der durch die Polis sanktionierten Normen und durch die konkrete Teilhabe an den staatlichen Institutionen ihren einzelnen Bürgern den grösstmöglichen Nutzen, aber für seine eudaimonia hat jeder Bürger in der Klugheit seiner individuellen Lebensführung selbst Sorge zu tragen. In der anzustrebenden Lebensform des bios theoretikos gewinnt der Mensch den Standpunkt freier urteilsfähiger Betrachtung der Polis und der mit ihr verbundenen sozialen Welt.

Die Verschränkung von Ontologie, Ethik und Politik hat für die politische Philosophie der Antike und somit auch für Aristoteles (wie für Platon) die Notwendigkeit einer „natürlichen" Ungleichheit im Sinne einer „Hierarchisierung in Herrschendes und Dienendes" (P. Kondylis) zur Folge, die aus der normativ verstandenen Natur der Dinge selbst hervorgeht. Ist die „Einheit" des gesellschaftlichen Körpers aus Herrschenden und Dienenden, d.h. hierarchisch gegliederten Teilen (Herren/Sklaven) gebildet, so liegt es im Interesse der unteren Schichten und ist zu deren Nutzen, dass sie von den oberen Schichten in dem Sinne beherrscht werden, wie der Leib durch die Seele oder das Begehrungsvermögen des Leibes durch die Lenkung des Verstandes:

Denn die Seele regiert den Körper in der Weise eines Herrn und die Vernunft das Streben in der Weise eines Staatsmanns und Königs, wobei es sich dann zeigt, dass es für den Leib naturgemäß und von Nutzen ist, von der Seele regiert zu werden; ebenso für den affektiven Teil der Seele von der Vernunft und dem vernünftigen Seelenteil regiert zu werden; Gleichberechtigung oder gar das umgekehrte Verhältnis wäre für alle Teile schädlich. (I, 5, 1254 b 4–9)

Diese und andere Stellen in der *Politik* des Aristoteles, die Herrschaft durch die normativ verstandene Ordnung der Natur legitimieren und sich nur gegen den Missbrauch von Herrschaft wenden, dokumentieren den Unterschied der politischen Philosophie der Antike zu Positionen der neuzeitlichen Philosophie im Verhältnis von Freiheit und Gleichheit. Wie H. Ottmann (2001) zu Recht feststellt, gibt es in der klassischen Philosophie der Griechen keine Gleichheit der Menschen. Die Idee der Gleichheit aller Menschen wird erst in der Stoa und dann im Christentum Verbreitung finden, aber nur in der Form, „dass die Gleichheit eine in Gedanken oder vor Gott, nicht aber eine in dieser Welt war"[41].

Erweist sich die aristotelische Politik in mehrfacher Hinsicht als zeit- und epochengebunden, so zeigt sich ihr wirkungsgeschichtliches Potential vor allem an ihrer These, dass für ein gutes und gerechtes Leben in der Polis die Verpflichtung staatlicher Grundordnung „auf das Gemeinwohl" (O. Höffe) sowie die diskursive Verständigung zwischen Freien und Gleichen ein für alle Zeiten unabdingbares Postulat bleibt.

Sprache und Kunst

1. Rhetorik

Die Rhetorik als Kunst der wohlgeformten Rede ist ein konstitutiver Bestandteil des politischen Lebens der attischen Demokratie in den Volks- und Gerichtsversammlungen. Zu ihrer Bedeutung in der griechisch-römischen Antike, von den Ursprüngen während der Blütezeit der attischen Demokratie bis zu ihrer Aufnahme in das System der artes liberales, verweise ich auf die Einführung von M. Fuhrmann *Die antike Rhetorik* (3. Aufl. 1990).

Die *Techne rhetorike* des Aristoteles, die in den Bereich der praktischen Philosophie (Politik und Ethik) gehört, ist keine ausgearbeitete Schrift, sondern ein Manuskript, das als Vorlage für den Lehrvortrag gedient hat. Als Seitenstück zu seiner in der *Topik* entwickelten Dialektik als Argumentationstechnik besteht sie aus drei Büchern. Buch I und Buch II erläutern die Überzeugungsmittel, die ein Redner für seinen Erfolg einsetzen muss. Dazu gehören auch die Affekte, die der Redner bei seinen Zuhörern zu erzeugen hat, um die Wirkung der Rede zu verstärken. Buch III „wirkt angeklebt" (M. Fuhrmann), es befasst sich mit den grundlegenden Elementen des Stils einer Rede. – Das 1. Buch entwickelt auf dem Hintergrund des Lebens der attischen Demokratie die Lehre von den drei Gattungen der Rede: a) die beratende (politische) Rede, b) die Gerichtsrede und c) die Festrede. Ihr kommen drei Funktionen zu: 1. die beratende Rede soll im Blick auf den Nutzen zu- oder abraten. Ihr Einsatzmittel ist das Beispiel (paradeigma); 2. die Gerichtsrede soll im Blick auf Recht oder Unrecht entweder anklagen oder verteidigen. Ihr Beweismittel ist das Enthymem; 3. die Festrede soll im Blick auf das Ehrenwerte entweder loben oder tadeln. Ihr Mittel ist die Steigerung (amplificatio). – Im Rahmen dessen, was wir heute „Sprachpragmatik" nennen, untersucht Aristoteles die drei Grundbeziehungen zwischen Redner, Thema der Rede und dem Adressaten der Rede, dem Zuhörer (*Rhetorik* I 3, 1358 a 37 ff.), sowie den drei sogenannten Überzeugungsmitteln (pisteis: I 2, 1356 a 1 ff.) im Dienst der Glaubwürdigkeit (pistis) der Rede: Ethos, Pathos und Logos. Während die Sophistik den „emotionalen" Anteil in der Rhetorik durch virtuos eingesetzte rhetorische Effekte herausstreicht, setzt Aristoteles auf den argumentativen Logos. Ein Zeichen dafür ist seine „Entdeckung" des enthymema (Gedanke) als dem wichtigsten rhetorischen Überzeugungsmittel im Aufbau einer Rede. Das Enthymem ist ein rhetorischer Syllogismus. Er ist im Unterschied zum dialektischen Syllogismus dadurch ausgezeichnet, dass der Redner einen Teil seiner Argumentation „in seinem Herzen" (en thymo) zurückhält, gleichzeitig aber zu bewirken weiss, dass die fragliche Einsicht in den von ihm intendierten argumentativen Zusammenhang im Hörer selbst entsteht.

Wie die *Nikomachische Ethik* und die *Politik*, so verweist auch die *Rhetorik* durch ihre Analyse der Affekte auf die Anthropologie. Das Buch II (2–21) enthält eine den menschenkundlich außerordentlich scharfen Blick des Aristoteles bezeugende Theorie der menschlichen Leidenschaften, „aus der Hobbes so manches für die Komposition seines Menschenbildes entlehnt hat"[42]. Es bietet glänzende Ausschnitte aristotelischer Wirklichkeitsbetrachtung. Insgesamt zeigt die aristotelische Rhetorik „ein Doppelantlitz": Sie ist das Dokument eines nie ermüdenden Bemühens um die begriffliche Erfassung kultureller Welt – und zu ihr gehört die Macht der Rhetorik –, zum anderen verdankt sie sich nebst dem praktischen Interesse an Selbstbehauptung gegenüber den sophistischen Konkurrenten der wissenschaftlichen Neugier auf maßgebliche Strukturen menschlicher Rede.

2. Poetik

Die zu den akroamatischen Schriften zählende Abhandlung *Peri poietikes* (Über die Dichtkunst), entstanden in den Jahren ab 355 v.Chr., ist von Aristoteles nicht zur Veröffentlichung bestimmt worden. Sie kann als der bedeutendste griechische Beitrag zur Poetik gesehen werden. M. Fuhrmann, der sie aus dem Griechischen ins Deutsche übertrug, hat in seinem informativen Nachwort (1982) die wechselvolle Geschichte seiner Herausgabe nachgezeichnet. Nur die erste Hälfte der *Poetik* hat die Zeiten überdauert, die zweite Hälfte mit der Behandlung der Komödie ist verloren gegangen. Das erhaltene 1. Buch gliedert sich in drei Abschnitte: der erste allgemeine Teil (Kapitel 1–5) beginnt mit einer allgemeinen Ausführung über die Dichtung, ihre Gattungen und ihre Wirkung; der zweite Teil (Kapitel 6–22) behandelt die griechische Tragödie; der dritte Teil (Kapitel 23–26) das griechische Epos.

Wie alle Kunst, so beruht auch alle Dichtung nach Aristoteles auf Mimesis (Nachahmung). Hervorgegangen ist sie aus einem lustvollen Naturtrieb des Menschen am Nachahmen.

Sie bezeichnet zunächst einen Vorgang, durch den die Einheit von Melos, Rhythmus und Wortsinn ihre Wirksamkeit im Tanz und im Schauspiel erweist. Während für Platon Dichtung als Kunst der Mimesis lediglich die mindere Abbildung eines Abbildes der Ideenwelt ist, bildet für Aristoteles das dichterische Kunstwerk nicht mehr lediglich eidola (Bilder) ab, sondern reale Lebenswirklichkeit. Man kann daher von einer Rehabilitierung der Mimesis durch Aristoteles sprechen. Als Darstellung zielt sie auf die Gestaltung einer in der Wirklichkeit immer schon angelegten Möglichkeit. Nach H. Wiegmanns kleiner *Geschichte der Poetik* (1977) kann man die aristotelische Definition von Kunst als das darstellende Hervorbringen einer Handlung oder eines Seelenzustandes umschreiben, welches keinem sklavischen „Realismus" folgt, sondern eine Tendenz des in der Wirklichkeit angelegten Möglichen zum Vorschein bringt. Mimesis hat so verstanden eine doppelte Bedeutung: Sie ahmt die Wirklichkeit der Natur nach, zum anderen bringt sie das, was in der Natur der Möglichkeit nach vorhanden ist, zum Vorschein. Daher ist die Dichtung für Aristoteles etwas viel Philosophischeres und Ernsthafteres als die Geschichtsschreibung (9, 1451 b 1 ff.). Sie zeigt auf das, was im Leben immer ist und sein kann, die Geschichtsschreibung hingegen bezieht sich nur auf den Wirklichkeitsbereich menschlicher Handlung, der einmal so und ein andermal anders erscheint.

Die einzelnen Literaturgattungen unterscheidet Aristoteles in dreifacher Hinsicht: 1. nach ihren Darstellungsmitteln (Logos im Sinn geformter Sprache, Rhythmus, Melodie), 2. nach ihren „Gegenständen" (menschliches Handeln), 3. nach ihren unterschiedlichen Weisen der Mimesis (Bericht im Sinne des Epos oder Darstellung im Sinne des Schauspiels).

Von besonderem Interesse ist die Definition der griechischen Tragödie unter einem wirkungsästhetischen Aspekt. Ihre Definition steht gleich zu Beginn des 6. Kapitels (1450 a 5 ff.) und zeigt, in welchem Maß Aristoteles in einer Lesekultur die Tragödie als sakrales Festspiel „säkularisiert" hat, indem er ausschliesslich an ihrer Struktur und der Konstruktion der Handlungsführung interessiert ist:

> Die Tragödie ist Nachahmung einer guten und in sich geschlossenen Handlung von bestimmter Größe, in anziehend geformter Sprache (…) die Jammer (eleos) und Schauder (phobos) hervorruft und hierdurch eine Reinigung (katharsis) von derartigen Erregungszuständen bewirkt.

Während bestimmte Elemente dieser Definition das zuvor in der *Poetik* Gesagte zusammenfassen, treten neu hinzu die Affekte Jammer/Schauder als Wirkung der griechischen Tragödie und die Reinigung als Zweck der Tragödie. Die von Lessing vorgelegte Übersetzung des Begriffspaares Eleos und Phobos mit „Mitleid und Furcht" ist, wie W. Schadewaldt in seinem Beitrag *Furcht und Mitleid? Zu Lessings Deutung des Aristotelischen Tragödiensatzes* (1956) dargelegt hat, falsch. Es geht bei der griechischen Tragödie nicht um „philanthropische Tugenden" (W. Schadewaldt), sondern um elementare Affekte, die durch das tragische Spiel im Zuschauer hervorgerufen werden. Ihre Entladung bewirkt eine mit Lust verbundene Katharsis. Sie bedeutet mehr als der ihr zur damaligen Zeit zugeschriebene medizinische Sinn, weil sie bei Aristoteles an eine sittlich-religiöse Einsicht in die conditio humana gebunden ist, wie sie sich im Sturz des großen Menschen infolge einer harmatia bekundet. Der griechische Ausdruck harmatia (Fehler) bezeichnet bei Aristoteles eine Verfehlung auf Grund mangelnder Einsicht (dianoia), die in der eigenen Person liegt, jedoch ohne Vorsatz begangen wird und nicht auf der Schlechtigkeit des Charakters beruht (*Nikomach. Ethik* V 8, 1135 b 11–1136 a 9). Sie bewirkt den Umschlag (metabole) von Glück in Unglück. Grösstes Beispiel für dieses Handlungsmodell ist der *König Ödipus* des Sophokles, in welchem Aristoteles den Gipfel der Tragödie gesehen hat. – Was seinen Beitrag zur Struktur der griechischen Tragödie betrifft und die Aufstellung seiner Postulate hinsichtlich ihrer Wertmaßstäbe, ist H. Flashar zuzustimmen, wenn er feststellt, dass in der *Poetik* zum ersten Mal „das Tragische" „als eigenständige Kategorie" im Sinne eines Wertmaßstabes etabliert wird: „Die Entdeckung des Aristoteles ist die, dass auf der Basis der Wesensmerkmale für alle Tragödien die für einzelne Gruppen von Tragödien jeweils unterschiedliche Art der Handlungsführung einen unterschiedlichen Grad an Wirkung hinsichtlich der spezifisch tragischen Affekte nach sich zieht."[43]

Würdigung

Der Wissenskosmos, den Aristoteles erschlossen hat, hat seine Wirkungsmächtigkeit auch unter gewandelten geschichtlichen Konstellationen bis heute bewahrt. Auch wenn bzgl. dessen, was wir heute unter „Wissenschaft" verstehen, entscheidende Paradigmenwechsel stattgefunden haben, so bleibt es doch unbestritten, dass wir erst durch Aristoteles wissen, was im Blick auf theoretische Weltbetrachtung und praktischen Lebensvollzug als Handlung für die Erhellung unseres eigenen Daseins als phronesis und für das Verstehen des Formenspiels des Lebens als energeia von unzerstörbarem Wert ist.

Von der Philosophie des Aristoteles her gesehen, zeichnen sich bereits die Linien einer Philosophie des Organismus und, von dieser relativ unabhängig, einer Philosophie des Geistes ab. Wir sehen in Aristoteles: den Theoretiker der logischen und grammatischen Formen, den Begründer der systematischen Ontologie, den Morphologen der natürlichen Lebensformen und der menschlichen Seele, außerdem den Interpreten der Ethosformen und eine Gründergestalt der politischen Philosophie und Verfassungskunde. Was Aristoteles angesichts der Faktizität menschlichen Daseins zu bedeuten vermag, das hat der 1922 geschriebene Text *Phänomenologische Interpretationen zu Aristoteles* von M. Heidegger eindrucksvoll unter Beweis gestellt.[44] Im Blick auf die geschichtliche Würdigung des Aristoteles, die in Hegels *Vorlesungen über die Geschichte der Philosophie* (1817) ihren schönsten Ausdruck gefunden hat, schließe ich mich dem frühen Urteil von W. Nestle (1934) an, das treffend feststellt: „Aristoteles ist einer der grössten Lehrer und Erzieher der europäischen Menschheit gewesen (…) Sein Lebenswerk zieht das Fazit aus der gesamten Entwicklung des griechischen Geisteslebens von Homer bis auf seinen königlichen Schüler Alexander d. Gr. So bedeutet er den Abschluss eines Zeitalters und nicht zugleich den Anfang eines neuen. Sein gigantisches Werk überragt wie ein Hochgebirge das Zeitalter des Hellenismus (…) Das spätere Altertum brachte keinen ihm ebenbürtigen Geist hervor."[45]

III. Die Philosophie im Zeitalter des Hellenismus und der Spätantike

Der Ausdruck „Hellenismus" ist als die Bezeichnung eines Epochenbegriffs eine Schöpfung J. G. Droysens. Er bezieht sich, historisch gesehen, auf die Zeit nach dem Tode Alexander des Großen 323 v. Chr. bis zur Eroberung Ägyptens durch Oktavian im Jahre 30 v. Chr. Die Epoche des Hellenismus ist durch tiefgreifende Veränderungen gekennzeichnet: ein Niedergang tradierter religiöser Vorstellungswelt, ein Zuwachs an Bewusstsein eigener Individualität im Zuge zunehmender Entpolitisierung, eine einseitige Verlagerung des philosophischen Interesses auf praktische Lebensbewältigung in einer durch den Zerfall des makedonischen Reiches unsicher gewordenen Welt. Hinzu kommt das Heranwachsen des jungen Christentums. Ein weiteres Kennzeichen dieser Epoche ist die mit Athen als „Weltuniversität" (H. Bengtson) verbundene Bildung der großen philosophischen Schulen: der Kepos (Garten) des Epikur von Samos und die Stoa poikile des Zenon von Kition auf Cypern, die mit ihren Lehren die geistige Physiognomie der hellenistischen und auch der römischen Welt entscheidend geprägt haben. Neben ihnen gab es die Schule der Akademiker, der Schüler Platons, sodann die mit ihrem Gründer Aristoteles verbundenen Peripatetiker sowie die Kyniker und Skeptiker. Diese „Schulen" übernahmen die traditionellen Grundfragen der griechischen Philosophie auf dem Gebiet der Erkenntnistheorie, der Physik und der Ethik und dachten sie von ihrem jeweiligen Ansatz aus neu durch. Dadurch kommt es zur Ausbildung mehr oder minder dogmatischer „Systeme" im Rahmen einer gegenüber der klassischen Epoche der griechischen Philosophie veränderten Sichtweise der Welt. Die aus Atomen gefügte Welt hat in der epikureischen Schule den Charakter einer „Metapher" (H. Blumenberg) für die Gleichgültigkeit der Natur gegenüber den Sinnansprüchen des Menschen, deren Spielräume aber gerade durch diese Indifferenz garantiert werden. Bei den Stoikern hingegen ist die Welt als harmonischer Ordnungszusammenhang „Metapher" für den Kosmos im Sinne der von Aristoteles und den hellenistischen Astronomen übernommenen Vorstellung: die Erde als eine im Zentrum eines Systems von sich konzentrisch bewegenden Sphären im Raum schwebende Kugel. In der Betrachtung des Kosmos als Ausdruck einer ewig göttlichen, aus sich selbst bewegten Ordnung soll das Dasein aus der Unruhe seiner Existenzbewegung herauskommen und, so der oberste Grundsatz stoischer Ethik, sich in Übereinstimmung mit dem lebendigen Geist des Kosmos bringen. Was die Schule Epikurs und der Stoa bei aller Differenz ihrer voneinander getrennten „Physik" einigte und sie für die Gebildeten attraktiv machte, das war der auf die Sokratik zurückgehende, stark ethisch ausgerichtete Zug ihrer jeweiligen Lehren.

Die Philosophie im Zeitalter des Hellenismus übernimmt als zentrale Bildungsmacht zunehmend die therapeutische Aufgabe der Sinnstiftung in einer politisch unübersichtlich gewordenen Welt im Rahmen einer philosophischen Ethik. Orientiert an dem Ziel der Erlangung wahrer eudaimonia wird die Frage des Sokrates nach dem „richtigen Leben" neu gestellt. Die jeweils verschieden gegebenen Antworten verheissen den wahren Weg zu einem glücklichen Leben im Spannungsfeld von Lust und Seelenruhe,

Freundschaft und Weltbürgertum, Reichtum und Selbstgenügsamkeit, Schicksal und Freiheit. Der Weg zu diesem Leben ist über unterschiedliche geistige Übungen zu erreichen. Deren Ziel ist es, einen autonomen Standpunkt gegenüber der weitgehend als fremd empfundenen Welt zu gewinnen, der in der inneren Freiheit des Weisen Ausdruck gewinnt.[1]

In einem in der Krise der Zeit begehrten Sinn vermittelt die Philosophie im Zeitalter des Hellenismus Orientierungswissen als „Lebensweisheit". Sie ist weder tragische Weisheit noch religiöse Lehre, sondern bezieht sich auf das Ideal der Autarkie als einer geistig-seelischen Haltung gegenüber den unwägbaren Schicksalsfügungen des Lebens. Im Spätlicht des Altertums befreit Philosophie den Sklaven zur Freiheit (Epiktet), tröstet den Gefangenen in der Todeszelle (Boethius) und setzt sich auf den Thron der Cäsaren (Marc Aurel). Sie befreit von falscher Furcht (Epikur), führt in der Unruhe der Welt zur Ruhe der Seele (Seneca) und hütet in anmutig dichterischer Metamorphose des platonischen *Phaidros* die Geheimnisse von Eros und Psyche (Apuleius). Gleichwohl liegen über dieser Epoche bereits die unverkennbaren Schatten einer resignierten Müdigkeit, wie sie in dem einzig überlieferten Altersgedicht *Animula vagula blandula* des Kaisers Hadrian den Ausdruck einer lyrisch gestimmten Klage annimmt:

Seele du, schweifende, zärtliche,
Leibes Gefährtin und Gast,
Nun führt ins düstere Reich
Fröstelnder Schatten dein Weg,
Und nie scherzest du fürder wie einst ...

Im 3. nachchristlichen Jahrhundert, einem „Zeitalter der Angst" (E. R. Dodds), wird der Neuplatonismus im Sinne einer philosophischen Religion der Gebildeten zur beherrschenden Philosophie der Spätantike. In unerhört kühner Weise verbindet er die radikale Frage nach dem „letzten Grund und Ziel allen Seins" (F.-P. Hager) mit einer spekulativen, aus dem Erbe der platonischen Philosophie gespeisten Metaphysik des Einen. Die stark mystischen Grundzüge seiner Erlösungsphilosophie gelten der Beziehung zwischen Zeit und Ewigkeit und verbinden den Aufstieg der Seele zum höchsten Einen mit der Rückwendung der Seele in die Tiefe ihres Inneren. Der Begründer des Neuplatonismus ist Plotin, der „letzte" große „griechische" Denker von Weltrang. Er vereinigt in der philosophisch-mystischen Religiosität seines Denkens das Erbe der klassischen griechischen Philosophie mit einer erlösungssüchtigen Jenseitssehnsucht und reicht das von ihm erneuerte Gedankengut Platons als das eigentliche Erbe der Antike an die folgenden christlichen Jahrhunderte weiter. Eine dessen reifster Früchte ist die *Consolatio philosophiae* (Trost der Philosophie) des Boethius.

Quellen

Da ein Zugang zu den philosophischen Texten des Hellenismus ungleich schwerer ist als bei den Texten aus der klassischen Zeit, sei an dieser Stelle auf die Textsammlung *Antike Glückslehren. Kynismus und Kyrenaismus, Stoa, Epikureismus und Skepsis* (1966) von M. Hossenfelder verwiesen. Sie enthält ein umfangreiches Quellenmaterial in deutscher Übersetzung mit Einführungen.

Epikur und sein „Garten"

Epikurs auf rationale Welterklärung und Psychagogik gegründete Philosophie ist die erste bedeutende Philosophie radikaler Endlichkeit. Darin liegt ihr Reiz und ihre Faszination für verschiedene Spielarten eines aufgeklärten natürlichen Weltdenkens. Über die Jahrhunderte hinweg klingt Epikurs unverwechselbare Stimme zu uns herüber, am schönsten in seinem in der Tradition des *Protreptikos* stehenden *Brief an Menoikeus*, in dem wir lesen:

> Philosophieren also muß der Jüngling wie der Greis, der eine, um alternd jugendfrisch zu bleiben an seinen Gütern aus Dankbarkeit für das Vergangene, der andere, um zugleich jung und altersweise zu sein aus mangelnder Furcht vor dem Künftigen. (122)

Im kalten Licht einer aus Atomen zufällig gefügten Welt, aus der sich die Götter zurückgezogen haben, in Würde zu leben; in den Grenzen des dem Menschen Möglichen und in der inneren Stille der Seele seine eigene Endlichkeit ohne eitles Pathos und frei von religiöser Erregtheit zu bejahen; ohne Furcht vor dem Tod und ohne Erwartung persönlicher Unsterblichkeit seiner kreatürlichen Auflösung gelassen entgegenzugehen – dieses Ideal menschenmöglicher Weisheit hat auf die freien Geister aller Zeiten gewirkt, so auf Cicero und Seneca, auf die französischen Moralisten des 17. Jahrhunderts bis hin zu Nietzsche und die Gegenwart.

Epikurs Schriften werben beständig um eine in der Helle des rationalen Bewusstseins vollzogene und durch beständige Einübung von entscheidenden Lehrsätzen vertiefte Lebenswahl. Wenn physikalische Gesetze auch alles mechanisch „regieren", so ordnen sie doch nicht wie der Mensch alles an, was geschieht.

Es ist die trotzig-männliche, ein klein wenig verächtliche Bejahung des Lebens noch im Anblick seiner „Unsinnigkeiten", verbunden mit der Bescheidenheit heiter entschlossener Selbstfürsorge und Selbstbehauptung, wie sie aus dem Fragment 47 der epikureischen *Weisungen* herauszuhören ist:

> Ich habe dir vorgebaut, du Dämon des reissenden Zufalls, und dein verborgenes Eindringen ganz eingedämmt. Und weder dir noch irgendeinem anderen Strudel werden wir uns selbst preisgeben; sondern wenn uns die Not hinaustreibt, werden wir gewaltig auf das Leben spucken und (auf) jene, die sich blind daran klammern. So werden wir aus dem Leben gehen und mit einem schönen Preislied darauf jubeln: „Gut haben wir gelebt!"

Es ist dieser heitere „Trotz", der Nietzsche zu einem enthusiastischen Lobgesang auf Epikur bewog, in dem er sich selber in einer bestimmten Phase seines unruhigen Denkens gespiegelt hat. Nachzulesen ist er im 1. Buch seiner Fröhlichen Wissenschaft (Aphorismus 45):

> Ja, ich bin stolz darauf, den Charakter Epikur's anders zu empfinden, als irgend Jemand vielleicht, und bei Allem, was ich von ihm höre und lese, das Glück des Nachmittags des Alterthums zu geniessen: – ich sehe sein Auge auf ein weites weissliches Meer blicken, über Uferfelsen hin, auf denen die Sonne liegt (…) Solch ein Glück hat nur ein fortwährend Leidender erfinden können, das Glück eines Auges, vor dem das Meer des Daseins stille geworden ist, und das nun an seiner Oberfläche und an dieser bunten, zarten, schaudernden Meeres-Haut sich nicht mehr satt sehen kann: es gab nie zuvor eine solche Bescheidenheit der Wollust.

1. Leben

Epikur wurde im Jahre 341 v. Chr. auf Samos geboren. Sein Vater Neokles hatte sich dort als Militärkolonist niedergelassen. Bereits im Alter von 14 Jahren ging er philosophischen Studien nach. Er studierte drei Jahre auf Teos bei Nausiphanes, einem Schüler Demokrits. In der Zeit seines Militärdienstes in Athen war er u. a. Hörer bei Xenokrates, dem Vorsteher der Platonischen Akademie. Nach 321 folgte er seinen Eltern, die von Samos vertrieben wurden, nach Kolophon ins Exil. In dieser 10 Jahre umfassenden Zeit entwickelte er seine Philosophie, sammelte einen Schülerkreis um sich und gründete in Mythilene auf Lesbos und in Lampsakos am Hellespont Schulen. Um 307 v. Chr. ging Epikur nach Athen, wo er ein Gartengrundstück (den Kepos) erwarb und in Konkurrenz zu den beiden herrschenden Schulen, der platonischen Akademie und dem aristotelischen Lykeion, seine „Schule", den „Garten", gründete. Gemäß dem Wahlspruch ihres Lehrers „Lebe im Verborgenen" war sie eine geschlossene, vorwiegend aus den gesellschaftlichen Oberschichten stammende Lebensgemeinschaft miteinander Philosophierender, die sich eine „krypto-religiöse Form der Selbstdarstellung" (H.-W. Krautz) schuf und als Gemeinde ihren Gründer als göttlichen „Retter" feierte. Dies in einer Zeit, in welcher der grosse politische Horizont, in dem das klassische Griechentum gelebt und gedacht hatte, seine Verbindlichkeit bereits verloren hatte. Epikur starb um 271/70 v. Chr., 72 Jahre alt, nach langer, gelassen ertragener Krankheit. Sein kurzer Abschiedsbrief an Idomeneus ist ein Zeugnis der Antike für den Triumph schlichter, menschlicher Grösse über schmerzvollstes Leiden:

Den glückseligen Tag feiernd und zugleich als letzten meines Lebens vollendend schreibe ich euch dies: ihn begleiten Blasen- und Darmkoliken, die keine Steigerung der ihnen innewohnenden Heftigkeit zulassen. Doch all dem widersetzt sich die Freude meines Herzens über die Erinnerung an die von uns abgeschlossenen Erörterungen. Du aber erweise dich würdig deiner von Jugend an vorhandenen Zuneigung zu mir und der Philosophie und sorge für die Kinder des Metrodoros!

2. Schriften

Epikurs umfangreiches Werk ist weitgehend verloren. Diogenes Laertius hat im Buch X seines Werkes *Leben und Meinungen berühmter Philosophen* das Testament Epikurs, die epikureischen „Hauptlehren" (kyriai doxai) und drei Lehrbriefe (an Herodot, an Pythokles und an Menoikeus) überliefert. Diesen Primärtexten gegenüber steht eine grosse Zahl von antiken Sekundärtexten (z. B. Cicero, Plutarch, Seneca und Sextus Empiricus). Eine der wichtigsten Quellen bildet das 6 Bücher umfassende Lehrgedicht *De rerum natura* des römischen Dichters Lukrez, das die Grundthemen der epikureischen Naturphilosophie vorträgt. Den 1752 bis 1754 durchgeführten Grabungen in Herculaneum verdanken wir die Papyri Herculanenses, die Reste von Epikurs Werk *Über die Allgesetzlichkeit* enthalten sowie größere Fragmente aus Abhandlungen späterer Epikureer. Im Jahre 1888 wurde in einer Vatikanischen Handschrift aus dem 14. Jahrhundert eine epikureische Gnomensammlung mit 81 Lehrsätzen entdeckt („Gnomologium Vaticanum"), welche die von Epikur selbst stammenden „Hauptlehren" ergänzen. Eine weitere Quelle ist eine (1884 entdeckte) Inschrift, die im 2. Jahrhundert n. Chr. der Epikureer Diogenes in seiner Heimatstadt Oinoanda in Kleinasien an einer monumentalen Mauer hat anbringen lassen und die Grundgedanken der epikureischen Ethik und Naturphilosophie enthält.

Ich werde aus der bei Reclam erschienenen Ausgabe (1980) zitieren: *Epikur. Briefe, Sprüche, Werkfragmente* (griechisch – deutsch). Verwiesen sei aber auch auf die in der „Sammlung Tusculum" erschienene Ausgabe (2003): *Epikur, Wege zum Glück* (griechisch-deutsch), hrsg. und übersetzt von R. Nickel.

3. Naturphilosophie

Die „Physik" des Epikur steht unter dem Vorzeichen der Aufklärung. Das bedeutet nach M. Hossenfelder (1998), dass das Naturgeschehen vollständig aus sich selbst erklärbar sein muss, wenn die Götter ihre Macht über seinen Verlauf verloren haben. Von seinem antiteleologischen Denkansatz her, der alles Naturgeschehen aus rein physikalischen Prinzipien erklärt, ist es konsequent, dass Epikur auf die griechische Atomistik zurückgreift. Sie begreift die zweck- und sinnfreie Natur als ein streng determiniertes Geschehen, welches deren zeitlich invariante Konstanz absichert. Unter dem Eindruck der aristotelischen Kritik an dem demokritischen Atomismus und im Interesse seines eigenen ethischen Ansatzes der Freiheit nimmt Epikur jedoch bestimmte Korrekturen an der Theorie Demokrits vor. Sie äußern sich in seiner Lehre von der „Abweichung" der kausal determinierten Bewegungsabläufe der Atome. Im leeren Raum fallen alle Atome auf Grund ihrer jeweils unterschiedlichen Schwere parallel zueinander senkrecht von „oben" nach „unten" bei gleichmäßiger Geschwindigkeit. Da sie dabei einander weder vertikal noch horizontal berühren können, so muss eine minimale Spontanabweichung (parenklisis) erfolgen, die sich als die zu jeder Zeit und an jedem Ort stattfindende arche des diskontinuierlichen Alls erweist. „Gerade diese sonderbare Lehre von der Abweichung ist für ihn (Epikur – W.R.) charakteristisch. Eine Abweichung, ein bloßer Zufall ist der Anlass für die Entstehung der Welt! Die menschliche Freiheit ist selber nichts weiter als ein solcher zufällig aufgetaner Spielraum", so H.-G. Gadamer.[2] Die Atome weichen aber nur „um einen kleinsten Teil" von ihrer Bahn ab, sodass die Gesetzmäßigkeit der wahrnehmbaren Welt ebenso ungefährdet bleibt wie der Spielraum menschlicher Freiheit. Diese Konstruktion bringt nach M. Hossenfelder (1998) den Vorteil mit sich, „dass in Epikurs Philosophie Raum für die Tyche, den Zufall, bleibt und er so dem stoischen Fatalismus entgeht, der in letzter Konsequenz dazu führt, dass der Mensch zu seiner eigenen Glückseligkeit gar nichts beitragen kann, sondern ihm vorbestimmt ist, ob er glücklich wird oder nicht"[3]. Im Gegensatz zu Platon und Aristoteles vertritt Epikur die Lehre, dass es unbegrenzt viele Welten gibt, die aus dem Zusammenspiel der Atome entstehen und vergehen. Vom Standpunkt seiner antiteleologischen Kosmologie aus betrachtet, ist unsere zeitlich vergängliche Welt nurmehr das Produkt von Zufall und Naturgesetz.

4. Seelenlehre und Todesmeditation

Die von keinem religiösen Glauben getragene Seelenlehre Epikurs ist mit seinem Motiv der Beseitigung der Todesfurcht eng verbunden. Angst und Ungewissheit vor dem, was „der Tod" ist, werfen ihre dunklen Schatten auf das Bestreben des Menschen, einen optimalen Zustand der Freiheit von verstörenden Beunruhigungen zu erreichen. Aus diesem Grund betrachtet es Epikur als eine Hauptaufgabe seiner Philosophie, dem Menschen die Furcht vor dem Tode zu nehmen. Verbunden ist sie mit dem Programm einer Entlastung des Menschen von der in seinen Augen sinnlosen Anstrengung, über die Endlichkeit des Lebens und die aus Atomen gebildete Erscheinungswelt hinauszudenken. Der Verzicht auf diese Anstrengung ist unter der Voraussetzung akzeptabel, dass der Tod (nicht das Sterben) uns gar nicht betrifft, weil die aus Atomen bestehende Seele mit dem Körper geboren wird und mit ihm vergeht.

Löst sich im Tod die aus Atomen gebildete Seele-Körper-Einheit wieder auf, so tritt eine völlige „Empfindungslosigkeit" ein, in welcher jegliche Affizierbarkeit des Körpers durch die Funktion eines wahrnehmenden Bewusstseins der Seele aufgehört hat, zu existieren. „Denn das Aufgelöste ist empfindungslos. Das Empfindungslose aber ist nichts, was uns betrifft" (*Kyriai doxai*, II). Ähnlich formuliert die entscheidenden Passage im *Brief an Menoikeus* (124–26):

Gewöhne dich ferner daran zu glauben, der Tod sei nichts, was uns betrifft. Denn alles Gute und Schlimme ist nur in der Empfindung gegeben; der Tod aber ist die Vernichtung der Empfindung. (…) Denn es gibt nichts Schreckliches im Leben für den, der im vollen Sinne erfasst hat, dass nichts Schreckliches im Nicht-Leben liegt. (…) Das Schauererregendste aller Übel, der Tod, betrifft uns überhaupt nicht; wenn „wir" sind, ist der Tod nicht da; wenn der Tod da ist, sind „wir" nicht. Er betrifft also weder die Lebenden noch die Gestorbenen, da er für die einen nicht da ist, die anderen aber nicht mehr für ihn da sind. Doch die Masse flieht bisweilen den Tod als das größte aller Übel, bisweilen ersehnt sie ihn als Erholung von allen Übeln im Leben. Der Weise indes weist weder das Leben zurück, noch fürchtet er das Nicht-Leben; denn weder ist ihm das Leben zuwider, noch vermutet er, das Nicht-Leben sei ein Übel.

Diese berühmte Passage hat wirkungsgeschichtlich ein vielfältiges Echo gefunden, so stoßen wir in den Todesmeditationen von Montaigne auf den Satz: „Das Leben hat keine Übel mehr für den, der recht begriffen hat, dass der Verlust des Lebens kein Übel ist" (*Essais*, 1. Buch, XX). Infolge der Auflösung der Seele-Körper-Einheit gibt es für Epikur kein Weiterleben der Seele nach dem Tod. Wie tief diese Einstellung zum Tode mit der Konzeption der Seelenvorstellung als eines feinstofflich mit der Funktion der Wahrnehmung betrauten, und mit der körperlichen Organisation in seinem Bewegungsabläufen verflochtenen Wesens verbunden ist, das unterstreicht auch eine Stelle aus dem *Brief an Herodot* (65–66):

(…) Löst sich indes der gesamte Körperkomplex auf, dann zerstreut sich auch die Seele, (…) und bewegt sich auch nicht mehr, wie sie dann ja auch kein Wahrnehmungsvermögen mehr besitzt. Denn es lässt sich unmöglich denken, dass jener Teil (der Seele – W.R.) noch wahrnimmt, wenn er sich nicht mehr innerhalb dieser Organisation befindet und die entsprechenden Bewegungen vollzieht, d.h. wenn die bedeckenden und umgebenden Teile nicht mehr ebenso sind wie die, in denen die Seele sich jetzt befindet und deshalb die entsprechenden Bewegungen hat.

Die Überlegungen Epikurs zur Seele stehen alle im Dienst einer von ihm erstrebten Haltung der Ataraxie sowohl dem Leben wie auch dem Tode gegenüber. Nach langem Leben soll der Weise seinem Ende lächelnd ins Auge sehen.

5. Götterlehre

Die durch die epikureische Philosophie vollzogene Vergleichgültigung der Natur hat entscheidenden Einfluss auf ihre Auffassung von den Göttern. Deren Hauptmerkmale sind Unvergänglichkeit, vollkommenes Glück und völlige Leidenschaftslosigkeit. Das unterscheidet sie von anderen Atomverbindungen, die der Vergänglichkeit unterliegen. In ihrem seligen, der Vergängnis der Zeit enthobenen Dasein wissen sie sich getrennt von allen menschlichen Angelegenheiten. Sie erheben sich weder, um uns zu warnen noch, um uns zu schützen. Sie ereifern sich auch nicht, um uns zu bestrafen oder zu belohnen. Dadurch, dass Epikur die Götter „an den Rand" der bewohnten Welt drängt, eröffnet er den Spielraum menschlicher Freiheit. Sein erster Lehrsatz ist:

Das glückselige und unvergängliche Wesen hat weder selbst Sorgen, noch bereitet es sie einem anderen. Es wird also weder durch Wutausbrüche noch durch Gunstbeweise beansprucht; denn alles Derartige gibt es nur bei einem schwachen Wesen.

Im Bedenken dieses Satzes wird deutlich: „In der zeitlichen Unbegrenztheit ihrer Existenz unterscheiden sich die Götter von den weisen Menschen, die durch die Therapie der Philosophie zwar von seelischer Pein befreit werden, niemals aber immerwährende Freiheit von körperlichem Schmerz erlangen können."[4] Durch diese graduelle Differenz ist die Entlastung des Menschen nur halb geglückt. Wenn uns die Natur gleichgültig im Stich lässt, das Glück wechselhaft ist und die Götter dies alles ungerührt betrachten, dann erwächst dem Menschen daraus die Aufgabe, in der Besorgnis um eine autarke Lebensführung dem Göttlichen ähnlich zu werden. „Das von Platon angedeutete Streben nach Angleichung an den Gott (homoiosis theo) ist auch bei Epikur von grosser Wichtigkeit", kommentiert M. Erler.[5]

Dass sich die Götter Epikurs gegenüber allen menschlichen Angelegenheiten ungerührt zeigen, hat unter veränderten geschichtlichen Konstellationen in der neuzeitlichen Philosophie zu einer Verschärfung der Theodizeefrage geführt, die der Antike fremd war. In D. Humes *Dialogues concerning Natural Religion* (1779) stehen im 10. Teil die unvergesslichen Worte Philos: „Epikurs alte Fragen sind noch unbeantwortet. Will er (Gott – W. R.) Übel verhüten und kann nicht? Dann ist er ohnmächtig. Kann er und will nicht? Dann ist er übelwollend. Will er und kann er? Woher dann das Übel?"

6. Kanonik

Epikur hat eine Schrift gleichen Namens geschrieben. Sie enthält seine sensualistische Erkenntnistheorie, in der Kanon das Richtscheid bezeichnet, mit dem ein verlässliches Mittel (kriterion) gewonnen wird, zu prüfen, ob eine Sache richtig beurteilt wird oder falsch. Die *Kanonik* soll nach Diogenes Laertius (X, 30) die Zugangsweisen zur wissenschaftlichen Behandlung der Dinge leisten. Hierzu dienen drei „Kriterien der Wahrheit": Wahrnehmungen (aistheseis), Vorbegriffe (prolepseis) und Empfindungen (pathe). Basis aller Erkenntnis ist für Epikur die Wahrnehmung. Man muss daher streng darauf achten, was den Sinnen rein rezeptiv „gegeben" ist, und sich von allen irritierenden Hinzudichtungen des Verstandes frei halten. Die von der Skepsis ins Feld geführte Tatsache der Sinnestäuschung wird auf Fehlleistungen des interpretierenden Verstandes zurückgeführt. Im Rahmen unserer Wahrnehmungsurteile erfüllen „Vorbegriffe" im Sinne von Wahrheitskriterien eine wesentliche Funktion. Unter ihnen versteht Epikur im Gedächtnis abgelagerte Allgemeinvorstellungen, die durch die Konvention sprachlicher Bezeichnungen zur Klassifikation des sensorischen „Materials" dienen, das durch einen kontinuierlichen Zustrom feiner „Bilder" (eidola) gebildet wird, die sich von den jeweiligen Atomaggregaten ablösen. Bei Epikur greifen „Physik" und „Kanonik" ineinander.

Das Wahrnehmungskriterium der „Empfindung", Lust und Schmerz, dient der Leistung wertender Unterscheidungen im Leben. Sie steht im Dienst eines natürlichen Differenzierungsvermögens im Blick auf das, was unserem Leben dient oder ihm schadet.

7. Ethik

Vier Elementarsätze – in der Antike unter der Bezeichnung tetrapharmakon („vierfache Arznei") bekannt – definieren als kyriai doxai (Entscheidende Lehrsätze) die tragenden Voraussetzungen für ein glückliches Lebens. Sie beziehen sich auf eine adäquate Auffassung 1. von der Natur der Götter, 2. vom Tod, 3. von der Lust, 4. vom Leiden. Im steten Bedenken, dass die Götter sich um uns nicht kümmern, dass der Tod „uns nichts angeht" und die Schrecken des Jenseits nichts weiter sind als eine trügerische Fabel, wird der Mensch zu sich selbst befreit. So schreibt Epikur im *Brief an Menoikeus*:

> Dies also (…) bedenke Tag und Nacht bei dir selbst (…) Dann wirst du dich niemals, weder wachend noch schlafend, erschüttern lassen, und du wirst leben wie ein Gott unter Menschen.

Die vielfach missverstandene Lehre von der Lust beruht im Sinne einer Handlungstheorie auf dem aristotelischen Modell in der *Nikomachischen Ethik*, dem zufolge das Ziel aller unserer Handlungen das „Glück" ist. Für Epikur wird Glück als Lust (hedone) definiert. Sie ist für ihn „Ursprung und Ziel des glückseligen Lebens" (*Brief an Menoikeus*). Der Begriff der Lust besitzt bei Epikur ein differenziertes Bedeutungsspektrum. Er umfasst zunächst „das Wohlbefinden der Seele und des Körpers" (*Brief an Menoikeus*). Dieses „Wohlbefinden" hängt an der zu erarbeitenden Disposition des Menschen zu einem distanzierten Weltverhalten, konkretisiert im freien Verhalten zu den wechselvollen Gaben des Lebens. Der Maßstab einer solchen freien und reflektierten Einschätzung der Güter definiert das wahre Ziel allen menschlichen Strebens nach Lust im Sinne einer selbstverantwortlichen, durch Vernunft geleiteten Lebensführung. Die entscheidende Stelle hierzu findet sich im *Brief an Menoikeus* (131 f.):

> Wenn wir also sagen, die Lust sei das Ziel, meinen wir damit nicht die Lüste der Hemmungslosen (…) sondern: weder Schmerz im Körper noch Erschütterung in der Seele zu empfinden. Denn nicht Trinkgelage und aneinander gereihte Umzüge, auch nicht das Genießen von Knaben und Frauen, von Fischen und allem übrigen, was eine aufwendige Tafel bietet, erzeugen das lustvolle Leben, sondern ein nüchterner Verstand, der die Gründe für jedes Wählen und Meiden aufspürt und die bloßen Vermutungen vertreibt, von denen aus die häufigste Erschütterung auf die Seele übergreift.

Die zitierte Passage macht deutlich, dass die Lust über den Weg Vernunft geleiteter Wahl sich in der Ataraxie (Unerschütterlichkeit) der Seele erfüllt. Sie ist jene galene, jene „Meeresstille" der Seele, die dem reinen Leuchten eines wolkenlosen Himmels über tiefblauen Meeren gleicht. Es ist diese „Windstille", in der die Lust ihre höchste Erfüllung findet.

Epikur unterscheidet zwischen einer Lust in Bewegung und einer Lust in Ruhe. Die Ausbalancierung dieser beiden Größen entscheidet sich an dem fast quantitativ zu bemessenden Beitrag der Lust zur Erlangung der Ataraxie. Im Übrigen obliegt es der schon in den Sinnen liegenden Klugheit, mittels der durch sie gelieferten Signale zu wissen, welche Lust im Hinblick auf die Befriedigung des Körpers und der Seele natürlich und notwendig ist und welche es nicht ist. Aufgabe des Menschen ist, dieses somatische Wissen zu reflektieren und für die Lebensführung nutzbar zu machen.

Das der Lust übergeordnete Ziel besteht für Epikur darin, dass wir Herren und Götter unseres eigenen Schicksals werden, da für dieses weder die Natur noch die Eidola der Götter, sondern nur der Zufall unserer Geburt verantwortlich ist. Der rezeptiven Sinnlichkeit, die dem Zustrom der von den Atomkörpern abgestrahlten „Bilder" ausgeliefert ist, wird die beständige Übung und Stärkung der nur dem Menschen zukommenden Vernunftausstattung entgegengesetzt. Sie ist das aktiv kognitive Vermögen, das die Chance mentaler Lernprozesse ermöglicht. Durch sie wird der „Strom" der Bilder so transformiert, dass er im Raster schematisierter Wahrnehmung die auf sie bezogene Konditionierung des „Selbst" befestigt. Hinzu tritt seine semantische Strukturierung innerhalb der jeweiligen Sprachgemeinschaften. „Physik" und „Kanonik" stehen für das Interesse der Absicherung einer sich ihrer selbst bewusst gewordenen menschlichen Souveränität.

In dem unbeirrten Anspruch auf menschliches „Glück", im nüchternen Festhalten an Autarkie im Anblick einer allen menschlichen Sinnansprüchen gegenüber gleichgültigen natürlichen Welt, in der klugen Abwehr einer ständigen Bedrohung der menschlichen Natur durch ihre Schwäche, dieses Einfallstor für die Wahnsinn erzeugenden Spiele haltloser Vernunft, welche die Phantasmen von Gestirngöttern und die imaginären Schrecken des Jenseits hervorrufen – mit alledem steht die europäische Aufklärung in der Tradition Epikurs. Unverkennbar ist der therapeutische Zug seiner Philosophie. Ausdruck findet er in den ständigen Ermahnungen: „Bedenke doch! ... Erinnere dich! ...Beherzige! ..." Verbunden ist er mit dem Ziel, die Furcht der Seele zu überwinden.

Lukrez – Welt aus Atomen

Das eindruckvollste Zeugnis der Philosophie Epikurs bietet das große Lehrgedicht des römischen Dichters Lukrez *De rerum natura* (Über die Welt) aus dem 1. vorchristlichen Jahrhundert. Aus dem lateinischen Wort natura muss das Verbum nasci (geboren werden) herausgehört werden, d. h. natura umfasst den Werdeprozess der Welt in seiner Totalität, zu der auch das Gewordensein der Dinge (rerum) gehört.

1. Leben

Über das Leben des Titus Lucretius Carus wissen wir fast nichts. Es ist ganz hinter seinem großen Werk verschwunden. Die Lebenszeit des Lukrez umfasst die Jahre um 97 bis 55 v. Chr., der Ort seiner Geburt ist unbekannt. Aus einfachen Verhältnissen stammend, hat er sein Lehrgedicht einem Gönner namens Memmius gewidmet. Einer Überlieferung des Kirchenvaters Hieronymos zufolge soll Lukrez durch einen Liebestrank wahnsinnig geworden sein und im 44. Lebensjahr den Freitod gewählt haben. „Offensichtlich hat sich hier die bildlich gemeinte christliche Kritik an seinem Werk (,Wahnsinn') in eine vermeintliche biographische Tatsache verwandelt", schreibt M. Fuhrmann.[6] Cicero hat das Werk des Lukrez aus dem Nachlass gekannt und es der Öffentlichkeit zugänglich gemacht.

2. Das Werk

Das einzige Werk des Lukrez ist sein aus 6 Büchern bestehendes und in Hexametern verfasstes Lehrgedicht *De rerum natura*. Zugänglich ist es lateinisch/deutsch in der Übersetzung von K. Büchner unter dem Titel *Welt aus Atomen* (1956). In der Reihe „Exempla Classica" ist das Werk in der Übersetzung des Goethe-Freundes K. L. v. Knebel, versehen mit einem Nachwort von J. Bollack, 1960 erschienen. Zitiert wird nach dieser Übersetzung.

Lukrez steht mit seiner rationalen Welterklärung, überformt durch den Glanz seiner Dichtung, völlig in der Nachfolge Epikurs. Doch durchzieht im Gegensatz zu dessen Schriften ein strengerer, „feierlich-düsterer Zug" (H.-G. Gadamer) sein ganzes Werk. Der architektonische Aufbau des Gedichts ist klar erkennbar. Buch I geht von dem Fundamentalsatz aus: „Nichts entsteht aus nichts." Die Materie, bestehend aus den unsichtbaren Atomen, ist die Mutter allen Werdens. Hinzu kommt noch der leere Raum. Buch II widmet sich der Bewegung und Form der Atome, aus denen sich die wahrnehmbare Welt aufbaut. Buch III behandelt Leben und Seele. Es gliedert sich in drei Teile. Im 1. Teil geht es um animus (Geist) und anima (Seele), im 2. um deren Sterblichkeit, und der 3. Teil bekämpft die Todesfurcht. Buch IV widmet sich den Sinneswahrnehmungen und ihren Spielen. Buch V enthält eine Beschreibung der Entstehung der Welt und der Kultur. Buch VI erörtert Fragen der Meteorologie. Allen 6 Büchern gehen Proömien voraus, die wegen ihrer Schönheit berühmt sind. Ihr Grundthema ist die Preisung Epikurs.

3. Ambivalente Naturfrömmigkeit

Eindrucksvoll ist die kunstvoll aufgebaute Einleitung (I, 1–6) des Werkes, ein religiös gestimmter Hymnus auf Venus, der Verkörperung Leben spendenden Zeugungsmacht der Natur:

Mutter der Aeneaden, o Wonne der Menschen und Götter,
Holde Venus! die unter den gleitenden Lichtern des Himmels
Du das beschiffete Meer und die Früchte gebärende Erde
Froh mit Leben erfüllst; denn alle lebendigen Wesen
Werden erzeuget durch dich und schauen die Strahlen der Sonne.

In diesen Versen wird ein konservativer Zug deutlich, der auf das vorklassische Griechentum zurückgeht: das fromme Vertrauen auf die segensspendenden Kräfte der Natur. Wie verhält sich dieses „Vertrauen" zu der materialistischen Lehre Epikurs einer durch das Zufallsspiel der Atome entstandenen Welt in der Wüste des Alls? Dieser „Widerspruch" löst sich auf, wenn gesehen wird, wie tief bei aller Gebrochenheit das religiösantike Weltgefühl noch lebendig ist, das sich auf die „Natur" als einer letzten Instanz der alles verursachenden und bewirkenden Größe des Lebens beruft. Die Berufung auf sie wird bei Epikur und Lukrez durch die Einsicht in ihre physikalische Gesetzmäßigkeit legitimiert. Nur sie vermittelt dem Menschen die Botschaft, eine Welle im Ozean des nur durch sich selbst verursachten ewigen Ganzen zu sein, in dem sich immer wieder Geburt und Tod blind mischen:

(…) es mischt ins Leichengepränge
Sich das Gewimmer des Kindes, das auf zur Schwelle des Tags blickt:
Niemals löset die Nacht den Tag ab, oder das Frührot
Wieder die Nacht, dass sie nicht das Wimmern hörten des Säuglings,
Eingemischt in Gestöhn, dem Begleiter des Tods und der Bahre. (II, 574–580)

Der Dichter sieht in einer wegen ihrer dithyrambischen Schönheit viel gerühmten Stelle die Natur im archetypischen Bild der Magna mater (Großen Mutter), die auf ihrem festlichen Zug die Menschen, die ihr opfern, segnet:

Fährt sie in solchem Pomp nun durch die erhabenen Städte,
Stummbeglückend die Menschen mit ihrem schweigenden Segen,
Streuen sie Silber und Erz auf alle Straßen des Weges,
Spenden ihr reichliche Gaben und überschneien mit einem
Rosenschauer die Göttin und deren begleitend Gefolge. (II, 625–630)

Es verwundert nicht, dass Goethe Lukrez bewundert und verehrt hat. In der ihm eigenen Hellsichtigkeit hat er erkannt, dass sein Lehrgedicht auf eine Aufhebung des alten Dualismus Geist – Materie abzielt und schon die heimliche Predigt eines neuen Monismus enthält, für welchen physikalisches Erkennen nur der erste Schritt auf dem Weg zu einer mythischen Schau der Welt ist. Sie ist aber bei Lukrez tief gebrochen, wenn von der Natur die Gestalten aus dem Stoffozean wie „nach gewaltigem Schiffbruch" (II, 552) an den Strand geworfen werden. Im 5. Buch (222–227) steht die Geburt „unter der Metapher des Schiffbruchs" (H. Blumenberg): die Natur wirft das Kind aus dem Leib der Mutter an die Strände des Lichts, wie der Schiffer, den die wütenden Wogen ans Land geschleudert haben.

4. Todesmeditation

Im 3. Buch gewinnt die den Menschen auferlegte Trauer um ihre Verstorbenen in den Worten eines fiktiven Mitunterredners dadurch Stimme, dass der Tote selbst von allem Leid erlöst ist und nur den Hinterbliebenen der Kummer über seinen Fortgang alle Tage ihres Lebens bleibt (III, 903–906). Darauf folgt die große Mahnrede der Natur an ihr sterbliches Geschöpf:

(…) Was ist dir,
Sterblicher, dass du so sehr in bänglichem Trauern dich abhärmst?
Warum klagst du und weinest den Tod? War anders das Leben,
Das du bishero geführt, ein angenehmes Geschenk dir;
Sind nicht alle die Freuden wie durch ein zerlechztes Gefäß dir
Hingeflossen, und ohne Genuss dir die Tage zerronnen:
Warum stehst du nicht auf, wie ein satter Gast von der Mahlzeit,
Nimmst mit willigem Herzen, o Tor, die sichere Ruh' an? (III, 929–940)

Entscheidend sind dann jene Verse, die davon sprechen, dass wir alle der Natur unseren Tod schuldig sind. Darüber kann keine Trauer sein, da im großen Haushalt der Natur nichts verloren geht, weil in der endlosen Folge der Geschlechter alles nur ewige Umwandlung von Tod und Leben ist:

Nichts versinkt in den Schlund, und nichts in des Tartarus Nächte.
Neuer Stoff ist vonnöten zur Bildung neuer Geschlechter,
Die dir alle jedoch einst, abgelebet, noch folgen;
(…)
Also wird immerfort aus dem einen entstehen das andere:
Keiner erhält das Leben zum Eigentum, alle zum Nießbrauch.
Schaue zurück: was ist sie für uns, die ewige Dauer
Jener vergangenen Zeit, noch ehe geboren wir waren?
Diese hält die Natur uns gleichsam vor, als den Spiegel
Jener künftigen Zeit, die nachfolgt unserem Tode. (III, 965–975)

Eine Ewigkeit war vor unserer Geburt, eine Ewigkeit wird nach unserem Tod sein. Zwischen diesen beiden „Ewigkeiten" gleicht das Einzelleben dem Schatten eines Vogels im Flug: Kaum bemerkt, schon verschwunden. Das ist fortan die Klage der spätantiken Welt, fast wortwörtlich wiederholt in Marc Aurels *Selbstbetrachtungen*. Der „Trost" des Lukrez, „das Glück der Verzweiflung" (O. Seel), besteht in der unverkrampften Einwilligung des Menschen in die von der Natur verfügte Gesetzlichkeit des Austausches der atomaren Aggregate. Durch ihn hindurch sieht der römische Dichter die Umrisse des unzerstörbaren Lebens. Unter dem starren Blick der Melancholie sind für ihn Sarg und Wiege/Wiege und Sarg nur „Masken" der „großen Mutter" Natur. Es kann daher nicht verwundern, dass die Apologeten des frühen Christentums in Lukrez einen Gegner sahen, den es zu bekämpfen galt.

Die Stoa

Die Stoa, deren Hauptvertreter im letzten Drittel des 4. vorchristlichen Jahrhunderts alle aus dem östlichen Mittelmeerraum stammen, ist ein halbes Jahrtausend lang eine lebendige geistige Bewegung der Antike gewesen, die als Träger einer religiösen Mission Unzähligen religiösen und ethischen Halt anbot, indem sie ihnen den ersehnten Frieden der Seele im Vertrauen auf den Logos (Vernunft) verhieß. In seinem Buch *Der Mut zum Sein* (1969) spricht der angesehene Theologe P. Tillich davon, dass der Stoizismus, verstanden als religiöse Haltung, in der abendländischen Welt die einzige wirkliche Alternative zum Christentum gewesen ist. Die Stoa besitzt drei historische Wurzeln: die Sokratik, mit ihrer Forderung der Fürsorge um die Seele, die Logos-Lehre Heraklits und die kynische Güterlehre, nach der alle äußeren Dinge für die innere Glückseligkeit völlig gleichgültig sind. Der Grundsatz der Stoa, der die in der Antike stets virulente Angst vor der Unberechenbarkeit polytheistischer Schicksalsmächte abwehrt, ist: Die Welt wird gemäß dem in ihr waltenden Logos (Vernunft) von einer göttlichen Vorsehung gelenkt und ist daher grundsätzlich gut. Stoische Positionen sind: die Souveränität des auf sich selbst gestellten Individuums als sittlicher Person, eine jenseits von Begierde und Furcht mögliche vernünftige Selbstbehauptung des Menschen durch eine Partizipation am göttlichen Logos der Welt, eine am Begriff der Pflicht orientierte Willensethik, der Gedanke unbedingter Selbstachtung, gestützt auf das moralische Wissen um die eigene Verantwortlichkeit der Lebensführung in den wechselhaften Situationen des äußeren Lebens, der Fortschrittsglaube sowie das Bekenntnis zu einem Kosmopolitismus, der sich auf die Achtung vor der Würde eines jeden Menschen beruft, unabhängig von seiner jeweiligen Zughörigkeit zu einer bestimmten Rasse oder seinem sozialen Stand. Sie haben bis in die Neuzeit hinein das philosophische und politische Denken stark beeinflusst. Sprachphilosophisch bedeutsam ist die stoische Unterscheidung zwischen dem logos prophorikos, dem ausgesprochenen logos im Sinne des sprachlichen Ausdrucks, und dem logos endiathetos, dem inneren logos. Es ist der logos endiathetos, der als die „Stimme einer inneren Überlegung" (J. Grondin) dem mit ihm begabten Menschen die Möglichkeit zur Weltauslegung eröffnet.

Die Stoa der römischen Kaiserzeit hat der Nachwelt ein unvergessliches Bild des Weisen hinterlassen, mit dem sie am meisten gewirkt hat. Gleichmütig gegenüber den Wechselfällen des äußeren Lebens bleibt der Weise sich selber treu, indem er dem einzig wahren Gut, dem Gott in ihm, dem Logos, folgt. Weil er sich durch sein Weltvertrauen in der Hut einer göttlich guten Vorsehung weiss, der das All unterstellt ist, kann ihm kein Übel schaden. Und wenn ihn auch, wie jeden Menschen, Leid, Krankeit und Tod treffen, so ist er sich doch dessen gewiss, dass sie sein geistiges Selbst nicht zu zerstören vermögen. In der apatheia, dem Freisein von den vernunftwidrigen Affekten der Begierde und der Furcht wie den falschen Sorgen um äussere Anerkennung, Besitz und Wohlergehen, bleibt er in Glück und Unglück stets der Herr über sich selbst. Bei all seinen Handlungen ist sein Wächteramt auf die Frage gerichtet, ob sie eines freien Menschen Lebensführung würdig sind. Im richtigen Gebrauch der Dinge verfügt er frei über sie, nicht aber duldet er es, dass die Dinge über ihn verfügen. Allen Stürmen des Lebens auf Grund seiner inneren Freiheit entzogen, gleicht er einem Mann, dessen Standpunkt im Leben auf festem Boden ruht, über dessen Haupt sich aber stets ein „heiterer Himmel" wölbt. In der Haltung weiser Resignation hat er gelernt, sich weder vor dem Leben zu ängstigen, dessen Zufälle nur Teil des Zufällig-Vergänglichen in ihm selbst sind, noch auch vor seinem Tod, den er in der ständig eingeübten Ars moriendi, d.h. der Kunst des ständigen Abschiednehmen-Könnens, in den eigenen Lebensprozess integriert hat. So gleicht er nach Epiktet (55–135 n. Chr.) einem Mann, der stets bereit ist, dem „Ruf des Steuermanns" Folge zu leisten und zu jenem „Schiff" zu eilen, das ihn vom Land abholt und einem unbekannten Meer entgegenführt (*Encheiridion*, 7).

Quellen

Die philologisch unentbehrliche Ausgabe bleibt die von J. von Arnim zusammengestellte vierbändige Textsammlung: *Stoicorum Veterum Fragmenta* (1905 ff.), Neudruck Stuttgart 1964.

Einen Überblick über die Stoa (mit Quellen) gibt der Band *Stoa und Stoiker. Die Gründer. Paneitios. Poseidonius*. Eingeleitet und übertragen von M. Pohlenz (1950). Die Ausgabe basiert auf seinem Standardwerk *Die Stoa. Geschichte einer geistigen Bewegung* (7. Auflage 1992). Eine neuere wissenschaftliche Werkausgabe nach systematischen Gesichtspunkten in 4 Bänden hat vorgelegt: K.-H. Hülser (Hrsg.), *Fragmente zur Dialektik der Stoiker. Neue Sammlung der Texte mit deutscher Übersetzung und Kommentaren* (1987). Für Studierende der Philosophie sei auf die bei Reclam 2001 erschienene Ausgabe *Die Philosophie der Stoa. Ausgewählte Texte*, übersetzt und herausgegeben von W. Weinkauf verwiesen.

Es ist misslich, dass wir auch von den Stoikern lediglich überlieferte Textfragmente besitzen. Weder von Zenon, dem eigentlichen Begründer der Stoa, noch von Chrysipp, noch von der „mittleren Stoa" besitzen wir die Originalwerke, sondern nur Zitate einer späteren Überlieferung.

Alte Stoa

Die Stoa als „Schule" wurde gegründet, als Zenon von Kitium auf Cypern 300 v. Chr. in Athen, in der „Bunten Säulenhalle" (stoa poikile) zu lehren begann. Ursprünglich von kynischen Motiven beeinflusst, war seine Lehre stark vom Gedankengut der Platonischen Akademie geprägt. Seine „Physik", die von der Unterscheidung des Aristoteles zwischen Form und Materie ausging, sah in dem logos spermatikos ein universal wirkendes Formprinzip, einen Gott, der den Stoff der Materie durchdringt und ihn zum Kosmos formt, indem er alle „leidende" Materie (hyle) tätig gestaltet, beseelt und in Bewegung setzt. Der Logos, dessen feinster stofflicher Träger das Urelement Feuer ist, ist der göttliche Urgrund der Welt. Seine lebendige, nach dem Modell des Künstlers arbeitende Kraft (tonos) bewirkt in der Materie ihre Umwandlung zum Kosmos. Mit dieser Konzeption des Logos ist der Einfluss Heraklits auf die Physik des Zenon deutlich zu erkennen. Ferner ist der Logos Weltgesetz, unter dessen Herrschaft alles Seiende steht. Zenons „Ethik" bestand in der Forderung, homologoumenos zen (einstimmig zu leben). Ziel des menschlichen Strebens nach Glück ist es, ein Leben in Übereinstimmung mit dem die Welt ordnenden Logos zu führen. Mensch, Gott und Welt stehen in Korrelation zueinander. Die Natürlichkeit des menschlichen Daseins, zu der auch der ihr inne wohnende Logos als Erkenntnisvermögen zählt, entspricht der dem Feuer ähnlichen Geiststofflichkeit der Weltseele in der Natur. Was den Menschen über das Tier erhebt, ist jener Funke des göttlichen Geistes, den er in sich selbst trägt. Durch das einzigartige Vermögen der Selbsttranszendierung erkennt der Mensch seine Bestimmung, im Einklang mit dem Logos als dem alles bestimmenden Sinn der Natur zu leben. Indem er sich der „Weisheit" ihrer Ordnung freiwillig unterwirft, befreit er seine Existenz von dem „Skandal", das Erzeugnis eines blinden Zufalls zu sein. In der Haltung religiöser Weltfrömmigkeit akzeptiert er, dass sein irdisches Dasein ein Glied in der großen Kette der Natur ist, die als ein „lebendiges Feuer" in ihren zyklischen Umläufen sich stets gleich bleibt. Da im großen Haushalt der Natur nichts verloren geht, bleibt in ihm das, was im inneren Menschen Pneuma ist, erhalten.

Ein zu sich selbst entschlossenes Leben in Übereinstimmung mit der sich ewig selber wollenden vernünftigen Welt zeitigt als seine Frucht die arete (das sittliche Verhalten). Das Streben nach sittlicher Vollkommenheit ist reiner Selbstzweck. Als solches ist es grundsätzlich apolitisch. Arete ist aber von der Stoa nicht so sehr als Selbstverhältnis gesehen worden, sondern als eine philosophische Lebensform in der Gemeinschaft. Die aristotelische Bestimmung des Menschen als eines „politischen Lebewesens" wird auf die Bestimmung reduziert, ein „Wesen der Gemeinschaft" zu sein, wobei Gemeinschaft als eine Kulturgemeinschaft im weiten Raum der Oikumene verstanden wird. Diese spiegelt die Vereinigung des Mittelmeerraumes zu einem einheitlichen Kultur- und Wirtschaftsraum. Wahre „Tugend", die ein jeder erreichen kann, Freier und Sklave,

Grieche und Nichtgrieche, verbindet sich mit der Haltung einer inneren Autarkie gegenüber den Irritationen der Außenwelt und den Affekten der Seele. Gebunden bleibt sie nur an die ethische Verpflichtung, die Förderung des Wohles des Mitmenschen als des „Angehörigen" der einen Welt zu betreiben. „Der Wille, Gutes tun zu wollen, ist die unüberwindliche innere Burg, die jeder in sich errichten kann", schreibt P. Hadot in seinem Buch *Wege zur Weisheit oder Was lehrt uns die antike Philosophie?* (1999) und er fährt fort: „Dort findet er Freiheit, Unabhängigkeit, Unverletzlichkeit und Kohärenz mit sich selbst, ein in höchstem Grad stoischer Wert."[7]

Bereits bei Zenon gliedert sich das philosophische System der Stoa in drei Teile: Logik, sie umfasst Dialektik, Erkenntnistheorie, Sprachphilosophie und Rhetorik; Physik, sie umfasst die Naturwissenschaften, Theologie und Metaphysik; und Ethik, die ein der Natur gemässes Leben und ein der Vernunft verpflichtetes Ethos als das Ziel rationaler Lebensführung in den Mittelpunkt stellt.

Nachfolger Zenons als Scholarch (Schuloberhaupt) war dessen Schüler Kleanthes aus Assos. Zunächst Faustkämpfer, schloss er sich um 280 v. Chr. dem Schülerkreis des Zenon an. Er behielt sein Amt bis zu seinem Tod um 232 v. Chr. Wenig originell in seinem Denken, wachte er streng über der „Lehre" seines Meisters. Die Welt und der Rhythmus des Lebens war für ihn durch die „Stosskraft des Feuers" gestaltet. Berühmt ist sein Hymnus auf Zeus, ein schlichtes Gebet, das in einem fast kindlich frommen Ton Zeus als den „allmächtigen Gott" des Alls preist und ihn als „allgütigen Vater" anruft.

Aufgabe des Menschen ist es, sich in die ewige Ordnung der Welt einzufügen, denn, so die von Seneca (*Epist.* 107, 11) zitierte Formulierung des Kleanthes:

Ducunt volentem fata, nolentem trahunt.
(Den Willigen führt das Geschick, den Störrischen schleift es mit.)

Nachfolger im Lehramt wurde Chrysipp von Soloi in Kilikien, geboren um 279 v. Chr., gestorben um 206. Als junger Mann siedelte er nach Athen über. Dort schloss er sich der von Kleanthes geleiteten „Schule" an. Neben Zenon war er der bedeutendste Stoiker und verlieh als ein eigenständiger Geist und „zweiter Gründer" der Schule dieser ihre eigene systematische Gestalt. Ein Grossteil seiner weitläufigen Abhandlungen widmete sich im Rahmen der stoischen Erkenntnislehre vor allem sprachphilosophischen- und logischen Problemen.

1. Logik

Nach Chrysipp liegt das Wahrheitskriterium aller Erkenntnis in den sinnlichen Wahrnehmungen, den sogenannten kataleptischen Vorstellungen, und den aus ihnen im Sinne natürlicher Vorbegriffe abgeleiteten Allgemeinbegriffen, den prolepseis. Innerhalb der Lehre von den axiomata (Aussagen) spielen die unkörperlichen lekta in ihrer Funktion als Bedeutungsträger der Sprache eine wichtige Rolle. Sie entscheiden über den Wahrheitswert einer Aussage in ihrer Eigenschaft, wahr oder falsch zu sein. Die Syllogistik als Lehre von den Schlüssen im Urteil geht im Unterschied zu der von Aristoteles gelehrten Syllogistik nicht von der Beziehung zwischen Subjekten und Prädikaten aus, sondern von der Beziehung zwischen Aussagen. Die stoische Logik ist somit wesentlich eine Aussagelogik. Zu unterscheiden sind der sprachliche Ausdruck eines Satzes und sein logischer Inhalt. Es gibt demnach keine verlässliche Isomorphie zwischen sprachlichem Ausdruck und logischem Inhalt. Indem sich die Untersuchung logischer Gesetzmäßigkeiten mit der Analyse der sprachlichen Formen des Ausdrucks verbindet, konvergieren Logik, Sprachtheorie und Zeichentheorie. Nach E. Coseriu (2003) sind es in diesem Zusammenhang vor allem drei Komplexe, die für die weitere Entwicklung der Sprachphilosophie von Bedeutung sind: 1. Die Trennung der Fragen nach dem Ursprung und nach der Funktion der Sprache; 2. die Unterscheidung zwischen einer logisch-inhaltlichen und einer grammatisch-formalen Betrachtung der Sprache und 3. die Zeichentheorie, welche dem Bedeutungsaspekt der Sprache besondere Beachtung schenkt. (Letztere wurde aber erst durch den Chrysipp-Schüler Diogenes von Babylon voll ausgearbeitet.)

2. Physik

In der „Physik" geht es um das Verhältnis zwischen dem göttlichen Pneuma, dem der Welt immanenten feurigen Prinzip allen Seins und der passiven Materie, die durch das „schöpferische Feuer" des Pneuma in zyklischen Weltperioden zweckmäßig gebildet wird. In diesem Prozess findet eine ständige Umwandlung der Elemente statt – aus Feuer wird Luft, aus Luft Wasser, aus Wasser Erde –, ein ewiger Kreislauf, in welchem das dem Kosmos innewohnende Feuer eine Ekpyrosis (Weltbrand) erzeugt, aus dem die durch Feuer vernichtete Welt analog dem großen Weltenjahr (ca. 12 000 Jahre) von neuem entsteht.

War es bei Homer Zeus, durch dessen Ratschluss sich alles vollendet, so ist „Zeus" in der Stoa die Weltvernunft, die alles irdische Geschehen durch die kausale Verkettung des Fatums (Schicksals) bestimmt. Heimarmene (Schicksal) ist die Anordnung allen Geschehens, nach der das Eine aus dem Anderen folgt gemäß der von Ewigkeit her bestimmten Verkettung der Ursachen. „Jeder Augenblick ist die Frucht von vierzigtausend Jahren" (Th. Wolfe).

Aus der Perspektive einer ewigen Weltvernunft gibt es weder in der Natur noch in der Geschichte ein wahres Übel. Daher obliegt es dem Menschen mittels des in ihm wirkenden leitenden Seelenteils (hegemonikon) dem Fatum (griechisch: heimarmene) Gehorsam zu leisten. Chrysipp nimmt die das Griechentum stets beunruhigende Frage nach dem Verhältnis von göttlicher Fügung und menschlicher Freiheit in neuer Weise auf. Seine eigenwillige „Lösung", kausale Notwendigkeit und menschliche Willensfreiheit gleichermassen anzuerkennen, hat Cicero in der kleinen, aus seinen letzten Lebensjahren stammenden Schrift *De fato* (Vom Schicksal) durch den von Chrysipp gewählten Vergleich mit einem Zylinder widergegeben und erörtert. Wie die Verkettung der Ursachen, die stoische Auffassung vom Schicksal, einen Zylinder in Bewegung setzt, dieser aber seine Drehbewegung in der ihm gemässen Form selbsttätig vollzieht, so löst auch die Verkettung der Ursachen in uns diese oder jene Vorstellung aus. Dennoch sind wir in unserem Werturteil über diese Vorstellung „frei", ihr in unseren Entschlüssen und Handlungen zuzustimmen oder nicht. Darin liegt die moralische Verantwortlichkeit des Menschen für die ihm vom Schicksal auferlegte Rolle auf der Bühne des Lebens.

3. Ethik

Der Hauptsatz der stoischen Ethik besteht in der Aufforderung an den Menschen, sein Leben im Einklang mit dem göttlichen Logos zu führen. Als Gesinnungsethik betont sie, dass alles Gute und Schlechte einer Handlung von der moralischen Autonomie des willentlichen Vorsatzes einer Handlung abhängt. Entscheidend bei unseren Handlungen ist, welchen Sinn wir ihnen verleihen, insoweit sie von uns selber abhängen. Den jeweilig wechselnden Lebensverhältnissen kommt dabei keinerlei Bedeutung zu, da diese nicht in der Macht unseres sittlichen Wollens stehen. Es geht bei alledem immer um die eine Frage: Was liegt in unserer Macht und was liegt nicht in ihr? Was in unserer Macht liegt, das ist: in der Welt und vor allem für sie Gutes zu tun; was nicht in unserer Macht liegt, ist: als die Verfügung des Schicksals über uns liebend anzunehmen. Die Ausführungen des Chrysipp im Rahmen einer materialen Güterethik bemühen sich um begriffliche Schärfe hinsichtlich der Definition einzelner moralischer Tugenden wie um die Abgrenzung ethischer Grundsätze gegenüber den Lehrmeinungen anderer Schulen.

4. Affektenlehre

Mit der Ethik verbindet sich bei Chrysipp eine rationale Psychologie. In seiner Schrift *Peri psyches* (Über die Seele) spielen sich die Vorgänge des seelischen Lebens wie Wahrnehmung, Vorstellung und Zustimmung oder Ablehnung in dem leitenden Organ der Seele, dem hegemonikon, ab und können in den Kategorien „Erkenntnis und Urteil" interpretiert werden. Die Tafel der Seele besteht aus Eindrücken und Gedanken, denen der Geist zustimmt (oder nicht). Diese Akte verfestigen sich zu Überzeugungen. Es ist Aufgabe der Vernunft darüber zu wachen, ob unsere „Überzeugungen" nicht zu jenen verheerenden Leidenschaften führen, die uns zerstören. Alle Leidenschaften beruhen auf falschen Urteilen des Verstandes. Deshalb muss der Weise sich von ihnen unabhängig machen, den „Wahn" falscher Überzeugungen ablegen und nur auf das vertrauen, was einem weisen und durch die Vernunft geleiteten tugendhaften Leben entspricht. Chrysipps *Therapeutikos* unterbreitete einem größeren Publikum Vorschläge zur Heilung schädlicher Affekte. Weil sie auf falsche Meinungen über die Dinge zurückgeführt werden können, verlieren sie durch jene ruhige und vernünftige Überlegung ihre Macht über den Menschen, dass es nicht die Dinge- sind, sondern unsere Vorstellung von den Dingen, die uns ängstigt und beunruhigt. Es sind die eingebildeten Katastrophen, die unseren Geist verwirren.

Grundziel der stoischen Ethik ist: Der Logos als die unverbrüchliche Ordnung der Natur soll mit dem inneren Gesetz autonomer Lebensführung, dem moralischen Willen, in Einklang gebracht werden. Vorbild dieser „Harmonie" ist der Weise, in welchem auf dem dunklen Hintergrund einer zerrissenen Welt diese „Einheit" verwirklicht ist.Weil er gelernt hat, sich von allen Versuchungen des Lebens – der Sucht nach äußerer Anerkennung, der Verführung politischer Macht und der Gier nach materiellem Besitz – unabhängig zu machen, feiert sich in seinem Bild der Triumph der inneren Freiheit. Hinter diesem Ideal des Weisen steht für die Stoa Sokrates. Als Liebhaber hat er gezeigt, dass man die Schönheit des Leibes ohne Verachtung zu lieben vermag, ohne sich doch jemals von ihr bestechen- oder gar unterjochen zu lassen.

Die „mittlere" Stoa

Einer der gefährlichsten Gegner der Stoa war Karneades (um 214–129 v. Chr.), Scholarch der platonischen Akademie in den Jahren 156/55 bis 137/36 v. Chr., ein Meister im dialektischen Argumentieren. In der Tradition der skeptischen Richtung des Arkesilaos stehend, wies er der stoischen Lehre des Chrysipp innere Widersprüchlichkeiten nach. Dieser Umstand trug mit dazu bei, dass dessen „Schule" in einem doktrinären Gelehrtengezänk zu erstarren drohte. Erst durch Panaitios von Rhodos, um 185 v. Chr. in Lindos geboren und um 109 v. Chr. in Athen gestorben, kam ein aus der Tradition der Sokratik genährter lebendiger Geist auf, der die Stoa als praktische Philosophie für die aus der Aristokratie stammenden geistig führenden Köpfe Roms, wie wir sie im Kreis um den jüngeren Scipio versammelt sehen, hinsichtlich einer von ihnen erstrebten sittlich wahren und politisch humanen Lebensform zum Ideal werden ließ. Im Zentrum der Philosophie des Panaitios steht die Ethik. Sie zeigt starke Züge einer aristokratischen Individualethik und bewährt sich in einem Lebensstil der seelischen Harmonie, die Spiegel eines „Kosmos" lebendiger Lebensvollzüge ist, wie er sich in Ordnung, Schönheit, Anmut und dem, was sich geziemt, bezeugt. In seiner Schrift *Peri tou kathekontos* (Über die Pflicht), die sich in Ciceros Büchern *De officiis* widerspiegelt, ist Pflicht in erster Linie humane Selbstverpflichtung im Rahmen der Verantwortlichkeit gegenüber der eigenen Vernunftnatur, deren integrierendes Vermögen auch die natürlichen Affekte des Menschen umfasst. Die Verwirklichung der Pflichtenlehre im Raum des Politischen geschieht unter Berufung auf die sittlichen Grundwerte Ordnung und Maß in der Ausübung der vier Kardinaltugenden Weisheit, Gerechtigkeit, Tapferkeit und Besonnenheit, die auf den Dienst an der menschlichen Gemeinschaft und die Bewahrung ihrer Würde bezogen sind. Ziel der Tugend- und Pflichtenlehre ist die Glückseligkeit, die in der Erfüllung der Pflicht gegen sich selbst und gegenüber den Mitmenschen ihren Wert in sich selber trägt. Bei Panaitios wird der Ton einer festlich gestimmten Freude hörbar, welche die Gunst der Gegenwart genießt, sich dankbar der schönen Tage der Vergangenheit erinnert und sich nicht allzu sehr vor der Zukunft schlimmer Tage fürchtet, weil sie Krankheit und Tod als unvermeidliches, von der Natur dem Menschenleben zugedachtes Los anerkannt hat. Alter, Siechtum, Schmerz und Tod treffen zwar den „äußeren" Menschen, seinen „inneren" Wert aber und die mit ihm verbundene Würde vermögen sie nicht anzutasten.

Poseidonios, der zweite große Vertreter der mittleren Stoa, wurde um 135 v. Chr. in dem syrischen Apameia geboren, studierte in Athen mehrere Jahre bei Panaitios und lebte in späteren Jahren nach ausgedehnten Forschungsreisen auf Rhodos. Dort übernahm er das höchste Staatsamt eines Prytanen und leitete im Jahre 87 v. Chr. eine diplomatische Gesandtschaft in Rom. Er starb vermutlich um 51 v. Chr. in Rhodos. Sein universaler Geist wandte sich allen Gebieten des Lebens zu, von der Astronomie bis hin zur Ethnologie im Rahmen einer vergleichenden Kulturwissenschaft und vor allem der Geschichtsschreibung, die er in Weiterführung des Polybios als Universalgeschichte betrieb. Als Kulturtheoretiker verbindet Poseidonios den zivilisatorischen Fortschritt mit einer zunehmenden Dekadenz in der klaren Erkenntnis, dass technischer Fortschritt noch keinen Fortschritt in moralischer Hinsicht bedeutet. Für die Religionsphilosophie von Interesse ist seine Hypothese einer „Urreligion", aus welcher sich im Verlauf der geschichtlichen Entwicklung die einzelnen Volksreligionen ausdifferenzieren lassen. Seine pantheistische Weltfrömmigkeit, die Geist und Materie in sich gegenseitig durchdringender Einheit sieht, zeigt den Kosmos als einen durch das göttliche Pneuma geistig beseelten lebendigen Organismus. Dessen Teile sind im Pulsschlag einer wechselseitigen Sympathie miteinander verbunden. Auf dem Hintergrund einer natürlichen Religion offenbart sich die Göttlichkeit der Welt als „lebendig geschaute und gefühlte Wirklichkeit" (M. Pohlenz). Die griechische Kosmotheologie erreicht in Poseidonios ihre letzte Höhe.

Die Stoa in der römischen Kaiserzeit

Die römische Welt öffnete sich nur zögerlich der Philosophie. Als Athen im Jahre 155 v. Chr. eine Gesandtschaft von drei Philosophen nach Rom schickte, den Akademiker Karneades, den Stoiker Diogenes und den Peripatetiker Kritolaos, ließ sie Cato, entrüstet über ihr Auftreten, umgehend ausweisen. Griechische Philosophie und ihre Schulrichtungen sind in Rom zur Zeit der Republik vor allem in ihrer Vermittlung durch Marcus Tullius Cicero (106–43 v. Chr.) „heimisch" geworden. Er hatte in seiner Jugend in Rhodos neben Rhetorik vor allem griechische Philosophie studiert und sie in seinem Leben als Anwalt und Politiker in römische Vorstellungswelt und lateinische Sprache übertragen. Obschon sich Cicero zur Schule der platonischen Akademie bekannte, enthält sein Staatdenken und seine Pflichtenlehre rein stoisches Gedankengut. Seine philosophischen Schriften, darunter solche Kostbarkeiten wie die in den Jahren 45/44 v. Chr. entstandenen *Tusculanae disputationes* (Gespräche in Tusculum) und die kleine Schrift *De fato* (Vom Schicksal), blieben schon auf Grund ihrer glänzenden stilistischen Formgebung ein dauerndes Traditionsgut für die Gebildeten. Sein verloren gegangener Dialog *Hortensius* bildete für den jungen Augustinus einen wesentlichen Anstoß auf seinem Weg der Bekehrung zum christlichen Glauben. In den zum Teil dramatischen Wechselfällen seines Lebens, vor allem aber nach dem schwersten persönlichen Schicksalsschlag, dem Tod seiner über alles geliebten Tochter Tullia im Februar des Jahres 45 v. Chr., wird die Philosophie ihm immer mehr zur „geistigen Führerin und Stütze im Leben" (M. Giebel).

In der Epoche der mit Augustus beginnenden römischen Kaiserzeit gewinnt der Stoizismus die größte Bedeutung für die Lebensführung vieler hervorragender Männer aus der Oberschicht. Römische virtus in der res publica vereinigt sich mit dem politischen Gehalt griechischer arete, stoisches Denken mit „römischer Wertewelt" (M. Giebel). Zu diesen Männern zählt auch als der „Archeget seines Zeitalters" (M. Fuhrmann) Seneca, dessen Schriften bis in unsere Gegenwart stets eifrige Leser gefunden haben.

Lucius Annaeus Seneca

In einer Auswahl aus den Schriften Senecas unter dem Titel *Vom glückseligen Leben* (1956) schreibt J. Kroymann einleitend: „Senecas philosophische Schriften haben durch zwei Jahrtausende ihren bedeutenden Rang als Zeugnisse einer hohen, zeitlos gültigen Menschlichkeit bewahrt und bewährt. Sie sind aus einer bestimmten geschichtlichen (…) Situation heraus die erregend aktuelle Antwort eines einzigartigen Römers auf die bleibende Grundfrage, wie der Mensch in Angst und Sorge seines Daseins noch sein Glück und seinen inneren Frieden behaupte."[8]

Zu Seneca ist in der WBG erschienen: G. Maurach (Hrsg.): *Seneca als Philosoph.* (Wege der Forschung Bd. CCCCXIV). Darmstadt 1975.

1. Leben

Lucius Annaeus Seneca wurde kurz vor der Zeitenwende (um 4 v.Chr.) in Córdoba in Spanien als Sohn des wohlhabendendes Ritters Lucius Annaeus Seneca geboren. Schon früh kam er nach Rom, wo er die standesübliche Ausbildung in Rhetorik erhielt und stoische Philosophie bei Attalos studierte. Nach seinen Studienjahren lebte er längere Zeit in Alexandrien. Im Jahre 31 n.Chr. kehrte er nach Rom zurück und wurde als Quästor Mitglied des Senats. Durch seine glänzenden Plädoyers als Anwalt erregte er die Eifersucht des späteren Kaisers Caligula. Nur das Gerücht einer Konkubine, ihm stehe ein baldiges Ende durch Schwindsucht bevor, soll ihm das Leben gerettet haben. Nach der Ermordung des Caligula im Jahre 41 n.Chr. und der Thronbesteigung seines Nachfolgers Claudius wurde Seneca Opfer höfischer Intrigen. Er musste nach Korsika in die Verbannung gehen. Aus dieser Zeit stammt seine *Consolatio ad Helviam matrem* (Trostschrift für die Mutter Helvia) wie auch Teile seines umfänglichen Werkes *De ira* (Über den Zorn). Nach acht Jahren, Claudius hatte in vierter Ehe seine Nichte Agrippina geheiratet, erwirkte die neue Kaiserin seine Rückkehr nach Rom. Sie betraute Seneca mit der Erziehung ihres Sohnes aus erster Ehe, des damals zwölfjährigen Nero. In dieser Zeit verfasst er seine Schrift *De brevitate vitae* (Von der Kürze des Lebens), in der zum ersten Mal das Thema erörtert wird, wie die Pflicht gegenüber den Forderungen des Tages und die Muße zur philosophischen Selbstbesinnung (negotium und otium) sich miteinander vereinigen lassen. Zu letzterer blieb Seneca wenig Zeit. In den Jahren 50 und 55 n.Chr. bekleidete er die höchsten Staatsämter und leitete als Erzieher und Berater des jungen Nero gemeinsam mit dem Gardepräfekten Afranius Burrus etwa fünf Jahre die Geschicke des römischen Reiches. Aus dieser Zeit stammen wohl seine auf die Bearbeitung griechischer Mythen zurückgehenden Tragödiendichtungen. Was seinen Zögling Nero betraf, so zeigte sich dieser völlig unbeeindruckt von den Lehren, die ihm Seneca durch seine staatsphilosophische Schrift, den Fürstenspiegel *De clementia* (Über die Milde), nahe zu bringen suchte. Im Jahre 55 n.Chr. beseitigte der Siebzehnjährige den Stiefbruder Britannicus, vier Jahre später schreckte er nicht davor zurück, seine ehrgeizige Mutter zu ermorden. Seneca, der gezwungen war, diese Tat vor dem Volk als Notwehr zu rechtfertigen, verlor danach mehr und mehr an Macht und nahm im Jahre 62 n.Chr. seinen Abschied von der politischen Bühne Roms. In der Zeit des Rückzuges ins Privatleben widmete sich Seneca nunmehr ganz seiner philosophischen Schriftstellerei. Aus diesen Jahren stammen so bekannte Schriften wie *De vita beata* (Vom glücklichen Leben), *De tranquillitate animi* (Von der Seelenruhe), *De otio* (Über die Muße) und seine das Theodizeeproblem erörternde Schrift *De providentia* (Über die Vorsehung), „ein eindrucksvolles Dokument von Senecas Religiosität", aber auch die unvollständig erhaltenen *Epistulae morales ad Lucilium* (Moralische Briefe Briefe an Lucilius), Senecas „schönstes Prosawerk" (M. Fuhrmann), das seine ganze stoische Philosophie wie in einem Spiegel zeigt und ihn in seiner Rolle als „Seelenleiter" (I. Hadot) erkennbar werden lässt. In seiner letzte Schaffensphase (62 bis 65 n.Chr.) entsteht seine umfangreichste ethische Schrift, die 7 Bücher seiner Abhandlung *De benificiis* (Über die Wohltaten). In diese Zeit fällt auch seine einzige naturwissenschaftliche Schrift

Naturales quaestiones (Physikalische Probleme). Die Verbrechen Neros führten im Jahre 65 n. Chr. zu einer Verschwörung gegen ihn unter der Führung des Gaius Calpurnius Piso, einem einflussreichen Mann aus der höchsten Aristokratie. Sie scheiterte durch Verrat. Seneca, der der Mitwisserschaft an der pisonischen Verschwörung bezichtigt wurde, erhielt von seinem ehemaligen Zögling den Befehl, Selbstmord zu begehen. Der römische Geschichtsschreiber Tacitus hat in seinen Annalen (15, 60 ff.) das Ende Senecas, es war ein qualvolles Sterben, in stilisierter Form überliefert. Nach dem Vorbild des Sokrates schied er in völliger philosophischer Gelassenheit aus dem Leben, nachdem er zuvor noch die anwesenden Freunde mit den Worten getröstet hatte, er hinterlasse ihnen, nachdem man ihm verwehrt habe, sie durch sein Testament zu belohnen, das Einzigste und Schönste, was ihm noch geblieben sei, das „Bildnis seines Lebens". Durch seinen Todestag hatte er die Worte im 26. Brief an Lucilius bewahrheitet:

Wer zu sterben gelernt hat, der hat verlernt Sklave zu sein; er steht über aller Gewalt, mindestens jenseits von aller Gewalt. Was bedeuten ihm Kerker und Wachen und verschlossene Türen? Der Ausgang steht ihm frei. Es gibt nur eine Kette, die uns gefesselt hält, das ist die Liebe zum Leben. Vermag man sie nicht abzuwerfen, so muss man sie wenigstens schwächen, damit uns nichts zurückhalte und hindere, bereit zu sein, wenn die Umstände es fordern, das sofort zu tun, was doch einmal geschehen muss.

Rubens' Gemälde *Der Tod des Seneca* hält den Augenblick fest, in dem der Philosoph als Schmerzensmann im Kreis der Anwesenden in einer eigentümlichen Heiterkeit gleichsam visionär einem jenseitigen Reich entgegenschaut. „Das verbürgt uns die Philosophie", hatte Seneca an Lucilius geschrieben, „heiter zu sein, selbst im Angesicht des Todes" (IV, 30, 3).

Das einzige erhaltene antike Porträt Senecas, die Wiedergabe einer römischen Doppelherme (mit Sokrates) aus dem 3. Jahrhundert n. Chr., zeigt ein kahlköpfiges Gesicht mit vollen Wangen, schlaffem Kinn, faltigem Hals und einem etwas „selbstgefälligen anmaßenden Blick" (H. Berthold). Das wahre, in der Geschichte so hart umstrittene Bild Senecas finden wir indes wohl nur in seinen Schriften.

2. Schriften

Seneca ist auf Grund seines Stils der erfolgreichste Schriftsteller seiner Zeit gewesen. Seine Dialogi, so wurden die philosophischen Schriften Senecas genannt, sind uns durch Handschriften aus dem 11. und 12. Jahrhundert überliefert. In der WBG liegt eine 5 Bände umfassende Werkausgabe (lateinisch – deutsch) seiner philosophischen Schriften vor. Eine Auswahl bietet: Seneca, *Vom glückseligen Leben*, hrsg. von H. Schmidt (Kröner); Seneca, *Von der Seelenruhe. Philosophische Schriften und Briefe*, aus dem Lateinischen übertragen von H. Berthold (it 743), sowie Seneca, *Vom glückseligen Leben und andere Schriften*, mit Einführung und Anmerkungen herausgegeben von P. Jaerisch (Reclam).

3. Zu Seneca

Seneca, dieser große Moralist seiner Zeit, war ein ein unbestechlicher Realist, dem seine politische Lebenserfahrung die Verdorbenheit der Menschen deutlich vor Augen geführt hat. Scharfsichtig hat er in *De tranquillitate animi* (Von der Ruhe des Gemüts) die Neurose seiner Epoche diagnostiziert, deren Symptome – Trübsinn, Unbehagen an sich selbst, Lebensüberdruss, Selbst- und Menschenhass – den gesellschaftlichen Körper aller Spätzeiten befallen. In einer inhumanen Wirklichkeit im Schatten ständig drohender Vernichtung lebend, hat Seneca mit taktischer Raffinement das Ideal der Humanität verteidigt und es durch sein Werk *De beneficiis* (Von den Wohltaten) mit einer „Wohltätigkeitsethik" zu krönen gesucht. Es ging ihm dabei nicht um die Entwicklung neuer Lehrsätze, sondern um die Adaption der Philosophie als Lebenslehre für die großen Fragen seiner Zeit. In dieser Aufgabe verstand er sich als „Seelenführer" (I. Hadot) seiner Mitmenschen und „in dieser Intention vertritt er mit Epiktet, Musonius und Marc Aurel die jüngere Stoa, die der Verinnerlichung des Individuums Rechnung trägt", schreibt M. Giebel.[9] Schon zu Lebzeiten sich gegen das Denunziantentum zur Wehr setzend, trat er jeden Abend vor den „Wächter und Zensor" in seiner Seele, den unbestechlichen Richter, in dem er die conscientia (das Gewissen) erkannte.

Seneca kommt man persönlich am nächsten durch die Lektüre seiner Briefe. In ihnen entdeckt man drei Grundmotive stoischen Philosophierens. Das 1. Motiv ist der Preis der Philosophie als der „wahren Religion" (M. Pohlenz), das 2. Motiv bezieht sich auf die Bereitschaft zur Übernahme einer abschiedlich gestimmten Existenz gegenüber den Gütern des Lebens. Das 3. Motiv ist die über die Philosophie eingeübte- und an der Betrachtung des Todes sich bewährende Kunst, in rechter Weise zu „sterben". Ich möchte diese Motive an zwei Briefen Senecas verdeutlichen. Der erste, die *Consolatio ad Marciam*, gehört zu der antiken literarischen Gattung der Trostbriefe. Vor dem Jahre 41 n.Chr. entstanden, richtet er sich an eine Tochter des Senators Aulus Cremutius Cordus, der unter dem Kaiser Tiberius den Freitod gesucht hatte. Marcia hat ihren Sohn durch den Tod verloren. Der Brief versucht, den Schmerz der Mutter über diesen Verlust zu lindern. In ihm wird der dann bei Epiktet und Marc Aurel noch vertiefte Gedanke ausgesprochen, dass wir alles im Leben nur „auf Zeit" geliehen bekommen haben und dass wir lernen müssen, wenn es an der Zeit ist, das Geliehene klaglos wieder herzugeben:

> Alles, was uns von außen her zufällt und uns Glanz bringt: Kinder, Ehrenstellen, Reichtümer, geräumige Vorsäle, Vorhöfe voll von Klienten (...) eine berühmte, vornehme oder schöne Frau und was sonst vom unsichern, wandelbaren Schicksal abhängt, alles das ist uns nur geliehen (...) Das eine davon wird heute, das andere morgen zurückgenommen, wenig bleibt uns bis an unser Ende. Wir haben daher auch keine Berechtigung, zu wähnen, es gehöre uns; es ist uns nur geliehen worden. Die Nutznießung ist unser; auf wie lange – darüber entscheidet der, der über sein Geschenk Bestimmung getroffen hat; wir müssen, was uns auf unbestimmte Zeit gegeben worden ist, immer bereit halten und müssen es, sobald es verlangt wird, hergeben, ohne zu klagen.

Beginn aller Weisheit ist es, anzunehmen, dass mit dem Leben zugleich der Tod gesetzt ist. „Sterblich bist du geboren, Sterbliche hast du geboren", heißt es in der Trostschrift an Marcia. Der von der Stoa vertretene Gedanke der Vorsehung bekommt durch den pessimistischen Unterton Senecas eine andere Färbung. Die Heimarmene wird in ihrer Härte und Blindheit gegenüber den Wünschen des Menschen mehr und mehr zur launischen tyche (Zufall).

Der Tod wird von Seneca als das Ende aller Not und das von dem Abgeschiedenen schon erreichte Ziel gesehen, dem wir in der Unruhe unseres Lebens noch entgegeneilen. Die folgende Stelle scheint mehr Lukrez verpflichtet zu sein als der Stoa. Hörbar wird in ihr der verborgene, sehr leise Ton einer (nicht pathologischen) Todessehnsucht, wie sie für Spätzeiten typisch ist:

Der Tod ist die Erlösung von allen Schmerzen und völliges Aufhören; über ihn gehen unsere Leiden nicht hinaus; er versetzt uns in einen Zustand der Ruhe, in dem wir uns befanden, ehe wir geboren wurden. Bedauert jemand die Gestorbenen, so muss er auch die Ungeborenen bedauern. Der Tod ist weder ein Gut noch ein Übel; denn ein Gut oder Übel kann nur etwas wirklich Vorhandenes sein; was aber selbst nichts ist und alles in das Nichts verwandelt, das gibt uns gar keinem Schicksal preis.

Der zweite Brief ist den aus der letzten Lebenszeit stammenden *Epistolae morales* an Lucilium entnommen. Sie wenden sich an seinen jungen Freund Lucilius, der in den Jahren 63 bis 64 n. Chr. als Prokurator in Sizilien tätig war, und enthalten viele, bis heute überlieferte Sentenzen, darunter auch das bekannte Wort: „Willst du geliebt sein, so liebe selbst!" (9,6) Der 54. Brief richtet sich an der von mir zitierten Stelle erneut auf das Rätsel des Todes und die Stellung des Menschen ihm gegenüber. Ihre zeitlose „Lebendigkeit" liegt darin, dass wir in ihr den einsamen Dialog der Seele mit sich selbst hören:

Der Tod bedeutet Nichtsein. Was dies ist, weiß ich schon. Dies wird der Zustand nach meiner Existenz sein, wie er schon vor meiner Existenz war. Wenn darin etwas Schlimmes liegt, so muss es auch darin gelegen haben, ehe wir das Licht dieser Welt erblickten. Doch wir haben damals keine Schmerzen gefühlt. Wäre es wohl nicht töricht, glauben zu wollen, es sei schlimmer für die Lampe, wenn sie erloschen ist, als bevor sie angezündet wird. Auch wir werden angezündet und erlöschen wieder; in der Zwischenzeit empfinden wir Schmerz; vorher und nachher aber ist tiefe Ruhe (…) Dies erwarte sicher von mir, dass ich vor dem letzten Augenblick nicht zittern werde; ich bin schon darauf vorbereitet (…) Ich werde wohl hinausgeworfen, doch so, als ginge ich freiwillig. Und deshalb wird der Weise niemals hinausgeworfen, weil Hinauswerfen bedeutet, mit Gewalt von dort vertrieben zu werden, von wo man ungern weggeht. Doch der Weise tut nichts unfreiwillig. Er entzieht sich der Notwendigkeit, weil er seinen Willen mit dem in Übereinstimmung bringt, wozu sie ihn doch zwingen würde.

Der Schluss der Briefstelle nimmt die schon zitierte Kleanthesstelle „Ducunt volentem fata, nolentem trahunt" (107, 11) vorweg. Senecas Lösung des Dilemmas („ich werde wohl hinausgeworfen") klingt ein wenig sophistisch. Es ist jedoch eine Grundüberzeugung der Stoa, dass freiwilliges Sich-Fügen in das Unabänderliche hilft, Leiden zu erleichtern. Gerungen wird um den „Spielraum" eines eigenbestimmten Daseins angesichts des unberechenbaren Schicksals. Entscheidend ist hierbei die Bewahrung der menschlichen Würde im Angesicht des Endes. So schreibt Seneca im 93. *Brief an Lucilius*:

Das verlange von mir, dass ich nicht ein unrühmliches Dasein gleichsam im Dunkeln durchmesse, dass ich mein Leben wirklich führe, nicht bloß hindurchgetragen werde.

An der „Wende der Zeit", an der sich zum Ende neigenden Antike, erwacht der Führungsanspruch des Ich auf ein um sich selbst bekümmertes Dasein. Unter Caligula verfolgt, unter Claudius verbannt, unter Nero zum Selbstmord gezwungen, konnte Seneca schreiben: Valentior enim omni fortuna animus est – Denn stärker als alles Schicksal ist unser animus (Geist). (*Briefe an Lucilius*, 98, 2)

Marc Aurel

In seinem Nachwort zu den von ihm übersetzten *Selbstbetrachtungen* des römischen Kaisers hat R. Nickel (1990) die Frage angesprochen, die „wie ein roter Faden" die Ausführungen des letzten Stoikers der Alten Welt durchzieht: „Wie soll ich mit meiner tiefverwurzelten Angst vor dem Leben und Sterben umgehen?" Ihre geschichtliche Verschärfung erreicht sie durch jene Krisen des 2. und 3. nachchristlichen Jahrhunderts, die der Oxforder Gräzist E. R. Dodds in seiner Studie *Heiden und Christen in einem Zeitalter der Angst. Aspekte religiöser Erfahrung von Mark Aurel bis Konstantin* (1992) eindringlich analysiert hat. In einer Zeit, die das abstoßende Gesicht der julisch-claudischen Kaiser und des Domitian trug, suchten viele ihre Zuflucht in einer inneren Freiheit, die sich auf das Wort des platonischen Sokrates in der *Apologie* (30 c–d) berief: „Anytos und Meletos können mich töten, schaden aber können sie mir nicht."

1. Leben

Marc Aurel wurde am 26. April 121 n. Chr. in Rom geboren. Schon der Knabe zeigte philosophische Neigungen. Hadrian, der ihn protegierte, nannte ihn wegen seiner ausgeprägten Wahrheitsliebe halb spöttisch „Verissimus" (der Wahrste). Nach dessen Tod im Jahre 138 n. Chr. bestieg Antoninus (Pius) den Thron und erhob bald darauf Marcus zu seinem Mitregenten. In dieser Zeit erfolgte seine endgültige Hinwendung zur Philosophie, die der Fünfundzwanzigjährige unter dem Einfluss der Schriften des Stoikers Ariston von Chios und der Lehren Epiktets vollzog. Nach dem Tode von Antoninus Pius im Jahre 161 n. Chr. wird Marcus Kaiser. Seinen Adoptivbruder Lucius erhob er zum Mitregenten. Dazu E. R. Dodds: „Als Marc Aurel den Thron bestieg, läutete keine Glocke, um die Welt davor zu warnen, dass die pax Romana im Begriffe war, zu Ende zu gehen und abgelöst zu werden durch ein Zeitalter von Barbareninvasionen, blutigen Bürgerkriegen, periodisch auftretenden Epidemien, galoppierender Inflation und extremer persönlicher Gefährdung."[10]

Im Jahre 165 n. Chr. brachen Unruhen an der Donaugrenze des Weltreiches aus: germanische und sarmatische Stämme drangen mehrmals tief ins römische Territorium ein. Seit 168 n. Chr. bis zu seinem Tod war Marcus in einen Zweifrontenkrieg verstrickt: Gegen die Markomannen und Quaden im Norden, im Osten gegen die Armenier und Parther. Seine Regierungsgeschäfte führte der infolge seiner schwachen Gesundheit leidende Kaiser vom Legionslager aus. 175 n. Chr. traf ihn die unerwartete Nachricht, dass Avidius Cassius, sein Statthalter in Ägypten und Syrien, sich zum Kaiser hatte ausrufen lassen. Marcus musste nach Osten aufbrechen, Cassius wurde jedoch schon vor seiner Ankunft von seinen Offizieren ermordet. Auf der Heimreise nach Rom starb Marc Aurels geliebte Gattin Faustina. Von 13 Kindern, die sie geboren hatte, starben die meisten früh, von den Söhnen überlebte nur der nichtswürdige Commodus, den der Kaiser trotz quälender Vorahnungen zu seinem Nachfolger einsetzte. Marc Aurel starb am 17. März 180 n. Chr., gut einen Monat vor seinem 59. Geburtstag, im Feldlager Vindobona (Wien) an der Pest. Mit seinem Tod endete „das goldene Reich" (Cassius Dio) Roms. Eine der letzten Niederschriften Marc Aurels vor seinem Tod lautete:

Wie klein ist doch der Teil des Unendlichen und der weitoffenen Ewigkeit, der einem eben zugemessen ist; sekundenschnell verschwindet er im Zeitlosen. Wie klein ist doch sein Anteil an der

Gesamtheit des Stoffes, wie klein sein Anteil an der All-Seele! Auf wie kleiner Scholle der Gesamtebene kriechst du dahin. Mach dir das alles innerlich klar und denk nichts Großes mehr als dies: zu handeln, wie dich deine eigene Natur leitet, und zu leiden, wie es die allgemeine Natur mit sich bringt. (XII, 32)

2. Das Werk

Wenn du das Leid besiegen willst,
Schlag dieses wunderbare Buch auf
Und geh es fleissig durch.
Höchst nützliche Einsicht wirst du von ihm gewinnen
Über das, was einmal sein wird,
Das, was ist, und das, was war,
Und dass Freude und Trauer
So leicht sind wie der Rauch.

Mit diesen schlichten Versen gab ein unbekannter antiker Leser seiner Bewunderung für die von Marcus im letzten Jahrzehnt seines Leben unter dem Eindruck ständiger Todesgedanken geschriebenen *Selbstbetrachtungen* Ausdruck, die Ermahnungen „An sich selbst" sind. Mit seinen privaten, nachts im Feldlager niedergeschriebenen Aufzeichnungen, die uns ohne Titel, von fremder Hand in 12 Büchern geordnet, überliefert sind, schuf Marc Aurel ein bleibendes Dokument philosophischer Selbsterziehung und durch die literarische Form des inneren Dialogs ein Stück Weltliteratur.

Marc Aurels Aufzeichnungen wurden zum ersten Mal 1559 (nach einer verschollenen Handschrift) in Zürich gedruckt. Die einzig vollständig erhaltene Handschrift ist der Codex Vaticanus aus dem 14. Jahrhundert. Im deutschen Sprachraum gibt es neben der alten Übertragung von W. Capelle (Kröner, 1953), die von R. Nickel vorgelegte Ausgabe *Wege zu sich selbst* (griechisch – deutsch) in der „Sammlung Tusculum" (1990) sowie die schöne Übersetzung von O. Kiefer (1992).

Das 1. Buch, das in den *Selbstbetrachtungen* eine Sonderstellung einnimmt, ist ein Buch des Gedenkens und der Dankbarkeit. In einem autobiographischen Rückblick erinnert sich Marcus der Angehörigen seiner Familie, seiner Lehrer und Freunde. Er zählt auf, was er ihnen verdankt, was er von ihnen gelernt, und wozu sie ihn verpflichtet haben. Zwei Einsichten zeichnen dieses Buch aus: die eine gilt gemäß dem römischen mortui viventes obligant (Die Toten verpflichten die Lebenden) der Verpflichtung des eigenen Daseins den geliebten Toten gegenüber, die andere weiß, dass die für das spätere Leben so entscheidende Lenkung unserer frühen Jahre nicht bei uns steht, sondern in den Händen der Familie und der Lehrer liegt. Als „Weisheit" ist sie gewiss, dass wir die wesentlichen Gaben des Lebens uns nicht selber erringen können, sondern sie der Gunst der „Oberen" verdanken. Daher dankt ihnen Marcus in einem Gefühl natürlicher Frömmigkeit am Ende des 1. Buches in einem ausführlichen Passus. Die leise Trauer über die früh verstorbene Mutter verbindet sich mit der Dankbarkeit der Erinnerung, sie in ihrer letzten Lebenszeit bei sich umsorgt zu haben. Auch waren es „die Götter", die ihm „eine lenksame, zärtliche, liebende und einfache Gattin" geschenkt haben. Nicht zuletzt wachten sie über seinen „nach Philosophie dürstenden Geist", dass er nicht in die falschen Hände der Sophisten fiel. Im Wort des letzten Satzes zusammengefasst: „Alles das fügten die Götter und ein gnädiges Geschick!" – Hinsichtlich des besonderen autobiographischen Charakters des 1. Buches verweise ich auf die Arbeit des Dilthey-Schülers G. Misch *Geschichte der Autobiographie I* aus dem Jahre 1907.

Das 2. in Carnuntum geschriebene Buch enthält zu Beginn einen „politischen Dialog" (K. Rosen) mit sich selbst, der sich auf den Alltag der Politik bezieht. Der Abschnitt 5 mahnt sodann an den römischen Grundwert der virtus und verbindet ihn mit der stoischen Wertethik:

Stündlich denke daran, als Römer und als Mann dein Tagewerk mit gewissenhaftem und ungekünstelten Ernst, mit Menschenliebe, Freimut und Gerechtigkeit zu verrichten! Halte alle anderen Gedanken von dir fern, und das wird dir gelingen, wenn du jede deiner Handlungen verrichtest, als sei es die letzte deines Lebens, frei von jeder Überstürzung und leidenschaftlichen Abneigung gegen die Leitung der Vernunft, frei von Heuchelei und Eigenliebe, ergeben in das dir bestimmte Los.

An seinem Schluss steht eine Betrachtung über die Zeitlichkeit des menschlichen Daseins, die eine gewisse Nähe zu Heraklit verrät und deren Metaphorik sie bereits in die Nachbarschaft der Gnosis und der literarischen Moderne stellt:

Des menschlichen Lebens Zeit ist ein Augenblick, sein Wesen dem fliessenden Wasser ähnlich; die Empfindung ist dunkel, des ganzen Körpers Gewebe zum Verwesen geneigt, die Seele ein Kreisel, ihr Schicksal ein Rätsel (…), was zum Leib gehört, ein Strom, was zur Seele gehört, Traum und Rauch; das Leben ein Kampf und eine Reise im fremden Land, der Nachruhm Vergessenheit.

Gegen die Obsession solcher Nachtgedanken kämpfte Marcus „mit der ganzen Stärke seiner stoischen Religion" (E. R. Dodds). Er ruft sich immer wieder ins Gedächtnis, dass sein eigenes kleines Dasein Bestandteil der großen Einheit der Natur ist. Darauf folgt die entscheidende Frage: Was gibt es nun, das uns da leiten kann? Die Antwort des Kaisers: „Einzig und allein die Philosophie."

Das 3., gleichfalls in Carnuntum verfasste Buch hält wesentliche Lebensregeln fest, wie den Aufruf zur Pflege der „Urteilskraft" hinsichtlich dessen, was „mit der Natur" und der Vernunft in Einklang steht, und Maximen der Selbstverpflichtung wie: „Wohlwollen im Verkehr mit den Menschen, Gehorsam gegenüber den Göttern."

Es ist, wie sein Biograph A. Birley schreibt, ein „düsteres Bild" des Lebens, das Markus zeichnet – „Die Welt ein ewiger Wechsel, das Leben ein Wahn", steht dezidiert im Abschnitt 3 des 4. Buches – und „wer lange in den Selbstbetrachtungen liest, wird leicht melancholisch". (Vielleicht erklärt sich daraus, warum der russische Dichter A. Čechov sein von F. L. Urusov übersetztes Exemplar der *Selbstbetrachtungen* seit Oktober 1833 ständig bei sich geführt und mit zahlreichen Randnotizen versehen hat.) Aber vor dem dunklen Hintergrund zeichnen sich auch helle Naturbilder ab – „Feigen und Oliven, reife Kornähren, die sich neigen, Rosenknospen und junge Bäume, Weinstöcke, die zu ihrer Zeit wieder Trauben tragen, herumtollende junge Hunde und zankende Kinder"[11]. Dieser Kontrast bewirkt, als literarisches Stilmittel eingesetzt, jedoch eine Verstärkung des düsteren Kolorits.

3. Gedanken über den Tod

Ruhm und Wirkung der *Selbstbetrachtungen* verdanken sich ohne Zweifel den Teilen, welche die Meditationen über das Rätsel des Todes enthalten. Man muss in der Antike schon auf Epikur und Lukrez, in der Neuzeit auf Montaigne zurückgreifen, um einen würdigen Vergleich zu ihrer Größe zu finden. Auch verlieren sie nichts von ihrem Wert, wenn man an Platons *Phaidon* denkt, in dem die Sterbestunde des Sokrates von dem Widerschein der alten religiösen Überlieferung überglänzt ist. Diese hat in der Zeit, in der Marcus gelebt hat, ihre Kraft, Auskunft über das Jenseitsschicksal der Seele zu geben, verloren. Der Mensch steht allein vor der Notwendigkeit, sich der Tatsache seines Todes zu stellen, d. h. in der inneren Vorbereitung auf den jeweils eigenen Tod sich mit seiner Endlichkeit zu versöhnen. Das schwere Ringen um diese Einstellung wird hörbar aus der folgenden Stelle aus dem 4. Buch:

> Der Tod ist ebenso wie die Geburt ein Geheimnis der Natur, diese eine Zusammensetzung, jener eine Auflösung derselben Grundstoffe. Also nichts, dessen man sich schämen müsste; widerstreitet es doch nicht dem Begriff eines vernünftigen Wesens und ebenso wenig der Art und Weise seiner Einrichtung.

Von Kind auf kränklich, in den Feldzügen täglicher Vernichtungsgefahr ausgesetzt, im Privatleben immer wieder den Tod der eigenen Kinder, oft wenige Zeit nach ihrer Geburt, miterlebend, hat Marcus fast obsessiv sich die Vergänglichkeit und Nichtigkeit des menschlichen Lebens im reissenden Strom der Zeit vor Augen gestellt und mit ihr sein eigenes ihm stets drohendes Ende. Spürbar wird der verzweifelte Kampf, den er geführt hat, der radikalen Entwertung aller menschlichen Angelegenheiten vor dem Sog des Verschwindens unzähliger Menschen, ganzer Völker und aller Dinge in die Unheimlichkeit eines leeren Nichts Widerstand zu leisten. Widerstand und Ergebung kommt in einer philosophisch gefassten Haltung zum Ausdruck, welche die Bedeutungslosigkeit des eigenen Daseins vor der Ewigkeit durch das Mittel der auf Vernunft gestützten Würde des Menschlichen kompensiert. Als Kompensation beruft sich dieser „Widerstand" der Humanität auf ruhige vernünftige Überlegung des in der Möglichkeit des Menschen Liegenden einerseits und der frommen Verehrung eines alle menschliche Vernunft übersteigenden göttlichen Geschicks andererseits.

> Wie bald, und du bist Asche und ein Knochengerippe und nur noch ein Name, oder nich einmal ein Name mehr! Der Name aber ist Hall und Widerhall. Und die vielgerühmten Güter des Lebens? Eitel, modernd, nichtig, wie Hündlein, die sich herumbeißen und Kinder, die sich balgen, jetzt lachen, dann wieder weinen! (…) Was hält dich also noch hier auf Erden? Ist doch alles Sinnliche, so wandelbar, so unbeständig (…)! Und dein Seelchen, was ists anderes als ein Aufdampfen des Blutes? (…) Warum also siehst du nicht mit heiterer Miene deinem Erlöschen, deiner Umwandlung entgegen? Bis aber jener Augenblick kommt, was bleibt übrig? Was anderes, als die Götter zu ehren und zu preisen, den Menschen wohlzutun (…) und zu bedenken, dass alles, was außerhalb der Grenzen deiner körperlichen und geistigen Sphäre liegt, weder dein ist noch von dir abhängt. (V, 33)

Wie bei Epikur, so geht es auch bei Marc Aurel um eine Überwindung der Furcht vor dem Tod. Wie kaum ein Anderer hat Marcus gewusst, dass Lebensangst in ihrem tieferen Grund nichts anderes ist als Todesangst. Um diese Überwindung zu erreichen, bedenkt er immer erneut die Einsicht, dass der Tod dem Leben immanent ist. Als ein natürlicher Akt der Auflösung und der Umwandlung im Haushalt der Natur und im Zyklus der Lebenszeiten verstanden, verliert der Tod seinen widernatürlichen Schrecken.

Von zentraler Bedeutung im Blick auf eine natürliche Einstellung des Menschen zu seinem Tod im Einklang mit einem Lebensrückblick, der zart melancholisch getönte Erinnerungsbilder zitiert, ist der 21. Abschnitt aus dem 9. Buch:

Lass einmal deine verschiedenen Lebensstufen an dir vorüberziehen: du wurdest Knabe, Jüngling, Mann, Greis, und es war jeder Wechsel von diesen schon ein Tod. Das ist doch nichts Schreckliches? Denke jetzt an die Tage zurück, die du unter deinem Großvater, dann unter deiner Mutter und dann unter deinem Vater verlebt hast; und wenn du dann noch viele andere Trennungen, Umwandlungen und Auflösungen, die du erlebtest, hinzunimmst, so frage dich: War daran etwas Schreckliches? Ebensowenig wird es auch das Aufhören, der Stillstand und die Umwandlung deines ganzen Lebens sein.

Marcus löst „das Geheimnis der Natur", den Tod, nicht auf. Vielmehr lässt er es offen, wenn er die verschiedenen philosophischen Meinungen über das postmortale Schicksal der Seele sich ins Gedächtnis ruft: entweder geht sie unter oder sie zerfällt in Atome, entweder lebt sie als Ganzes weiter oder wechselt in einen anderen unbekannten Zustand über. Dies sind unter Absehung eines religiösen Erlösungsglaubens die denkbaren Alternativen, entschieden wird über sie nicht.

Die *Selbstbetrachtungen* enden mit einem für die Mentalitätsgeschichte der Epoche typischen antiken Topos, der bis auf Platon zurückgeht: Die Welt als Theaterbühne, das Leben als Schauspiel. Auf der Bühne agieren die Schauspieler gemäß den ihnen zugeteilten Rollen. Ihr Auftritt wie ihr Abtritt liegt in den unsichtbaren Händen der in den Faltenwurf der „Vorsehung" gehüllten „Natur":

Mensch, in diesem großen Staate bist du Bürger gewesen; fünf Jahre oder drei Jahre, was liegt daran! (…) Was soll nun Schreckliches daran sein, diesen Staat wieder zu verlassen, nicht vertrieben von einem Tyrannen oder einem ungerechten Richter, sondern geleitet von der Natur, die dich einst in ihn eingeführt hat, wie ein Schauspieler, den der Prätor eingestellt hat und nun wieder entlässt? „Ich habe aber meine fünf Akte noch nicht gespielt, sondern erst drei", sagst du. Gut gesprochen. Aber im Leben sind diese drei schon das ganze Stück! Bestimmt doch den Schluss der, der einst das Gesamtspiel einrichtete und es heute wieder auflöst, während du an beidem unbeteiligt bist. So scheide denn freundlich von hinnen, denn auch der, der dich entlässt, ist freundlich! (XII, 36)

Diese Passage, getragen von dem Vertrauen in eine letztlich gütige Weltvernunft, ist gerade in ihrem Unterschied zu der spätantiken- und modernen Hysterie der Verzweiflung Zeugnis für die stoische Grundhaltung ihres Verfassers.

Ich muss es mir versagen, die philosophische und literarische Wirkungsgeschichte dieses einzigartigen Werkes vorzustellen, in welche das Bild des Kaisers, wie es uns in der bronzenen Reiterstatue auf dem Kapitol in Rom begegnet, gänzlich eingegangen ist. Drei Züge im Dialog mit Marc Aurel seien aber hervorgehoben. 1. Marc Aurels *Selbstbetrachtungen* bezeugen vor dem Sieg des Christentums noch einmal die Kraft der stoischen Welt- und Lebensbetrachtung in einem Werk, das ihre Summe zieht. 2. Die Gelassenheit, die durch die Lektüre der Selbstbetrachtungen erreicht wird, ist das Phänomen einer immer wieder dokumentierten seelischen Bereicherung. So schreibt der junge Nietzsche im Frühjahr 1873 anlässlich der geplanten Reise seines Freundes E. Rohde nach Italien: „Ich wünsche Dir reinen Himmel, heitres Gemüth und empfehle, als mein Stärkungsmittel, Dir den Marcus Antoninus; man wird so ruhig dabei." 3. Sie stärken die Verpflichtung, unbeirrbar nur den eigenen moralischen Überzeugungen zu folgen, solange diese im Einklang mit dem von der Stoa als Organ der „Weltvernunft" verstandenen Gewissen sind. Dies alles schließt eine intimere Betrachtung des Gewissens der Person nicht aus. Als Marcus im 6. Buch wieder einmal Antoninus Pius als sein Vorbild preist, schließt er die Erinnerung an ihn mit dem Wunsch:

„Möchte doch auch deine letzte Stunde wie die seine bei so gutem Gewissen dir einst schlagen." (29)

„Ein Leben lang kämpfte er, damit sich sein Wunsch erfüllen werde", schreibt K. Rosen (1997) am Ende seiner kleinen Marc-Aurel-Monographie.

Der Neuplatonismus

In der Spätantike, im 3. nachchristlichen Jahrhundert, verliert die Stoa mit ihren an ethischen Lebensentwürfen orientierten Schulen weitgehend ihre herausragende Rolle im Lehrunterricht. An ihre Stelle treten die metaphysischen Spekulationen des Neuplatonismus, die in einer Zeit erregter religiösen Unruhe und angstvoller Erlösungssehnsucht die Flucht zum Göttlichen hin dokumentieren. Gemeinsam mit den orientalischen Religionen liegt dem Neuplatonismus, der in der antiken Welt bis in das 6. Jahrhundert hinein die geistige Führungsrolle inne hatte, ein verdeckt dualistisches Weltbild zugrunde. Zwei Sphären stehen sich gegenüber: Geist und Materie. Ihnen entsprechen das Reich des Lichts und das Dämonenreich der Finsternis. Den suchenden Seelen ihrer Gläubigen und Anhänger verhiess das religiöse „System" des Neuplatonismus und der orientalischen Religionsbewegungen – jeweils über den Weg kultischer Zeremonien, der Askese und einem sich in das Innere der Seele versenkenden mystischen Denken – eine Erlösung aus dem Reich des Bösen und den Aufstieg der Seele zu einem jenseitigen Reich des Lichts. Der bedeutendste Repäsentant des Neuplatonismus ist Plotin. In einer neuen Wendung des Denkens zum Sein überwindet er den in ihm angelegten gnostischen Dualismus von Geist und Welt. Durch Plotin bildet der spätantike Neuplatonismus jene große, abschließende Synthese der gesamten griechischen Philosophie, deren Prägekraft auf rein platonischem Gedankengut beruht. Es ist kein Zufall, dass das junge Christentum im Römischen Reich in seinen theologischen Anfängen starke Berührungspunkte mit dem Neuplatonismus aufweist.

Plotin

„Plotin ist von einsamer Größe", schreibt H.-G. Gadamer in seinem Beitrag *Denken als Erlösung. Plotin zwischen Plato und Augustin* (1980). Worin liegt diese „Größe" Plotins? Sie besitzt ihren Grund in der durch seine Gestalt repräsentierten Verbindung von mystisch gestimmter Spiritualität und griechischem, von Platon genährtem Denken. So ist es die mit ganz eigenen Akzenten versehene Erneuerung eines schon in der sakralen Sprache der platonischen Seelenmythen hörbar werdenden Tons, welche die einzigartige religiöse und geistige „Gestimmtheit" der Schriften dieses solitären Geistes bedingt. Die Grundbegriffe in ihnen, wie Seele, Sein, Geist, das Gute, das Eine, stammen alle aus dem Erbe der philosophischen Tradition des griechischen Geistes und gewinnen durch sie eine neue Färbung. R. Harder, der große Plotin-Kenner und Übersetzer, hat über ihn die treffenden Sätze geschrieben: „Wir hören den Philosophen in klarer schlichter Sprache die Grundwahrheiten des Platonismus verkünden, den Vorrang des Seelischen vor dem Stofflichen, die Kraft und Schönheit der geistigen Welt, die unaussprechliche Erhabenheit des obersten göttlichen Einen; wir hören ihn aufrufen zur Selbstreinigung, zum Aufstieg in eine höhere Welt, zur Schau. Und je mehr zum Eigentlichen, Höheren aufgestiegen wird, um so weniger drängt die Mahnung, die Rede wird immer stiller, an Stelle massiver Forderung tritt der leise Wink."[12]

Für den Deutschen Idealismus (Hegel/Schelling) ist Plotin auf Grund der Reflexionsbestimmung „Geist ist denkende Hinkehr zu sich selbst" (W. Beierwaltes) von höchster Bedeutung.

1. Leben

Plotin, der Begründer der neuplatonischen Schule, wurde um 205 n. Chr. in Ägypten geboren. Er stammte aus der dort angesiedelten hellenistischen Oberschicht. Seine Jugendzeit liegt unter dem Schleier des gehüteten Geheimnisses. Mit 28 Jahren begann er in Alexandria Philosophie zu studieren. Sein Lehrer war der Platoniker Ammonios (Sakkas). 243 n. Chr. schloss sich Plotin einem Feldzug des römischen Kaisers Gordianus gegen die Perser an, um die indische und persische Philosophie kennenzulernen. Nach der Ermordung des Gordianus musste er nach Antiocheia fliehen. Zwischen 244 und 245 n. Chr. begab er sich nach Rom, wo er eine eigene Philosophenschule gründete. In der Haltung bescheidener, ja asketischer Lebensführung – „Er schien sich immer seines Im-Körper-Seins zu schämen", schreibt sein Biograph Porphyrius – und in der Hingabe an die rührende Fürsorge für seine Mitmenschen lehrte er, in Rom hochverehrt, fast zehn Jahre, ohne etwas zu schreiben. Erst mit 39 Jahren begann er mit seinen Aufzeichnungen, die als Frucht ständiger geistiger Diskussionen in der literarischen Form von Vorlesungsmanuskripten nur seinem engsten Schülerkreis zugänglich- und nicht für eine breitere Leserschaft bestimmt waren. Durch eine schwere Krankheit gezwungen, siedelte er 269 n. Chr. nach Campanien auf das Gut eines seiner Schüler über, wo er 270 n. Chr. starb.

2. Schriften

Plotins Werk besteht aus 54 Abhandlungen. Bei ihrer thematischen Anordnung spielt die Zahl neun eine besondere Rolle; sie ist maßgebend für deren zahlenmystischen Titel „Enneaden" (von ennea, „neun"). Die Anordnung selbst geht nicht auf Plotin zurück, sondern auf eine posthume Schriftenausgabe, die der Schüler Plotins, Porphyrius, mehr als 30 Jahre nach dem Tod des Meisters im Jahre 301 n. Chr. veranstaltet hat. Seiner Werkausgabe fügte Porphyrius noch eine Biographie Plotins bei, die *Vita Plotini*. Sie bildet die Hauptquelle für unsere Kenntnisse über Plotins Leben.

Bei F. Meiner, Hamburg, ist neben der Gesamtausgabe auch eine vierbändige Studienausgabe (griech.-dt.) Plotins erschienen. Für Studierende des Faches Philosophie sei der bei Reclam erschienene Band *Plotin. Ausgewählte Schriften* (2001) empfohlen. Herausgegeben, übersetzt und kommentiert ist er von Ch. Tornau. In der Reihe „Klostermann Texte Philosophie" ist erschienen die griech.-dt. Textausgabe *Plotin. Über Ewigkeit und Zeit. (Enneade III, 7)*, hrsg. von W. Beierwaltes (4. Aufl. 1995).

3. Lehre

In der Metaphysik Plotins wird die Welt als ein hierarchisch geordnetes Ganzes gesehen. An der Spitze dieser Seinsordnung steht als höchstes Prinzip das Eine (hen), das als Quelle alles Seienden zugleich das Gute ist. Es steht außerhalb der Zeit. Aus diesem Prinzip geht als höchstes Seiendes der Geist (nous) hervor und aus dem Geist die Seele (psyche). Dieser gestufte Kosmos ist aber kein starres, unveränderliches Seinsgebilde, sondern er wird von Plotin dynamisch gesehen. Sein ist wesentlich Prozessualität: ein unablässiger Prohodos (Heraustritt) und eine ständige Epistrophe (Rückkehr).

So wie die einzelnen Hypostasen auseinander hervorgehen und bei solchem Vorgang jeweils an Seinshaftigkeit Einbuße erleiden, so streben sie auch wieder zu ihrem Ursprung, zum Ur-Einen zurück, in dem sie erneut aufgehen – ein ewig lebendiger Umlauf von Abstieg und Aufstieg auf den Stufen des Seins. M. Fuhrmann (1998) hat darauf aufmerksam gemacht, dass der Hierarchiegedanke des Neuplatonismus „in frappanter Weise die gesellschaftlichen Verhältnisse des spätrömischen Reiches zu spiegeln scheint; auch die Gesellschaft war damals ein hierarisch geordnetes, streng nach Rängen gegliedertes Ganzes, dessen Elemente sich unaufhörlich in sei es auf-, sei es absteigender Linie bewegten"[13].

Eine grundsätzliche Schwierigkeit für einen Nachvollzug des platonisch-neuplatonischen Denkens liegt in der neuzeitlichen Auffassung, für die der jenseits geistigen Welt im Vergleich mit der konkreten Realität grundsätzlich eine kraftlosere, ja wesenslose Wirklichkeit zukommt. Nach dem Verständnis des Platonismus ist aber dieses Verhältnis gerade umgekehrt aufzufassen. „Für das antike Denken, und besonders für den Platonismus, sind die seelischen und geistigen Wirklichkeiten nicht schwächer als die ‚sinnlichen', sondern stärker, seinshafter; der Aufstieg in die höhere Welt ist ein schrittweises Emporsteigen zu immer Wirklicherem und Wirksameren, und die oberste Stufe ist der Inbegriff aller Kraft und Seinsfülle. Denn es ist ja dieser Weg ein Hinaufsteigen zu einer immer reineren Göttlichkeit."[14]

Plotin beschreibt die Dynamik der Seinshierarchie als Emanation (Ausfluss). Alle Stufen im großen Seinsaufbau der Welt verdanken sich einem Heraustritt aus dem Einen (hen). Dieses ist der Quellgrund aller Dinge, der nichts von seiner Kraft verliert, auch wenn er sie beständig in die Welt überfließen lässt. Die Strahlung, die von diesem Einen ausgeht, durchdringt alle Stufungen des geheiligten Kosmos. Zwischen allen seinen Gliedern – Göttern, Gestirnen, Dämonen, Lebewesen, Elementen – schlingt sich das unsichtbare Band der Sympathie. In der Kette des Seins gibt es kein Glied, das „böse" wäre, denn das Böse ist nichts anderes als ein Mangel an Sein, eine Abschattung des Lichtes.

In diesem Kosmos hat der Mensch als ein leib-seelisches Doppelwesen Anteil an der Sphäre des Irdischen wie an der Sphäre des Geistigen. Die Seele ist aus ihrer ewigen Heimat herabgestiegen in die Körperwelt. Doch auch während ihres Abstieges bleibt für Plotin „ein Etwas der Seele" immer im geistigen Bereich. So bewahrt er das Königstum der Seele gegen die gnostischen „Schauerdramen" (E. R. Dodds) und gegen die christliche Überzeugung vom Sündenfall, wenn noch ihr Abstieg in die Sinnenwelt notwendig ist „für die Erfüllung der ihr innewohnenden Macht und für eben den Dienst, den die Seele der niederen Welt der Sinne leistet (IV 8, 4–5)"[15]. Ihr „Amphibien"-Charakter lebt im Element der oberen- wie der unteren Welt. Ihre Mittelstellung in der Welt ist dadurch gegeben, dass sie dem Göttlichen gehörend und beständig auf dieses hinschauend am untersten Rand des geistigen Lichtreiches lebt und als Grenznachbar der sinnlichen Welt dieser ständig etwas von ihrem Sein abgibt. Die Seele vermittelt die Verbindung des Menschen zu den höheren Seinsstufen und zum göttlich Einen. Mit dieser gedanklichen Konzeption ist der gnostische Dualismus, aber auch der vom Christentum verkündigte Abgrund zwischen Gott und Mensch, der nur von einem „Erlöser" geschlossen werden kann, grundsätzlich überwunden. Die Mauer zwischen Welt und Überwelt, Göttlichem und Menschlichem ist niedergerissen, die Einheit der Sphären ist im Begriff der Ganzheit abgesichert. Dazu R. Harder: „Plotin ist derjenige Denker, der dies seit den Eleaten, seit Plato und Aristoteles lebendige Denkmotiv erneut in den Mittelpunkt stellt und so durchgestaltet, dass man ihn als den eigentlichen Denker der Ganzheit bezeichnen könnte."[16] Das in allem gegenwärtige Licht ist „geeinte Einheit". Die vom Motiv der Einheit bestimmte Lichtmetaphysik Plotins ist erörtert in dem grundlegenden Beitrag von W. Beierwaltes *Plotins Metaphysik des Lichtes* (1961).

Der Weg einer Umkehr der Seele folgt einer inneren Spur des Einen in uns, die das denkende Verlangen nach ihm wach ruft. Sie vollzieht sich in der philosophisch-mystischen Erkenntnis des Einen im Sinne einer inneren Erfahrung. Gereinigt von allen Ablenkungen der Aussenwelt, ist sie in reiner Kontemplation auf das Eine hin ausgerichtet. Der Weg „hinauf" ist zugleich der Weg nach innen: Heimkehr der Seele zu dem lebendigen Grund, dem einer Quelle gleich alles Seiende entspringt. Dieser mystische „Seelenweg", den jeder Mensch für sich allein suchen und finden muss, führt zum Gipfel jener „Schau" der höchsten geistigen Welt, die als „Erleuchtung" alles menschliche „Wissen" und „Verstehen" übersteigt. Sprachlich nicht vermittelbar, wird sie als eine unsagbare „Erfahrung" von der Armut der Seele und ihrer Lichtwerdung im Sinne höchster Seligkeit empfangen. So verstanden, ist die Metaphysik Plotins „eine Lehre vom Sein als dem Rückkehrenden, auf seinen Ursprung Zurückgewendeten"[17].

Wer es aber geschaut hat, der weiss, was ich sage, dass nämlich die Seele dann, wenn sie hinzutritt und schliesslich ankommt und an ihm (dem Einen – W.R.) teilhat, neues Leben empfängt und aus diesem Zustand erkennt, dass hier der Spender des wahren Lebens bei ihr ist und sie keines Dinges mehr bedarf; dass es vielmehr gilt, alles andere von sich abzutun und in ihm allein still zu sein, es zu werden in reinem Alleinsein, alles übrigen sich entschlagend, was uns umkleidet (VI 9,9).

Der religiöse Gehalt dieser Einheitserfahrung wird von Plotin in der Sprache der abendländischen Mystik festgehalten:

Daher trachten wir danach, von hier wegzugelangen, und murren über die Fesseln, die uns an das andere binden, damit wir endlich mit unserem ganzen Selbst (das Eine) umfassen und wir keinen Teil mehr in uns haben, mit dem wir nicht Gott berühren. Dort aber ist es möglich, ihn und sich selbst zu schauen, soweit „Schauen" dort das rechte (Wort) ist: sich selbst, von Glanz erhellt, erfüllt von geistigem Licht, vielmehr das Licht selbst, rein, schwerelos, leicht, Gott geworden, vielmehr (Gott) seiend; entzündet in diesem Augenblick, wenn man aber wieder schwer wird, gleichsam erlöschend (VI 9,9).

In einer stammelnden Sprache wird hier die unio mystica zwischen Gott und Mensch beschrieben. In ihr, in der das Selbst gleichsam ausgelöscht ist, ist der Unterschied zwischen dem Subjekt und dem Objekt des Erkennens aufgehoben. Solange dieser „Zustand" der Ekstase währt, befindet sich der Myste in einem alle irdische Vorstellung hinter sich lassenden „Leben im Sein" (K. Albert). In ihm sind höchste geistige Aktivität und rein empfangende Passivität eins geworden. In der unsagbaren Vereinigung der

Seele mit dem Einen ist der Schauende, selbstvergessen, selber zu diesem Einen geworden. Im mystischen Akt dieser „Einigung" rührt Plotin an die Grenzen des für den Menschen Möglichen. Hier wird erkennbar, „dass Plotin (…) das klassisch-antike Selbstverständnis verlässt, wonach einerseits die Vernunft, andererseits die von der Vernunft erfasste Idee oder Form, d.h. das Gestalthafte das höchste Sein ist"[18]. In der Tendenz einer Auflösung des Gestalthaften, die mit griechischem Weltdenken nicht zu vereinbaren ist, zeigt sich in der Metaphysik Plotins ein orientalischer Zug.

Die Heimkehr der Seele in der Rückwendung zu ihrem Ursprung zitiert die Erinnerung an die Heimfahrt des Odysseus. In der *Enneade* I, 6, 8 deutet Plotin das Wort des Odysseus „so lasst uns fliehen ins geliebte Vaterland" als Einkehr in sich selbst und als Aufstieg der Seele zu ihrer wahren Heimat:

> So lasst uns fliehen in die geliebte Heimat – so könnte man mit mehr Recht mahnen. Und worin besteht diese Flucht, und wie geht sie vor sich? Wir werden in See stechen wie Odysseus von der Zauberin Kirke oder von Kalypso, wie der Dichter sagt, und verbindet damit einen geheimen Sinn: er wars nicht zufrieden zu bleiben, obgleich er die Lust hatte, die man mit Augen sieht (…) Dort nämlich ist unser Vaterland, von wo wir gekommen sind, und dort ist unser Vater. Was ist es denn für eine Reise, diese Flucht? Nicht mit Füssen sollst du sie vollbringen, denn die Füsse tragen überall nur von einem Land in ein anderes, du brauchst auch kein Fahrzeug zuzurüsten, das Pferde ziehen oder das auf das Meer fährt, nein, du musst dies alles dahinten lassen und nicht blicken, sondern gleichsam die Augen schliessen und ein anderes Gesicht statt des alten in dir erwecken.

Die Fahrt der Seele verweist auf den Prozesscharakter des Philosophierens: an seinem Ende steht der Selbstüberstieg des Denkens im Sinne seiner höchsten Möglichkeit, die ihm aus seinem eigenen Einheitsgrund zukommt. Indem sich in diesem Denkgeschehen zugleich das Finden des Weges zurück zum Anfang ereignet, ist der Weg der denkenden Seele ein Erlösungsweg. Gezeigt wird er durch die Sprache der platonischen Lichtmetaphysik, gespeist aus einer hinter ihr stehenden griechischen Urerfahrung vom Göttlichen als dem Leuchtenden:

> Und das ist das wahre Endziel für die Seele: Jenes Licht anzurühren und es kraft dieses Lichtes zu erschauen, nicht in einem fremden Licht, sondern in eben dem, durch welches sie überhaupt sieht. Denn das, wodurch sie erleuchtet wurde, ist eben das Licht, das es zu erschauen gilt (man sieht ja auch die Sonne nicht in einem fremden Licht). – Und wie kann dies Ziel Wirklichkeit werden? – Tu alle Dinge fort! (V 3, 17, 34f.)

In dem Zitierten vernimmt man bereits die Sprache der christlichen Mystik. Nicht von ungefähr kommt einem der Satz des Meisters Eckhart in den Sinn: „Warum gehet ihr aus? – Um heimzufinden."

Die weitere Entwicklung des Neuplatonismus

In der auf Plotin und Porphyrius folgenden Generation kommt es zur Bildung verschiedener Schulen der neuplatonischen Philosophie, welche in unterschiedlicher Weise sich um eine spekulative Weiterentwicklung der Plotinischen Hypostasenlehre bemühten. Eine herausragende Stellung nimmt in diesem Zusammenhang das System des Proklos (411–485 n.Chr.) ein, welches mit einer bedeutenden Platonrezeption verbunden ist. Seine *Theologica Platonica* verbinden strenge Rationalität mit religiöser Schau. Ein zentrales Problem seines Denkens ist das Verhältnis von Einheit und Vielheit, das von ihm im Sinne „gleitender Übergänge" zwischen den einzelnen Seinsstufen aufgefasst wird. Vor allem die wirkenden Mächte der Schönheit und des Eros sind in diesem Zusammenhang von Bedeutung. Das Eine in uns ermöglicht in seinem Streben nach Einheit, angeregt durch die Schönheit, ein gleichsam vorreflexives Erfassen des Einen selbst. M. Erler hat in seinem Proklos-Beitrag (2000) darauf hingewiesen, dass der Denker sich hierbei eines auf Platon zurückgehenden Wortspiels bedient, welches das griechische Wort kalos (schön) mit kalein (rufen) in Beziehung setzt.[19] Das Schöne ist für die Seele der „Ruf", der sie antreibt, in das Eine zurückzukehren. In dieser Rückkehr, der epistrophe, erreicht alles Seiende seine Vollendung.

Abschließende Reflexionen

Am Ende der dargelegten Entwicklung der antiken Philosophie soll die Frage gestellt werden, wie die aus der Darstellung erarbeiteten Erkenntnisse und die aus ihnen gewonnenen Einsichten sich zu der Geschichtlichkeit unseres Denkens verhalten. Ist es uns gelungen, über die Differenz des historischen Abstandes hinaus in einen Dialog mit der Antike einzutreten, dann muss sich erweisen lassen, dass wir in der Beschäftigung mit ihrer Philosophie nicht nur „Wissen" gewonnen haben, sondern uns auch jener Fragen und Antworten bewusster geworden sind, die über den Zeitenabstand hinaus für das Verständnis unserer eigenen Stellung in der Welt und ihres Erfahrungshorizontes von Bedeutung sind. Dass die Geschichte der Philosophie die in ihr entfalteten Gegenstände des Denkens nicht nur nacherzählt, sondern stets auch auf die reflexive Kontinuität des geschichtlichen Bewusstseins bezieht und dadurch eine in ihr verborgene ewige Lebendigkeit des Wahren freilegt, das hat niemand eindringlicher verdeutlicht als Hegel. In der Einleitung zu seinen *Vorlesungen über die Geschichte der Philosophie* schreibt er:

> Es ergibt sich (…) die Ansicht für die Geschichte der Philosophie, dass wir in ihr, obgleich sie Geschichte ist, es doch nicht mit Vergangenem zu thun haben. Der Inhalt dieser Geschichte sind die wissenschaftlichen Produkte der Vernünftigkeit; und diese sind nicht ein Vergängliches. Was in diesem Felde erarbeitet worden, ist das Wahre, und dieses ist ewig, existirt nicht zu einer Zeit und nicht mehr zu einer anderen. Die Körper der Geister, welche die Helden dieser Geschichte sind, ihr zeitliches Leben (…), ist wohl vorübergegangen, aber ihre Werke (der Gedanke, das Prinzip) sind ihnen nicht nachgefolgt. Denn den vernünftigen Inhalt ihrer Werke haben sie sich nicht eingebildet, erträumt, gemeint (…), und ihre Tat ist nur diess, dass sie das an sich Vernünftige aus dem Schachte des Geistes, worin es zunächst nur als Substanz, als inneres Wesen ist, zu Tag ausgebracht, in das Bewusstseyn, in das Wissen befördert haben, – ein successives Erwachen. Diese Thaten sind daher nicht nur in dem Tempel der Erinnerung niedergelegt, – als Bilder von Ehemaligem, sondern sie sind jetzt noch ebenso gegenwärtig, (…) als zur Zeit ihres Hervortretens. (…) Diese Erkenntnisse sind eben deswegen nicht eine Gelehrsamkeit, – die Kenntniss des Verstorbenen, Begrabenen und Verwesten; die Geschichte der Philosophie hat es mit dem nicht Alternden, gegenwärtig Lebendigen zu thun. (WW 17 ed. Glockner, 68 f.)

Das nicht Alternde, gegenwärtig Lebendige – für Hegel das Immer-Tätigsein des Geistes – lässt sich am Beispiel dreier Grundgestalten der griechischen Welt und ihrer Metamorphosen ausweisen: Odysseus, Ödipus, Sokrates. Sie sind in der von mir dargestellten Geschichte der antiken Philosophie stets mitgegenwärtig, weil sie in ihr „Sedimentierungen" (E. Husserl) tief prägender geistiger Erfahrungen der Griechen darstellen. Die Gestalt des Odysseus im homerischen Epos ist Sinnbild der auf seiner Meerfahrt stets gefährdeten, in ihrer Suche nach Identität und Heimat bedrohten Subjektivität, die sich durch die Kraft einer den mythischen Mächten der Natur überlegenen List und durch die Mittel einer beredten Verschwiegenheit aufrecht erhält. Seine Gestalt ist aber auch Sinnbild eines Lebenslaufes, in welchem sich Zorn und Gunst der Götter rational nicht verrechnen lassen. Daher die Mahnung im 18. Gesang der *Odyssee*, die vom Göttlichen gesetzten Grenzen nicht zu überschreiten und „in Schweigen" die Gaben der Götter zu empfangen.

Der Ödipus des Sophokles ist eine dramatische Verkörperung der intellektuellen Energie des attischen Geistes im 5. Jahrhundert. Die drei wichtigsten Kulturleistungen des Menschen, die im Chorlied der *Antigone* „... nichts so Ungeheueres wie der Mensch" gefeiert werden, die Bezwingung der Erde, des Meeres und der Tiere, sind konstitutiv für vorgeführte Bilder der sophokleischen Ödipusgestalt als Jäger, Seemann und Pflüger. Die peripeteia der tragischen Handlung zeigt die Figur des Ödipus als Überschneidung und Verdichtung von Widersprüchen, wenn er als Jäger nach der Wahrheit eine schreckliche Beute fängt; als Seemann sein Schiff in einen dunklen Hafen, die Heirat mit der Mutter, steuert; als Pflüger sät und eine furchtbare Saat erntet, seine aus der inzestuösen Verbindung mit der Mutter entstandenen Kinder. Der sophokleischen Ödipus-Tragödie als Ganzer liegt eine Denkform zu Grunde, welche die Welt in Extreme polarisiert: das Rätsel der tierhaften Sphinx einerseits und das Orakel des olympischen Apollon andererseits. Für eine tragische Sicht des Menschen, auf welche die Lektüre der Ödipus-Figur durch J.-P. Vernant (1997) neue Zugänge eröffnet hat[1], ist jener Umschlag der Macht und des Wissens in Ohnmacht und Chaos von zentraler Bedeutung, wie er durch die Sphinx beschworen wurde, als sie den Menschen als den definiert hat, der sowohl auf zwei, als auch auf drei und auf vier Beinen geht. So ist das Rätsel der Sphinx der, der es löst. In dieser tragischen Identität gewinnt der Rätselcharakter der menschlichen Existenz jenen überwältigenden Ausdruck, der dem in Märchen und Sage verwobenen Denken der *Odyssee* noch fern liegen musste.

Wie sehr die Frage nach der Selbsterkenntnis auch das rationale Denken des Sokrates beherrscht, wird im *Phaidros* (229 e) bestätigt:

Bis jetzt bin ich noch nicht imstande, gemäss der Inschrift in Delphi mich selbst zu erkennen. So kommt es mir denn lächerlich vor, solange ich dieses Wissen nicht besitze, mich mit anderen Dingen zu befassen.

In der *Apologie* erfährt die Frage nach der Selbsterkenntnis angesichts des bevorstehenden Todes ihre Verschärfung. Das Gebot des delphischen Gottes „Erkenne dich selbst" mahnt Sokrates, die Frage nach seinem Dasein und seinem Schicksal nach dem Tode noch einmal in ganz zugespitzter Weise zu stellen, denn es „weiss doch niemand, was der Tod ist" (29 a). Mit dieser letzten Unwissenheit aber bestätigt Sokrates die Weissagung des Gottes, der ihn als weise bezeichnet hat, weil er erkannt hatte, dass wahres Wissen nur dem Gott zukommt, der Mensch aber – und damit er selbst – in der Frage nach den letzten Dingen nichts wissen kann. Das Äußerste, zu dem dieser einzigartige und rätselhafte Mann bei allen seinen Fragen gelangte, war die philosophische Einsicht, dass er nichts „wusste". Sie verdichtet sich in dem letzten Wort des Sokrates in der *Apologie*, das zugleich seine Weihegabe an „den Gott" ist (42 a):

Aber nunmehr ist es Zeit, dass wir gehen, ich, um zu sterben, ihr, um zu leben. Wem von uns das bessere Los wartet, das weiß niemand als der Gott allein.

Dieser Satz muss jedoch, worauf R. Guardini (1956) hingewiesen hat, in jener „ironischen Schwebe" gehalten werden, in der alles Sokratische steht. Sie verhüllt „die tief innere Eindeutigkeit", dass der Tod für Sokrates Durchgang zu jenem eigentlichen Leben ist, in dem alles irdische Sein und Tun in die Norm endgültiger Wahrheit gehoben wird.[2]

Was angesichts der Unwissenheit des Sokrates nur eine Zuversicht war, die Unsterblichkeit der Seele zu gewinnen, gestützt auf Apollon und die Mantik, das wird bei seinem größten Schüler Platon argumentativ hergeleitet und systematisch begründet. Der alte orphische Seelen-Mythos wird bei ihm zu einer Theorie über die Seele. Vernunftseele und Ideenbereich stehen in einem reziproken Begründungsverhältnis zueinander. Im *Phaidon* (80 e ff.) gelangt die Seele, im Denken ganz auf sich gestellt, zu dem, was ihr ähnlich ist, „dem Unsichtbaren, dem Göttlichen und Unsterblichen und Vernünftigen", mit dem sie verwandt ist. Dann ruht sie sich von ihrer „Irrfahrt" (!) aus und bleibt, weil sie das Göttliche und Unsterbliche „berührt", vom Tod des Leibes selbst unberührt. Auf dem Hintergrund der platonischen Seelenlehre gewinnen bestimmte Abstufungen in der Entwicklung des griechischen Geistes an Kontur. War die sophokleische Tragödie sakrales Festspiel zu Ehren des Gottes, so bleibt die Einstellung des Sokrates zum Wissen um sich selbst und das Göttliche an eine spezifisch ironisch verhüllte Haltung gebunden, während Platon dem Menschen ein nur augenblicksweises Erkennen von Zügen der Ideenwelt- und – mit ihm verbunden – eine auf Reflexion gestützte „Ahnung" vom Schönen selbst, vom Wahren und dem höchsten Guten ermöglicht. Historisch betrachtet, beruht die einzigartige philosophische Leistung Platons darauf, „dass er, um die Krise der griechischen Polis und ihrer sittlichen Normen aufzufangen, die ontologische Tradition für das konkrete geschichtliche Dasein des Menschen fruchtbar macht und so – in Verbindung mit der sokratischen epoche des stets bewegten wissenden Nichtwissens – den Philosophiebegriff stiftet, der in seiner Totalität allen Späteren vorbildlich ist, aber unerreicht bleibt"[3]. Für die Geschichte der europäischen Philosophie ist der Philosophiebegriff Platons mit der Annahme zweier Ordnungen verbunden: einer Ordnung des überzeitlichen Seins und einer Ordnung der zeitlichen Welt. Für Platon besteht die Sonderstellung des Menschen im Kosmos darin, dass er beiden „Ordnungen" angehört: Das Sterbliche an ihm der Ordnung des Zeitlichen, das Unsterbliche in ihm der Ordnung des unzerstörbaren Seins. Es ist die ethische Aufgabe des religiösen Denkens im Platonismus, die Seele und die sterblichen Dinge der zeitlichen Welt in Übereinstimmung mit der Ordnung des überzeitlichen Seins zu bringen. Im Zustand dieser „Übereinstimmung" gewinnt die Seele die aus einer höchsten Schau gewonnene Einsicht für die Welt:

Wissen heißt: das Gute wissen.

Das Gute wissen, heißt: das Gute tun.

Unter veränderten geschichtlichen Bedingungen, die den zunehmenden Verlust der alten Kosmosdignität zur Folge haben, ist das Ich nur noch ein verschwindender Punkt in der Unermesslichkeit der atomaren Welten und „eine kleine Woge in den unermesslichen Fluten der Zeit" (P. Hadot):

Wie klein ist doch der Teil des Unendlichen und der weitoffenen Ewigkeit, der einem eben zugemessen ist; sekundenschnell verschwindet er im Zeitlosen. (…) Auf wie kleiner Scholle der Gesamtebene kriechst du dahin. Mach dir das alles innerlich klar und denk nichts Grosses mehr als dies: zu handeln, wie dich deine eigene Natur leitet, und zu leiden, wie es die allgemeine Natur mit sich bringt." (Marc Aurel, *Selbstbetrachtungen* XII, 32)

In dem Maße, wie es dem Ich im Bewusstwerdungsprozess der Begrenzung seiner fragilen Individualität in der Unermeßlichkeit des Universums gelingt, sich auf ein moralisches Bewusstsein seiner selbst hin zu überschreiten, das als individuelle Vernunftseele im Menschen am göttlichen Logos partizipiert, gewinnt dieses „Ich" einen unendlichen Wert im Verhältnis zu einer rein physischen Ordnung der Dinge. Dieser so entscheidende Transformationsprozess antizipiert bereits den von Kant am Schluss der *Kritik der praktischen Vernunft* beschriebenen Gegensatz zwischen der kosmischen Marginalität des empirischen Ich „als eines tierischen Geschöpfs, das die Materie, daraus es ward, dem Planeten (einem bloßen Punkt im Weltall) wieder zurückgeben muss" und der unvergleichlichen Größe des intelligiblen Ich, „in welcher das moralische Gesetz mir ein von der Tierheit und selbst von der ganzen Sinnenwelt unabhängiges Leben offenbart" (Akademieausgabe V 161).

Im Gegensatz zum neuzeitlichen Philosophieren, das seine Existenzgewissheit aus konstruktiven Akten der Selbstrealisierung gewinnt, verharrt das antike Denken in transsubjektiven Bezügen, die wir als mythische Weltbefangenheit (Homer, Hesiod), in Ritus, Kultus und Theaterspiel begründete Frömmigkeit (Aischylos, Sophokles) oder als philosophisches Fragen nach dem Guten (Sokrates), nach der Ideenwelt (Platon) oder nach den Prinzipien der Welterkenntnis (Aristoteles) deuten.

Was die gegenwärtige Stellung des Menschen zu seiner Sterblichkeit angeht, so muss es offen bleiben, ob er noch geneigt ist, dem Gesang der Schwäne, dem philosophischen Mysterium des Platonismus zu vertrauen. Auf die wundersame Rede des Sokrates im *Phaidon* von der „Seherkunst" und den „Schwänen" antwortet ihm Simmias, der Vertreter einer aufgeklärten Wissenschaft, mit Worten, welche hinsichtlich der uns bedrängenden Fragen angesichts des Schicksals unserer Endlichkeit jene grundlegende Alternativen markieren, über die wir seit Platon nicht hinausgekommen sind:

> Ich denke über diese Dinge ungefähr so wie Du: dass es in diesem Leben unmöglich oder doch sehr schwierig ist, etwas Sicheres darüber zu wissen, dass es aber deshalb nötig ist, auf jede Weise zu prüfen, was darüber gesagt wird (…) Denn eines muss man doch in diesen Dingen erreichen: entweder von einem anderen lernen, wie es damit steht, oder es selbst herausfinden. Wenn das aber unmöglich ist, dann doch wenigstens den relativ besten der menschlichen Beweise dafür zu ergreifen und auf ihm wie auf einem Floss das Leben zu durchwimmen suchen – falls man nicht sicherer und gefahrloser auf einem zuverlässigeren Fahrzeug, etwa einem göttlichen Worte, hindurchschiffen kann. (*Phaidon*, 85 c 1–d 3)

Heute sieht sich das philosophische Denken erneut gezwungen, nach einer Grundlage zu fragen, die es ihm erlaubt, sich den neuen Erfahrungen der geschichtlichen Zeit zu stellen. Es erreicht dadurch eine Dimension der Offenheit, die den bekannten antiken Gestalten der Philosophie noch fremd war. Was das gegenwärtige Philosophieren indessen mit dem Denken der Antike dauerhaft verbindet, ist die Gewissheit, dass die neu zu erschließenden Horizonte nur in dem von den Griechen erstmals entdeckten Geiste theoretischer Wahrheitsfindung zu gewinnen sind. Darüber hinaus bleibt es seit den Griechen ein unverlierbarer Besitz unseres Selbstverständnisses, dass der Kampf zwischen dem „Logischen" und dem „Alogischen" im Menschen selbst niemals zu beschwichtigen ist, weil er mit der Unvollkommenheit alles Sterblichen verbunden ist. In diesem „Kampf" geht es um die großen, in allem geschichtlichen Wandel sich gleich bleibenden, wenn auch historisch unterschiedlich motivierten Probleme des Lebens und die Frage, aus welchen ursprünglichen Voraussetzungen sie sich erhellen lassen. Auf diese Frage gibt die antike Philosophie jeweils bestimmte, voneinander unterschiedene Antworten. In ihrer Mehrzahl beziehen sie sich auf einen „Seinsgrund", der außerhalb aller rein physischen oder psychologischen Kausalität liegt. Die Vorsokratik verbindet ihn mit einem „Urbegriff der europäischen Philosophie" (W. Stegmaier), dem griechischen Begriff der arche, der in seiner Bedeutung als „Ursprung" und „Herrschaft" dasjenige ist, aus dem alles entsteht und der darum auch alles beherrscht. Seine Resonanz findet er bei Heraklit als der in der Seele des Menschen wirkende Logos. An ihn als Weltgesetz rührt der Schlaf der Welt. Von Sokrates und Platon wurde dann in einem entscheidenden Schritt der philosophischen Entwicklung der Begriff der arche auf den logos als der Rechenschaft gebenden Rede festgelegt. Im Platonismus stiftet die logische Selbstreflexion die „Einheit" dieses Grundes (arche), die nur durch die Vernunft zu erfassen ist. In dem platonisch-aristotelischen Gedanken einer durch den Logos begründeten Einsicht des Wissens in essentielle Strukturen der Welt und in grundlegende, auf eine Realisierung sinnerfüllter Praxis bezogene ethische Bedingungen menschlicher Handlung sowie der Entdeckung des immer schon an dem logos endiathetos (inneren Wort) ausgerichteten Horizontes menschlicher Weltauslegung besteht dann das Erbe, das der griechische Geist den kommenden Epochen der Philosophie übergibt.

Anmerkungen

Einleitung

[1] H.-G. Gadamer, Der Anfang der Philosophie, Stuttgart 1996, S. 124.
[2] C. Hartshorne, Insights and Oversights of Great Thinkers. An Evaluation of Western Philosophy. Albany, New York 1987.
[3] Hierzu: W. Ries, Griechische Tragiker zur Einführung, Hamburg 2000, S. 128–173.
[4] Siehe: W. Beierwaltes, Selbsterkenntnis und Erfahrung der Einheit. Plotins Enneade V 3. Text, Übersetzung, Interpretation, Erläuterungen, Frankfurt a. M. 1991.

I. Anfängliches Denken – die vorsokratische Philosophie

[1] Siehe: W. Schadewaldt, Die Anfänge der Philosophie bei den Griechen. Die Vorsokratiker und ihre Voraussetzungen, Frankfurt a. M. 1978.
[2] Dazu: ders.: Der Aufbau der Ilias. Strukturen und Konzeptionen, Frankfurt a. M. 1975.
[3] Siehe: J.-P. Vernant, Zwischen Mythos und Politik. Eine intellektuelle Autobiographie, Berlin 1997, S. 92 f.
[4] Siehe: W. Jaeger, Die Theologie der frühen griechischen Denker, Stuttgart 1953.
[5] G. Krüger, Grundfragen der Philosophie. Geschichte, Wahrheit, Wissenschaft, Frankfurt a. M. 1958, S. 100.
[6] Ebd., S. 97.
[7] W. Burkert, Griechische Religion der archaischen und klassischen Epoche, Stuttgart 1977, S. 455.
[8] Ebd., S. 446.
[9] H. Fränkel, Dichtung und Philosophie des frühen Griechentums, 4. Aufl. München 1962, S. 378.
[10] K. Held, Treffpunkt Platon, Stuttgart, 3. Aufl. 2001, S. 43.
[11] Siehe: M. Thurner, Der Ursprung des Denkens bei Heraklit, Stuttgart 2001.
[12] Siehe: G. Wohlfart, ›Also sprach Herakleitos‹. Heraklits Fragment B 52 und Nietzsches Heraklit-Rezeption, Freiburg/München 1991.
[13] In: H. Fränkel, Wege und Formen frühgriechischen Denkens, München 1955, S. 237–50.
[14] Dieser Gedanke gewinnt auch in den Schlussworten der Trachinierinnen des Sophokles Ausdruck: „(...) doch in all dem nichts, was nicht des Zeus ist" (V. 1278).
[15] W. Bröcker, Die Geschichte der Philosophie vor Sokrates, Frankfurt a. M. 1965, S. 46.
[16] O. Gigon, Der Ursprung der griechischen Philosophie. Von Hesiod bis Parmenides, Basel, 2. Aufl. 1968, S. 236.
[17] In: H.-G. Gadamer, Der Anfang des Wissens, Stuttgart 1999, S. 72.
[18] Ders.: Zur Vorgeschichte der Metaphysik, in: Um die Begriffswelt der Vorsokratiker, Darmstadt 1968, S. 384.
[19] Ders.: Der Anfang der Philosophie, Stuttgart 1996, S. 168.
[20] W. Kranz, Empedokles. Antike Gestalt und romantische Neuschöpfung, Zürich 1949, S. 72.
[21] K. Reinhardt, Hekataios von Abdera und Demokrit, in: Vermächtnis der Antike, 2. Aufl. Göttingen 1989, S. 132.
[22] W. H. Pleger, Die Vorsokratiker, Stuttgart 1991, S. 167.
[23] E. Tugendhat, Selbstbewusstsein und Selbstbestimmung, in: E.-M. Kaufmann, Sokrates, München 2000, S. 128 f.
[24] Ch. Meier, Athen. Ein Neubeginn der Weltgeschichte, 1997 (btb), S. 671.

[25] G. Figal, Sokrates. Der Philosoph, in: Philosophen des Altertums. Von der Frühzeit bis zur Klassik, hrsg. von M. Erler und A. Graeser, Darmstadt 2000, S. 111.
[26] Geschichte der Philosophie in Text und Darstellung. Antike, hrsg. von W. Wieland, Stuttgart 1982, S. 21.

II. Die klassische Philosophie Athens

[1] Ch. Meier, Athen. Ein Neubeginn der Weltgeschichte, 1997 (btb), S. 358.
[2] H.-G. Gadamer, Philosophisches Lesebuch 1, Frankfurt a. M. 1965, S. 60.
[3] H. Ottmann, Geschichte des politischen Denkens. Die Griechen. Von Platon bis zum Hellenismus, Stuttgart/Weimar 2001, S. 96.
[4] K. Bormann, Platon: Die Idee, in: Grundprobleme der großen Philosophen. Die Philosophie des Altertums und des Mittelalters, hrsg. von J. Speck, 4. Aufl. Göttingen 1990, S. 47.
[5] J. Disse, Kleine Geschichte der abendländischen Metaphysik. Von Platon bis Hegel, Darmstadt 2001.
[6] G. Reale, Zu einer neuen Interpretation Platons, Paderborn/München/Wien/Zürich 1993, S. 136.
[7] Siehe dazu: H.-G. Gadamer, Die Unsterblichkeitsbeweise in Platos Phaidon (1973), in: Wege zu Plato, Stuttgart 2001, S. 9–33. Ferner: K. Bormann, Platon, 4. Aufl. Freiburg/München 2003, S. 96–130.
[8] H.-G. Gadamer, Die Unsterblichkeitsbeweise in Platos Phaidon (1973), in: Wege zu Plato, Stuttgart 2001, S. 29 f.
[9] Platons Mythen, Frankfurt a. M./Leipzig 1997, S. 215.
[10] E. Heitsch, Platon. Phaidros, Göttingen 1993, S. 93.
[11] G. Krüger, Einsicht und Leidenschaft. Das Wesen des platonischen Denkens, 6. Aufl. Frankfurt a. M., S. 60.
[12] Ch. Schefer, Platons unsagbare Erfahrung. Ein anderer Zugang zu Platon, Basel 2001, S. 219.
[13] Th. A. Szlezák, Das Höhlengleichnis (Buch VII 514 a–521 b und 539 d–541 b), in: Platon, Politeia, hrsg. von O. Höffe, Berlin 1977, S. 205–228.
[14] Ebd., S. 216.
[15] Ebd., S. 221.
[16] C. F. v. Weizsäcker, Platon, in: Große Physiker. Von Aristoteles bis Werner Heisenberg, München 2002, S. 64.
[17] Siehe: H. Hofmeister, Philosophisch denken, 2. Aufl. Göttingen 1977, S. 59.
[18] K. Oehler, Der entmythologisierte Platon, in: Das Problem der ungeschriebenen Lehre Platons. Beiträge zum Verständnis der Platonischen Prinzipientheorie, hrsg. von J. Wippern, Darmstadt 1972, S. 126.
[19] W. Burkert, Griechische Religion der archaischen und klassischen Epoche, Stuttgart 1977, S. 479.
[20] E. Hoffmann, Platon. Eine Einführung in sein Philosophieren, Reinbek bei Hamburg 1967, S. 130.
[21] H.-G. Gadamer, Idee und Wirklichkeit in Platos Timaios (1974), in: Wege zu Plato, Stuttgart 2001, S. 59.
[22] K. Oehler, Der entmythologisierte Platon, in: Das Problem der ungeschriebenen Lehre Platons. Beiträge zum Verständnis der Platonischen Prinzipientheorie, hrsg. von J. Wippern, Darmstadt 1972, S. 126.
[23] K. Albert, Philosophie als Religion, Sankt Augustin 2002, S. 42.
[24] K. Gaiser, Platons esoterische Lehre, in: Gnosis und Mystik in der Geschichte der Philosophie, Zürich/München 1988, S. 13–40.
[25] E. Hoffmann, Platon. Eine Einführung in sein Philosophieren, Reinbek bei Hamburg 1967, S. 131.
[26] H. Ottmann, Geschichte des politischen Denkens. Die Griechen. Von Platon bis zum Hellenismus, Stuttgart/Weimar 2001, S. 111.

²⁷ G. Picht, Aristoteles' ›De anima‹, Stuttgart 1987, S. 298.
²⁸ I. Düring, Aristoteles. Darstellung und Interpretation seines Denkens, Heidelberg 1966, S. 203.
²⁹ H.-G. Gadamer, Wort und Bild – ›so wahr, so seiend‹, in: Gadamer Lesebuch, hrsg. von J. Grondin, Tübingen 1997, S. 186. (GW 8: 387)
³⁰ H. Hofmeister, Philosophisch denken, 2. Aufl. Göttingen 1977, S. 103.
³¹ Hierzu: K. Gloy, Das Verständnis der Natur I: Die Geschichte des wissenschaftlichen Denkens, München 1995, S. 123f.
³² H. J. Krämer, Arete bei Platon und Aristoteles. Zum Wesen und zur Geschichte der platonischen Ontologie, Heidelberg 1959, S. 559.
³³ O. Höffe, Aristoteles, in: Klassiker der Philosophie. Bd. 1: Von den Vorsokratikern bis David Hume, München 1981, S. 81.
³⁴ A. Dihle, Die Vorstellung vom Willen in der Antike, Göttingen 1985, S. 67.
³⁵ Ebd., S. 69.
³⁶ H.-G. Gadamer, Einführung zu Aristoteles' Nikomachische Ethik VI, Frankfurt a. M. 1998, S. 14.
³⁷ U. Wolf, Aristoteles' ›Nikomachische Ethik‹, Darmstadt 2002, S. 148.
³⁸ W. Schneider, Ousia und Eudaimonia. Die Verflechtung von Metaphysik und Ethik bei Aristoteles, Berlin/New York 2001, S. 307.
³⁹ F. Dirlmeier, Aristoteles, in: Aristoteles in der neueren Forschung, Darmstadt 1968, S. 157.
⁴⁰ H. Ottmann, Geschichte des politischen Denkens. Die Griechen. Von Platon bis zum Hellenismus, Stuttgart/Weimar 2001, S. 172.
⁴¹ Ebd., S. 183.
⁴² Ebd., S. 129.
⁴³ H. Flashar, Sophokles. Dichter im demokratischen Athen, München 2000, S. 190.
⁴⁴ M. Heidegger, Phänomenologische Interpretationen zu Aristoteles, hrsg. von G. Neumann mit einem Essay von H.-G. Gadamer, Stuttgart 2002.
⁴⁵ W. Nestle, Einleitung (IX) zu: Aristoteles. Hauptwerke (Auswahl), Stuttgart 1938.

III. Die Philosophie im Zeitalter des Hellenismus und der Spätantike

¹ Siehe: P. Hadot, Wege zur Weisheit oder Was lehrt uns die antike Philosophie, Frankfurt a. M. 1999.
² H.-G. Gadamer, Philosophisches Lesebuch 1, Frankfurt a. M. 1965, S. 172.
³ M. Hossenfelder, Epikur, München 1998, S. 133.
⁴ M. Erler, Epikur, in: Die Philosophie der Antike 4/1 Die hellenistische Philosophie, hrsg. von H. Flashar, Basel 1994, S. 150.
⁵ Ebd.
⁶ M. Fuhrmann, Geschichte der römischen Literatur, Stuttgart 1999, S. 133.
⁷ P. Hadot, Wege zur Weisheit oder Was lehrt uns die antike Philosophie, Frankfurt a. M. 1999, S. 153.
⁸ Seneca. Vom glückseligen Leben. Eine Auswahl aus seinen Schriften, hrsg. von H. Schmidt, Stuttgart 1956, S. VII.
⁹ M. Giebel, Seneca, Reinbek bei Hamburg, 3. Aufl. 2001, S. 71.
¹⁰ E. R. Dodds, Heiden und Christen in einem Zeitalter der Angst. Aspekte religiöser Erfahrung von Marc Aurel bis Konstantin, Frankfurt a. M. 1992, S. 19f.
¹¹ A. Birley, Mark Aurel. Kaiser und Philosoph, München 1968, S. 399.
¹² Plotin. Auswahl und Einleitung von Richard Harder, Frankfurt a. M. und Hamburg 1958, S. 8f.
¹³ M. Fuhrmann, Rom in der Spätantike. Portrait einer Epoche, 3. Aufl. Düsseldorf/Zürich 1998, S. 139.
¹⁴ Plotin. Auswahl und Einleitung von Richard Harder, Frankfurt a. M. und Hamburg 1958, S. 22.

[15] H. Chadwick, Augustin, Göttingen 1987, S. 26.
[16] Plotin. Auswahl und Einleitung von Richard Harder, Frankfurt a. M. und Hamburg 1958, S. 22.
[17] H.-G. Gadamer, Philosophisches Lesebuch 1, Frankfurt a. M. 1965, S. 259.
[18] J. Disse, Kleine Geschichte der abendländischen Metaphysik. Von Platon bis Hegel, Darmstadt 2001, S. 114.
[19] M. Erler, Proklos, in: Philosophen des Altertums. Vom Hellenismus bis zur Spätantike, hrsg. von M. Erler und A. Graeser, Darmstadt 2000, S. 198.
[20] H.-G. Gadamer, Philosophisches Lesebuch 1, Frankfurt a. M. 1965, S. 241.
[21] J. Gruber, Boethius, Trost der Philosophie oder Des Menschen wahres Glück, in: Meisterwerke der antiken Literatur von Homer bis Boethius, hrsg. von M. Hose, München 2000, S. 183.

Abschließende Reflexionen

[1] Siehe: J.-P. Vernant, Zwischen Mythos und Politik, Berlin 1997, S. 169–175.
[2] Siehe: R. Guardini, Der Tod des Sokrates, Reinbek bei Hamburg 1956, S. 76.
[3] H. J. Krämer, Arete bei Platon und Aristoteles. Zum Wesen und zur Geschichte der platonischen Ontologie, Heidelberg 1959, S. 554.

Anhang

Literaturhinweise

Primärliteratur

Aristoteles. Philosophische Schriften. Übers. von H. Bonitz, E. Rolfes, H. Seidl und H. G. Zekl. 6 Bde. Darmstadt 1995 (WBG).
H. Diels/W. Kranz: Die Fragmente der Vorsokratiker. Griechisch/deutsch, 3 Bde. 17. Aufl. Dublin–Zürich 1974.
Heraklit. Fragmente. Griechisch/deutsch, hrsg. von B. Snell. 8. Aufl. München–Zürich 1983.
Parmenides. Über das Sein. Griechisch/deutsch, hrsg. von H. v. Steuben. Stuttgart 1981 (Reclam).
Epikur. Briefe, Sprüche, Werkfragmente. Griechisch/deutsch, übers. und hrsg. von H.-W. Krautz. Stuttgart 1980 (Reclam).
Lukrez: De rerum natura (Welt aus Atomen). Übers. von K. Büchner. Stuttgart 1994.
Platon. Werke in 8 Bde. Griechisch/deutsch, hrsg. und überarbeitet von G. Eigler unter Mitarbeit von H. Hofmann, D. Kurz, K. Schöpsdau, P. Staudacher, K. Widdra. Sonderausgabe. Darmstadt 2001 (WBG). – Ferner: Platon. Sämtliche Werke in 3 Bde., hrsg. von E. Loewenthal. Sonderausgabe. Darmstadt 2003 (WBG).
Plotin. Schriften. Übers. von R. Harder. Neu bearb. mit griech. Lesetext und Anm. fortgef. von R. Beutler und W. Theiler. 6 Bde., Hamburg 1956–1971. – Ferner: Plotin. Ausgewählte Schriften, hrsg., übers. und kommentiert von Ch. Tornau. Stuttgart 2001 (Reclam).
Die Sophisten. Griechisch/deutsch, hrsg. und übers. Von Th. Schirren und Th. Zinsmaier. Stuttgart 2003 (Reclam).
Seneca, Philosophische Schriften (5 Bde.). Lateinisch/deutsch, hrsg., übers., eingel. und mit Anm. vers. von M. Rosenbach (WBG Sonderausgabe 1999).
Stoa und Stoiker. Die Gründer. Panaitios. Poseidonios. Eingel. und übertragen von M. Pohlenz. Zürich–Stuttgart 1950. – Ferner: Die Philosophie der Stoa. Ausgewählte Texte. Übers. und hrsg. von W. Weinkauf. Stuttgart 2001 (Reclam).
Antike Glückslehren. Quellen in dt. Übers. v. M. Hossenfelder. Stuttgart 1996 (KTA Bd. 424).
Diogenes Laertius: Leben und Meinungen berühmter Philosophen. Hamburg 1967.

Ausgewählte Sekundärliteratur (zum Teil mit Kommentar)

Nachschlagewerke und Handbücher

J. Ritter (Hrsg.), Historisches Wörterbuch der Philosophie. 12 Bde. und ein Registerband. Darmstadt 1971–2005 (WBG).
Metzler Lexikon antiker Autoren, hrsg. von O. Schütze. Stuttgart–Weimar 1997.
  Das Lexikon bietet eine Lesehilfe auch für altphilologisch nicht Vorgebildete. Neben den Klassikern der griechisch-römischen Welt von Homer bis in die Spätantike sind auch die großen Gestalten des frühen Christentums vertreten.
Wörterbuch der antiken Philosophie, hrsg. von Ch. Horn und Ch. Rapp. München 2002 (Beck'sche Reihe).
  Über 600 Artikel zu den zentralen griechischen und lateinischen Begriffen erschliessen das breite Themenspektrum der philosophischen Antike. Für Studierende des Faches Philosophie besonders empfehlenswert.
Propyläen Geschichte der Literatur. 1. Bd.: Die Welt der Antike. 1200 v. Chr.–600 n. Chr. Frankfurt a. M.–Berlin–Wien 1981.
E. Howald: Ethik des Altertums. München–Berlin 1926.
J. Stenzel: Metaphysik des Altertums. München–Berlin 1931.

Geschichte der Philosophie der Antike

W. Röd: Kleine Geschichte der antiken Philosophie. München 1998 (Beck'sche Reihe).
Eine leicht lesbare Einführung in die Geschichte der antiken Philosophie von den Anfängen bei den Vorsokratikern bis zu den Stoikern im römischen Kaiserreich.
Ders.: Die Philosophie der Antike Bd. 1: Von Thales bis Demokrit. 2. Aufl. München 1988.
A. Graeser: Die Philosophie der Antike Bd. 2: Sophistik und Sokratik, Plato und Aristoteles. 2. Aufl. München 1993.
M. Hossenfelder: Die Philosophie der Antike Bd. 3: Stoa, Epikureismus und Skepsis. 2. Aufl. München 1995.
Die drei im C. H. Beck-Verlag erschienenen Bände zur antiken Philosophie genügen in bester Weise dem wissenschaftlichen Studium der antiken Philosophie.
K. Vorländer: Philosophie des Altertums. 10. Aufl. Reinbek 1976.
Für Studierende des Faches Philosophie empfehlenswert. Umfangreiche Quellentexte im Anhang.
J. Speck (Hrsg.): Grundprobleme der großen Philosophen. Philosophie des Altertums und des Mittelalters. 4. teilw. neubearb. Aufl. Göttingen 1990 (UTB).
O. Höffe (Hrsg.): Klassiker der Philosophie I: Von den Vorsokratikern bis David Hume. München 1981.
M. Erler/A. Graeser (Hrsg.): Philosophen des Altertums. Bd. 1: Von der Frühzeit bis zur Klassik. Bd. 2: Vom Hellenismus bis zur Spätantike. Darmstadt 2000 (WBG).
H. Ottmann: Geschichte des politischen Denkens. Bd. 1/1: Die Griechen. Von Homer bis Sokrates. Bd. 1/2: Von Platon bis zum Hellenismus. Stuttgart–Weimar 2001.
Grundlegend für Studierende der Fächer Philosophie und Politik.
F. Schupp: Geschichte der Philosophie im Überblick. Bd. 1: Antike. Felix Meiner 2003 (WBG).

Die vorsokratische Philosophie

W. Bröcker: Die Geschichte der Philosophie vor Sokrates. Frankfurt a. M. 1965.
G. Colli: Die Geburt der Philosophie. Frankfurt a. M. 1981.
Die stark von Nietzsches Geburt der Tragödie beeinflusste Schrift Collis vertritt die These, dass die griechische Philosophie aus dem Niedergang griechischer Weisheit geboren wurde.
H. Fränkel: Dichtung und Philosophie des frühen Griechentums. 4. Aufl. München 1993.
Berühmtes Standardwerk.
Ders.: Wege und Formen frühgriechischen Denkens. München 1955.
H.-G. Gadamer: Der Anfang der Philosophie. Stuttgart 1996.
Die bei Reclam publizierten Neapler Vorlesungen Gadamers aus dem Jahr 1988 diskutieren vor allem ontologische und erkenntnistheoretische Probleme im frühgriechischen Denken.
Ders.: Der Anfang des Wissens. Stuttgart 1999 (Reclam).
Der Band enthält die Heraklit-Studien Gadamers sowie seinen Beitrag Antike Atomtheorie *(1935).*
Ders. (Hrsg.): Um die Begriffswelt der Vorsokratiker. Darmstadt 1968 (WBG, WdF Bd. IX).
C.-F. Geyer: Die Vorsokratiker zur Einführung, Hamburg 1995.
Besonders für Studierende des Faches Philosophie.
O. Gigon: Der Ursprung der griechischen Philosophie. Von Hesiod bis Parmenides. 2. Aufl. Basel-Stuttgart 1968.
W. Jaeger: Die Theologie der frühen griechischen Denker. Stuttgart 1953.
J. Mansfeld: Die Offenbarung des Parmenides und die menschliche Welt. Assen 1964.
W. H. Pleger: Die Vorsokratiker. Stuttgart 1991 (Sammlung Metzler Bd. 265).
W. Schadewaldt: Die Anfänge der Philosophie bei den Griechen. Die Vorsokratiker und ihre Voraussetzungen. Frankfurt a. M. 1978 (stw 218).
Band 1 der Tübinger Vorlesungen Schadewaldts ist für Studierende des Faches Philosophie ganz besonders empfehlenswert.

A. Schmidt: Die Geburt des Logos bei den frühen Griechen. Berlin 2002.
Das Buch von Schmidt wendet sich an alle, die an dem geistigen Ursprung Europas interessiert sind. Es enthält schöne Radierungen von E. Marow.
B. Snell: Die Entdeckung des Geistes. Studien zur Entstehung des europäischen Denkens bei den Griechen. 6. Aufl. Göttingen 1986.
Das Buch des großen Gräzisten zählt zu den besten Beiträgen zum frühgriechischen Denken.

Zu Sokrates

G. Figal: Sokrates. München 1995 (Beck'sche Reihe Denker).
R. Guardini: Der Tod des Sokrates. 5. Aufl. Düsseldorf 1987.
  Enthält Interpretationen zu Platons Eutyphron, Apologie, Kriton und Phaidon.
E.-M. Kaufmann: Sokrates. München 2000 (dtv).
  Eine besonders empfehlenswerte Einführung.
H. Kuhn: Sokrates. Versuch über den Ursprung der Metaphysik. München 1959.
A. Patzer: Sokrates: Das Gute, in: Gundprobleme der großen Philosophen, hrsg. von J. Speck. Philosophie des Altertums und des Mittelalters, 4. Aufl. Göttingen 1990, S. 9–37.
  Grundlegende Studie für das Verständnis der sokratischen Frage nach dem Guten.

Klassische Philosophie Athens

Zu Platon (Auswahl)

K. Albert: Griechische Religion und platonische Philosophie. Hamburg 1980.
  Die grundlegende Arbeit zum Verständnis der Philosophie Platons als einer philosophischen Religion.
Ders.: Über Platons Begriff der Philosophie. St. Augustin 1989.
  Ein grundlegender Beitrag zum Verständnis Platons.
K. Bormann: Platon. 4. Aufl. Freiburg–München 2003 (Alber Kolleg Philosophie).
  Einführung, die sich eng an die Platon-Texte anschließt. Sie interpretiert vornehmlich die sog. „Ideendialoge", erschließt ferner Platons Staatskonzeption, seine Lehre von der Seele und die Argumente für deren Unsterblichkeit.
D. Frede: Platons Phaidon. Der Traum von der Unsterblichkeit der Seele. Darmstadt 1999 (WBG – Werkinterpretationen).
  Das Buch stellt jene Vorstellungen Platons zum Verhältnis von Leib und Seele vor, die seinen „Beweisen" für die Unsterblichkeit der Seele zugrunde liegen.
H.-G. Gadamer: Platos dialektische Ethik und andere Studien zur platonischen Philosophie. Hamburg 1968
Ders.: Wege zu Plato. Stuttgart 2001 (Reclam).
  Enthält fünf glänzend geschriebene Studien zu Platon, die einen maßgeblichen Beitrag zur gegenwärtigen Platon-Interpretation darstellen.
K. Gaiser: Platons ungeschriebene Lehre. Studien zur systematischen und geschichtlichen Begründung der Wissenschaften in der Platonischen Schule. Stuttgart 1963.
Ders. (Hrsg.): Das Platonbild. Zehn Beiträge zum Platonverständnis. Hildesheim 1969.
H. Görgemanns: Platon. Heidelberg 1994.
  Das in den „Heidelberger Studienheften zur Altertumswissenschaft" erschienene Buch bietet eine ausgezeichnete Orientierungshilfe für das Studium Platons.
E. Heitsch: Platon, Phaidros. Übersetzung und Kommentar. Göttingen 1993.
E. Hoffmann: Platon. Eine Einführung in sein Philosophieren. Reinbek 1997 (rde 142).
O. Höffe (Hrsg.): Platon, Politeia. Berlin 1997 (Klassiker Auslegen Bd. 7).
  In der Form eines kooperativen Kommentars führen anerkannte Platon-Interpreten in die Hauptthemen der Politeia und die wichtigsten Forschungsprobleme ein.

M. Janka und Ch. Schäfer (Hrsg.): Platon als Mythologe. Neue Interpretationen zu den Mythen in Platons Dialogen. Darmstadt 2002 (WBG).
Der Aufsatzband stellt auf der Basis des neuesten Forschungsstandes die Frage: Was ist „der rationale Kern" in Platons mythischem Erzählgut?

Th. Kobusch und B. Mojsisch (Hrsg.): Platon. Seine Dialoge in der Sicht neuer Forschung. Darmstadt 1996 (WBG).
Der Band enthält Interpretationen der wichtigsten Dialoge Platons sowie Ausführungen zu seiner „Ungeschriebenen Lehre". Er eröffnet auf der Basis neuester Forschungen dem Leser einen geeigneten Zugang zur Platonischen Philosophie.

dies. (Hrsg.): Platon in der abendländischen Geistesgeschichte. Neue Forschungen zum Platonismus. Darmstadt 1997 (WBG).
Die Wirkungsgeschichte des platonischen Denkens wird in ihren wichtigsten Phasen von Fachgelehrten untersucht und dargestellt.

H. J. Krämer: Arete bei Platon und Aristoteles. Zum Wesen und zur Geschichte der Platonischen Ontologie. Heidelberg 1959.
Die Arbeit von Krämer ist ein „Meilenstein" in der Geschichte der neueren Platon-Interpretation.

G. Krüger: Einsicht und Leidenschaft. Das Wesen des platonischen Denkens. 6. Aufl. Frankfurt a. M. 1992.
Das glänzend geschriebene Platon-Buch Krügers demonstriert das Auszeichnende des griechischen Vernunftbegriffs in Abhebung zum autonomen Vernunftbegriff der Moderne.

U. Neumann: Platon. Reinbek 2001 (rororo Monographie).

H. Ottmann: Platon, in: Geschichte des politischen Denkens. Die Griechen. Von Platon bis zum Hellenismus. Stuttgart–Weimar 2001, S. 1–110.

G. Picht: Platons Dialoge Nomoi und Symposion. Studienausgabe hrsg. von C. Eisenbart in Zusammenarbeit mit E. Rudolph. Stuttgart 1990.

Ch. Quarch: Sein und Seele. Platons Ideenphilosophie als Metaphysik der Lebendigkeit. Interpretationen zu Phaidon und Politeia. Münster 1998.
Der 1. Teil der Arbeit vermittelt anhand der beiden Dialoge die innere Architektur der Platonischen Philosophie. Der 2. Teil präsentiert eine Deutung der Ideenphilosophie. Im 3. Teil wird dargestellt, wie Platon in der Politeia die Frage nach dem guten Leben durch den Verweis auf die Idee des Guten beantwortet.

G. Reale: Zu einer neuen Interpretation Platons. Paderborn 1993.
G. Reale, der bedeutende italienische Philosophiehistoriker, hat im Anschluss an die „Tübinger Schule" nicht nur einen wissenschaftlichen „Bestseller" geschrieben (10 Aufl. in Italien!), sondern auch eines der wichtigsten Platon-Bücher der letzten Jahre. Es gliedert sich in vier Teile. Der 1. Teil enthält grundlegende methodologische Voaussetzungen für eine Platon-Interpretation, der 2. Teil behandelt die Ontologie (Theorie der Ideen) und die Protologie (Theorie der ersten Prinzipien) bei Platon, der 3. Teil liest zentrale Abschnitte aus den Schriften Platons im Licht der „ungeschriebenen Lehren", der 4. Teil widmet sich der Lehre von der demiurgischen Vernunft und ihren Beziehungen zur Prinzipienlehre.

K. Reinhardt: Platons Mythen, in: Vermächtnis der Antike. Gesammelte Essays zur Philosophie und Geschichtsschreibung. Göttingen 1969, S. 219–295.

W. Ries: Platon für Anfänger. Symposion. Eine Leseeinführung. München 2003 (dtv 34002).

W. D. Ross: Plato's Theory of Ideas. Oxford 1951.

E. Rudolph (Hrsg.): Polis und Kosmos. Naturphilosophie und politische Philosophie bei Platon. Darmstadt 1996.
Der in der WBG erschienene Band enthält wichtige Beiträge zu Platon, u. a. von G. Reale, Th. Slezák und C. F. von Weizsäcker.

Ch. Schefer: Platons unsagbare Erfahrung. Ein anderer Zugang zu Platon. Basel 2001.
Der 1. Teil der Arbeit der Burkert-Schülerin versucht in kritischer Auseinandersetzung mit der „Tübinger Schule" den Nachweis, dass die Ungeschriebene Lehre Platons über sich hinausweist. Der 2. Teil demonstriert, wie die Dialoge auf eine unsagbare religiöse Erfahrung hindeu-

ten. Der 3. Teil führt zur „Epiphanie des Apollon", dem Hintergrund der mündlichen Prinzipienlehre.
A. E. Taylor: A Commentary on Plato's Timaeus. Oxford 1928, repr. 1962.
J. Theodorakopoulos: Die Hauptprobleme der Platonischen Philosophie. Den Haag 1972.
   Das sehr schöne Buch des Professors der Philosophie an der Universität Athen enthält die Heidelberger Platon-Vorlesungen aus dem Jahr 1969.
G. Vlastos: Platonic Studies. Princeton 1973.
C. F. v. Weizsäcker: Ein Blick auf Platon. Stuttgart 1981 (Reclam).
   Faszinierend an den Studien v. Weizsäckers ist die von ihm gezeigte Beziehung der Erkenntnisse von Atom- und Quantenphysik zu der Ideenlehre Platons.
W. Wieland: Platon und die Formen des Wissens. Göttingen 1982.
   Die Arbeit von Wieland weist die These zurück, Platons Philosophie enthalte eine „Lehre". Ihr geht es im Sinne des nichtpropositionalen Wissens vielmehr um ein praktisches Wissen, das nicht wie ein objektivierbares Wissen gelehrt werden kann.
J. Wippern (Hrsg.): Das Problem der ungeschriebenen Lehre Platons. Darmstadt 1972 (WBG, WdF Bd. CLXXXVI).
U. Wolf: Die Suche nach dem guten Leben. Platons Frühdialoge. Reinbek 1996 (re 570).
   Für Studierende des Faches Philosophie empfehlenswert.
E. A. Wyller: Der späte Platon. Hamburg 1970.
   Die Tübinger Vorlesungen Wyllers aus dem Jahr 1965 vermitteln eine Synopse anhand der Interpretation der „Spätdialoge" Platons.
B. Zehnpfennig: Platon zur Einführung. 2. erweiterte Aufl. Hamburg 2001.
   Für Studierende des Faches Philosophie eine hervorragende Einführung in die Philosophie Platons.

Zu Aristoteles (Auswahl)

J. L. Ackrill: Aristotle the Philosopher. Oxford 1981, deutsch: Berlin–New York 1985.
J. Barnes: Aristoteles. Eine Einführung. Stuttgart 1992 (Reclam).
I. Düring: Aristoteles. Darstellung und Interpretation seines Denkens. Heidelberg 1966.
   Immer noch das grosse Standardwerk zu Aristoteles.
M. Heidegger: Phänomenologische Interpretationen zu Aristoteles, hrsg. von G. Neumann. Stuttgart 2003 (Reclam).
H. Flashar: Aristoteles, in: H. Flashar (Hrsg.), Grundriss der Geschichte der Philosophie. Die Philosophie der Antike. Bd. 3, Basel 1983, S. 175–457.
O. Höffe: Aristoteles. 2. überarb. Aufl. München 1999 (Beck'sche Reihe Denker).
   Für Studierende des Faches Philosophie eine hervorragend geschriebene Einführung in die Philosophie des Aristoteles.
Ders. (Hrsg.): Aristoteles. Die Nikomachische Ethik. Berlin 1995 (Klassiker Auslegen, hrsg. von O. Höffe Bd. 2).
Ders. (Hrsg.): Aristoteles. Politik. Berlin 2001 (Klassiker Auslegen, hrsg. von O. Höffe Bd. 23).
Ders. (Hrsg.): Aristoteles-Lexikon. Stuttgart 2002.
H. Kuhn: Der Begriff der Prohairesis in der Nikomachischen Ethik, in: Die Gegenwart der Griechen im neueren Denken. Festschrift für H.-G. Gadamer. Tübingen 1960, S. 123–140.
P. Moraux (Hrsg.): Aristoteles in der neueren Forschung. Darmstadt 1968 (WBG, WdF Bd. LXI).
H. Ottmann: Aristoteles, in: Geschichte des politischen Denkens. Die Griechen. Von Platon bis zum Hellenismus. Stuttgart–Weimar 2001, S. 111–224.
G. Picht: Aristoteles De anima. Studienausgabe, hrsg. Von C. Eisenbart in Zusammenarbeit mit E. Rudolph. Stuttgart 1987.
Ch. Rapp: Aristoteles zur Einführung. Hamburg 2001.
   Für Studierende des Faches Philosophie empfehlenswert.

Ders. (Hrsg.): Aristoteles, Metaphysik. Die Substanzbücher (Zeta, Eta, Theta). Berlin 1996 (Klassiker Auslegen, hrsg. von O. Höffe Bd. 4).
J. Ritter: ›Politik‹ und ›Ethik‹ in der praktischen Philosophie des Aristoteles, in: Metaphysik und Politik. Studien zu Aristoteles und Hegel. Frankfurt a. M. 1969, S. 106–132.
W. Schadewaldt: Furcht und Mitleid. Zur Deutung des aristotelischen Tragödiensatzes, in: Hermes 83 (1955), S. 129–171.
W. Schneider: Ousia und Eudaimonia. Die Verflechtung von Metaphysik und Ethik bei Aristoteles. Berlin–New York 2001.
E. Tugendhat: TI KATA TINOS. Eine Untersuchung zu Struktur und Ursprung aristotelischer Grundbegriffe. 4. Aufl. Freiburg 1988.
W. Wieland: Die aristotelische Physik. 3. Aufl. Göttingen 1988.
U. Wolf: Aristoteles' Nikomachische Ethik. Darmstadt 2002 (WBG Werkinterpretationen).
Für Studierende des Faches Philosophie empfehlenswert.

Philosophie des Hellenismus und der Spätantike

M. Fuhrmann: Rom in der Spätantike. Portrait einer Epoche. 3. Aufl., Düsseldorf–Zürich 1998.
C. Schneider: Die Welt des Hellenismus. Lebensformen in der spätgriechischen Antike. München 1994.

Zu Epikur und Lukrez (Auswahl)

M. Erler: Epikur – Die Schule Epikurs – Lukrez, in: Grundriss der Geschichte der Philosophie, hrsg. von H. Flashar. Die Philosophie der Antike 4: Die hellenistische Philosophie, 1. Halbbd., Basel 1994, S. 29–490.
M. Forschner: Epikur. Aufklärung und Gelassenheit, in: M. Erler/A. Graeser: Philosophen des Altertums. Vom Hellenismus bis zur Spätantike, Darmstadt 2000, S. 16–38.
M. Hossenfelder: Epikur. München 1991 (Beck'sche Reihe Denker).
Für Studierende des Faches Philosophie eine empfehlenswerte Einführung.
D. Kimmich: Epikureische Aufklärungen. Philosophische und poetische Konzepte der Selbstsorge. Darmstadt 1993 (WBG).
G. Striker: Epikur, in: O. Höffe (Hrsg.), Klassiker der Philosophie Bd. I, München 1981, S. 98–114.
O. Seel: Das Glück der Verzweiflung: Lukrez, in: Weltdichtung Roms. Berlin 1965, S. 171–221.

Zur Stoa (Auswahl)

M. Forschner: Die stoische Ethik. Über den Zusammenhang von Natur, Sprach- und Moralphilosophie im altstoischen System. Stuttgart 1981.
M. Pohlenz: Die Stoa. Geschichte einer geistigen Bewegung. 2 Bde. Göttingen 1948/49.
P. Steinmetz: Die Stoa, in: Grundriss der Geschichte der Philosophie, hrsg. von H. Flashar. Die Philosophie der Antike 4: Die hellenistische Philosophie, 2. Halbbd., Basel 1994, S. 491–716.

Zu Cicero

K. Büchner: Cicero. Bestand und Wandel seiner geistigen Welt. Heidelberg 1964.
O. Seel: Cicero. Wort, Staat, Welt. 3. Aufl. Stuttgart 1967.

Zu Seneca

M. Giebel: Seneca. 3. Aufl., Reinbek 2001 (rororo monographie).
I. Hadot: Seneca und die griechisch-römische Tradition der Seelenleitung. Berlin 1969.
P. Veyne: Weisheit und Altruismus. Eine Einführung in die Philosophie Senecas. (Aus dem Frz. von H. Fliessbach.) Frankfurt a. M. 1993.

Zu Marc Aurel

A. Birley: Mark Aurel. Kaiser und Philosoph. München 1968.
P. Hadot: Die innere Burg. Anleitung zu einer Lektüre Marc Aurels. (Aus dem Frz. von M. Ozaki und B. von der Osten.) Frankfurt a. M. 1996.
K. Rosen. Marc Aurel. 2. Aufl. Reinbek 1998 (rororo monographie).

Plotin und der Neuplatonismus (Auswahl)

W. Beierwaltes: Plotins Metaphysik des Lichtes, in: Die Philosophie des Neuplatonismus. Hrsg. von C. Zintzen. Darmstadt 1977, S. 75–115.
Ders.: Denken des Einen. Studien zur neuplatonischen Philosophie und ihrer Wirkungsgeschichte. Frankfurt a. M. 1985.
J. Halfwassen: Plotin und der Neuplatonismus, München 2004 (Beck'sche Reihe Denker).
Für Studierende des Faches Philosophie eine glänzend geschriebene Darstellung der Philosophie Plotins und ihrer Wirkungsgeschichte.
K.-H. Volkmann-Schluck: Plotin als Interpret der Ontologie Platons. 3. erw. Aufl. Frankfurt a. M. 1966.

Sonstige Literatur

W. Burkert: Griechische Religion der archaischen und klassischen Epoche. Stuttgart–Berlin–Köln–Mainz 1977.
Philosophisches Lesebuch 1, hrsg., eingeleitet und kommentiert von H.-G. Gadamer. Frankfurt a. M. 1965 (Fischer Bücherei 612).
Der Band enthält in sich abgeschlossene, neu übertragene und kommentierte Texte aus den Hauptschriften der großen Philosophen der Antike und des Mittelalters.
E. Coseriu: Geschichte der Sprachphilosophie. Von den Anfängen bis Rousseau. Tübingen und Basel 2003 (UTB 2266).
Im Zentrum dieses Standardwerkes stehen die wichtigsten Vertreter der Sprachphilosophie der klassischen Antike.
A. Dihle: Griechische Literaturgeschichte. Von Homer bis zum Hellenismus. 2., durchges. und erw. Aufl. München 1991.
Ders.: Die Vorstellung vom Willen in der Antike. Göttingen 1985.
J. Disse: Kleine Geschichte der abendländischen Metaphysik. Von Platon bis Hegel. Darmstadt 2001 (WBG).
Der 1. Teil thematisiert die Metaphysik der Antike von Platon bis Plotin.
F. Graf: Griechische Mythologie. Eine Einführung. Düsseldorf 2001.
H. Hofmeister: Philosophisch denken. 2. durchges. Aufl., Göttingen 1997 (UTB 1652).
Empfehlenswert vor allem für Studierende des Faches Philosophie.
M. Hose (Hrsg.): Meisterwerke der antiken Literatur. Von Homer bis Boethius. München 2000 (Beck'sche Reihe).
Enthält den für das Sokrates-Verständnis wichtigen Beitrag von A. Patzer „Die Platonische Apologie als philosophisches Meisterwerk".
Ch. Meier: Athen. Ein Neubeginn der Weltgeschichte. Berlin 1997 (btb 72210).
Ein Meisterwerk.

J.-P. Vernant: Zwischen Mythos und Politik. Eine intellektuelle Biographie. Berlin 1997.
  Enthält so wichtige Beiträge wie „Die Entstehung des rationalen Denkens" bei den Griechen, sowie zur griechischen Mythologie und zum Phänomen des Tragischen.
Ders.: Die Enstehung des griechischen Denkens. Frankfurt a.M. 1982.
P. Weiss: Toward a perfected State. Albany, New York 1986.

Zeittafel

850–750	Abfassung der homerischen Dichtungen.
Um 700	Hesiod
600–550	Die „Milesier": Thales, Anaximander, Anaximenes. Anaximander schreibt um 546 die erste griechische Abhandlung in Prosa.
545–480	Heraklit
Um 478	Parmenides wirkt in Elea.
Um 470	Sokrates wird in Athen geboren.
Um 454	Asebieprozess in Athen gegen Anaxagoras.
492–432	Empedokles
492–421	Protagoras
490–454	Zenon von Elea
Um 440	Leukipp begründet den Atomismus.
460–370	Demokrit
469–399	Sokrates in Athen.
429	Tod des Perikles.
Um 427	Platon wird in Athen geboren.
Um 425	Sophokles: König Ödipus.
Um 423	In seinen Wolken karikiert Aristophanes die Lehre des Sokrates.
Um 407	Platon begegnet Sokrates.
399	Prozess und Hinrichtung des Sokrates.
Um 390	Isokrates eröffnet eine Schule in Athen und lehrt für ein breites Publikum „Philosophie".
387	Platon gründet die Akademie.
384	Aristoteles wird in Stagira geboren.
367	Aristoteles tritt in Platons Akademie ein.
347	Tod Platons. Speusipp übernimmt die Leitung der Akademie.
335	Aristoteles gründet das Lykeion in Athen.
322	Aristoteles stirbt in Chalkis (Euboia). Theophrast wird sein Nachfolger.
306	Epikur gründet in Athen seine Schule, den „Garten".
Um 301	Zenon von Kition gründet die Stoa in Athen.
262	Als Nachfolger Zenons wird Kleanthes Leiter der stoischen Schule.
232	Als Nachfolger des Kleanthes wird Chrysipp Leiter der stoischen Schule.
167–166	Karneades ist Scholarch der Akademie.
110–109	Philon von Larisa ist Scholarch der Akademie. Im Jahr 88 verlässt er Athen und geht nach Rom.
Um 79	Antiochos von Askalon, Scholarch der Akademie, gründet in Athen eine eigene Schule aus Protest gegen die „skeptische" Richtung, die seit Arkesilaos vorherrschend war.
48–65	Seneca ist erst Erzieher, dann Ratgeber Neros, bevor dieser ihn zum Selbstmord zwingt.
60	Der Platoniker Ammonios lehrt in Athen.
93–94	Epiktet gründet eine Schule in Nikopolis, an der griechischen Adriaküste.
161–180	Marc Aurel regiert in Rom.
176	Marc Aurel richtet in Athen Lehrstühle für die vier wichtigsten philosophischen Strömungen ein: Platonismus, Aristotelismus, Stoizismus, Epikureismus.
Um 177	Celsus polemisiert gegen die Christen.

244	Plotin eröffnet eine Schule in Rom.
263	Porphyrius wird Schüler Plotins. Er gibt um 301 dessen Enneaden heraus.
270	Tod Plotins in Campanien.
Um 313	Iamblichos gründet in Apameia eine neuplatonische Schule.
Um 438	Proklos wird Leiter der neuplatonischen Schule.
529	Justinian schließt die Schule von Athen.

Personenregister

Aischylos 24, 59, 63, 76, 157
Albert, K. 81, 92, 151
Alexander d. Gr. 59, 95, 119f.
Alkibiades 50, 86
Ameinias 35
Ammonios 149
Anaxagoras 42ff., 60, 86
Anaximander 17, 22ff., 27, 37
Anaximenes 24f., 27
Andronikos von Rhodos 96, 99
Antoninus Pius 143
Anytos 52
Apuleius 121
Archytas 26
Arendt, H. 115
Aristophanes 53
Aristoteles 9, 15, 20f., 23, 25, 27, 39, 43, 51, 53f., 59, 77, 90f., 93ff., 96ff., 124, 127, 133, 157
Arnim, J. v. 132
Assmann, J. 16
Augustinus 16, 36, 95, 138

Beierwaltes, W. 149, 151
Bekker, I. 96
Bengtson, H. 120
Berthold, H. 140
Birley, A. 145
Blumenberg, H. 50, 120, 130
Boethius 121
Bollack, J. 129
Borges, J. L. 34
Bormann, K. 64
Bröcker, W. 32f., 41, 43, 67
Burkert, W. 9, 23, 25f., 81, 87, 90

Caligula 139, 142
Capelle, W. 144
Čechov, A. 145
Chrysipp 134f., 136f.
Cicero 55f., 94, 96, 122f., 129, 137f.
Claudius 139, 142
Colli, G. 17
Coseriu, E. 135

Deichgräber, K. 35f.
Demokrit 45f., 48, 123

Diels, H. 21, 49
Dihle, A. 50, 107
Diogenes 138
Dirlmeier, F. 63, 105, 111
Disse, J. 68, 103
Dodds, E. R. 16, 25f., 85, 121, 143, 145, 150
Droysen, J. G. 120
Düring, I. 99, 103

Empedokles 11f., 39ff.
Ephialtes 115
Epiktet 121, 132, 141, 143
Epikur 92, 121ff., 145f.
Erler, M. 126, 153
Euripides 13, 59, 76

Ferber, R. 62
Figal, G. 55
Fink, E. 108
Flashar, H. 118
Fränkel, H. 23, 28, 31
Fritz, K. v. 44
Fuhrmann, M. 116f., 129, 138f., 150

Gadamer, H.-G. 12, 16, 30, 33f., 37ff., 44, 60, 62, 67f., 86, 88f., 91, 93f., 100f., 105, 108, 124, 129, 148
Gaiser, K. 67, 90, 91f.
Georgiades, Tr. 11
Giebel, M. 138, 141
Gigon, O. 32
Gloy, K. 94
Goethe, J. W. v. 16, 71, 129f.
Gomperz, H. 21
Goody, J. 17
Gorgias 50f.
Görgemanns, H. 67, 70, 88
Graeser, A. 99
Graf, F. 42
Grondin, J. 132
Guardini, R. 155

Hadot, I. 139, 141
Hadot, P. 134, 156
Hadrian 121, 143
Hager, F.-P. 121
Harder, R. 148, 151

Hartshorne, C. 12
Havelock, E. A. 17
Hegel, G. W. F. 16, 22, 29, 101, 115, 119, 149, 154
Heidegger, M. 29, 119
Heisenberg, W. 12
Heitsch, E. 37, 79
Held, K. 30
Heraklit 11f., 17, 20, 25, 29ff., 41, 60, 86, 131, 133, 157
Hesiod 17f., 24, 28, 49, 157
Hobbes, T. 47, 65, 115, 117
Höffe, O. 98, 102, 104f., 112f., 116
Hoffmann, E. 87, 92
Hofmeister, H. 85, 102
Hölderlin, F. 33
Hölscher, T. 59
Homer 17ff., 23, 26, 28f., 31ff., 42, 63, 72f., 86, 92, 111, 157
Hossenfelder, M. 121, 124
Hülser, K.-H. 21, 132
Hume, D. 126
Husserl, E. 67, 154

Ibscher, G. 46
Isokrates 50, 63

Jaeger, W. 41, 96
Jaerisch, P. 140
Janka, M. 76

Kant, I. 106, 115, 156
Karneades 137f.
Kerényi, K. 82
Kiefer, O. 144
Kirk, G. S. 21, 30
Kleanthes 134
Knebel, K. L. v. 129
Kobusch, Th. 76
Kondylis, P. 115
König, J. 98
Korax 50
Krämer, H. J. 67, 90f., 103
Kranz, W. 40ff.
Kraus, W. 11
Krautz, H.-W. 123
Kritias 60
Kritolaos 138
Kroymann, J. 138
Krüger, G. 20, 56, 76, 81
Kuhn, H. 59, 108
Kytzler, B. 66, 76

Lesky, A. 50
Leukipp 44f.

Lovejoy, A. O. 98
Lucilius 139f., 142
Lukrez 123, 128ff., 142
Lykon 52

Mansfeld, J. 21, 35
Marc Aurel 16, 121, 131, 141, 143ff., 156
Maurach, G. 139
Meier, Ch. 9, 53, 59, 112
Meister Eckhart 152
Meletos 52f.
Menoikeus 123
Misch, G. 145
Montaigne, M. 125, 145
Musonius 141

Natorp, P. 90
Nausiphanes 123
Nero 139, 142
Nestle, W. 17, 119
Nickel, R. 124, 143f.
Nietzsche, F. 13, 16, 20, 29, 46, 47, 54, 66, 75, 106, 122, 147

Oehler, K. 87
Ottmann, H. 24, 27, 65f., 94, 115

Panaitios von Rhodos 137
Parmenides 11f., 20, 32, 35ff., 60, 86
Patzer, A. 57
Perikles 42, 48, 60, 86, 115
Picht, G. 99
Pieper, A. 96, 100
Pieper, J. 76
Pindar 76, 86
Platon 9, 13ff., 20f., 26, 29f., 33ff., 39, 41, 43f., 47ff., 52ff., 56ff., 99f., 102, 111, 115, 117, 124, 126, 146f., 155, 157
Pleger, W. H. 51
Plotin 16, 36, 121, 148ff.
Pohlenz, M. 132, 138, 141
Porphyrius 149, 152
Poseidonios 137f.
Proklos 152f.
Propp, V. 35
Protagoras 48ff.
Pythagoras 19, 25ff.
Pythokles 123

Raffael 94
Rapp, Ch. 97
Raven, J. E. 21
Reale, G. 68, 88, 90f.
Reinhardt, K. 45, 80

Riedel, M. 101
Ritter, J. 111
Robinson, D. S. 21
Rohde, E. 147
Rosen, K. 145, 148
Rousseau, J.-J. 115

Schadewaldt, W. 17, 30, 39, 40, 57, 90, 118
Schäfer, Ch. 76
Schäfer, L. 90
Schefer, Ch. 81
Schelling, F. W. J. 16, 149
Schirren, Th. 48
Schmidt, H. 140
Schneider, W. 110
Schofield, M. 21
Schrödinger, E. 12
Schulz, W. 71, 105
Schwabl, H. 35
Scipio 137
Seel, O. 131
Seidl, H. 99
Seneca 16, 121, 134, 138 ff.,
Sextus Empiricus 123
Simmias 74, 157
Simplikios 21, 23
Snell, B. 30, 33
Sokrates 13 ff., 30, 43, 45, 47 f., 51 ff., 60 f.,
    64 f., 72 f., 74, 76 f., 120, 136, 140, 154,
    156, 157
Solon 60
Sophokles 47 f., 59, 76, 86, 92, 155 ff.
Spinoza, B. 16
Stegmaier, W. 157
Stenzel, J. 34
Sternberger, D. 115
Steuben, H. v. 36

Ströker, E. 90
Szlezák, Th. A. 20, 83 f., 101

Tacitus 140
Taylor, E. A. 90
Teisias 50
Thales 19, 22 f., 27
Theaitetos 63
Theognis 63
Theophrast 21, 23 f., 95
Thrasyllos 45
Thukydides 47, 86, 114
Thurner, M. 30
Tillich, P. 131
Tornau, Ch. 149
Tugendhat, E. 52

Vernant, J.-P. 18, 113, 155
Vlastos, G. 24
Vollrath, E. 95, 104

Weber-Schäfer, P. 114
Weinkauf, W. 133
Weiss, P. 115
Weizsäcker, C. F. v. 12, 15, 84, 87, 90
Wiegmann, H. 117
Wieland, W. 94
Wohlfart, G. 31
Wolf, U. 105, 108
Wolfe, Th. 135
Wyller, E. A. 87

Xenokrates 123
Xenophanes 20, 26, 28 f., 49, 86

Zekl, H. G. 100
Zenon 39, 133 f.